JN447536

독일 명작의 이해

기초교육교재 시리즈 11

독일 명작의 이해

이재원 · 임홍배 · 선영애 · 황승환

서울대학교출판문화원

지은이

이재원: 아주대학교 다산학부대학 특임교수

임홍배: 서울대학교 인문대학 독어독문학과 교수

전영애: 서울대학교 인문대학 독어독문학과 명예교수

황승환: 강릉원주대학교 인문대학 독어독문학과 교수

기초교육교재시리즈 11

독일 명작의 이해

초판 1쇄 발행 2007년 12월 10일
초판 3쇄 발행 2021년 6월 20일

지은이 이재원 · 임홍배 · 전영애 · 황승환

펴낸곳 서울대학교출판문화원
주소 08826 서울 관악구 관악로 1
도서주문 02-889-4424, 02-880-7995
홈페이지 www.snupress.com
페이스북 @snupress1947
인스타그램 @snupress
이메일 snubook@snu.ac.kr
출판등록 제15-3호

ISBN 978-89-521-1680-2 93850

ⓒ 이재원 · 임홍배 · 전영애 · 황승환, 2007

이 책은 저작권법에 의해서 보호를 받는 저작물이므로
무단 전재와 복제를 금합니다.

Understanding German Masterpieces

Jae-Won Lee

Hong-Bae Lim

Young-Ae Chon

Seung-Hwan Hwang

Seoul National University Press

머 리 말

이 책은 독일어권 문학의 고전을 대학생과 일반 독자들이 오늘의 시각에서 쉽게 이해할 수 있도록 해설한 입문서이다. 고전이란 인류의 지혜가 집약된 보고(寶庫)라 할 수 있다. 고전이라 여겨지는 문학작품은 상이한 시대를 사는 다양한 독자들에게 늘 새롭게 읽혀짐으로써 기존의 관습과 규범에 도전하고 창의적 사고와 비판적 정신을 길러준다.

이 책에 엄선된 작품들은 그러한 고전의 요건에 부합하면서 더불어 독일문학의 고유한 특성을 잘 보여주는 작품들이다. 이 기준에 따라 18세기의 괴테와 쉴러 같은 대가는 물론 현대의 고전이라 할 수 있는 카프카와 토마스 만, 그리고 최근 세계적인 화제가 되고 있는 작가 쥐스킨트의 작품에 이르기까지, 독일어권을 대표하는 작가들의 대표작 20편을 선정하였다. 아울러 믿을만한 번역본이 있는지 여부도 작품선정에서 중요하게 고려하였다.

해설에서는 우선 작가에 대하여 간략히 소개하고, 작품의 시대적 배경이나 문예사조와의 관련성을 해명한 다음, 해당 작품에 대한 분석과 해설을 서술하였다. 작품해설은 줄거리나 내용을 요약하기보다는, 작품을 읽으면서 독자 스스로 생각하고 문제제기를 할 수 있도록 상상력을 촉발하는 데 주안점을 두었다. 또한 해당 작가의 작품 중에 더 읽어볼 만한 작품들에 대한 간명한 소개를 덧붙였으며, 해설 말미에는 해당 작품을 읽을 때

지침이 될 만한 질문들을 제시하였다. 따라서 이 책의 독자는 각각의 작품 해설을 읽어나가면서 독일문학의 고전을 독일 역사 및 문화와의 관련 속에서 깊이 이해할 수 있는 한편, 독일 문학사의 전체적인 흐름 속에서 해당 작품의 위치와 의의 또한 파악할 수 있을 것이다.

기본적으로 이 책은 독일문학 연구자들의 오랜 강의 경험과 연구성과를 바탕으로 하고 있는 만큼 대학의 교양교재나 강의보조자료로 적합하지만, 대학생뿐 아니라 일반 독자들에게도 독일문학의 독서 텍스트를 선택하고 이해하는 데 유익한 길잡이가 될 것이다.

이 책이 출간될 수 있도록 지원해준 서울대학교 기초교육원에 감사드리며, 아울러 편집과 디자인을 세심하게 점검해준 서울대학교출판부 편집진에도 고마운 마음을 전한다.

2007년 12월

저자 일동

* 필자별 해설작품

이재원: 『칠레의 지진』, 『당통의 죽음』, 『사천의 선인』, 『양철북』, 『피아노 치는 여자』, 『책 읽어주는 남자』

임홍배: 『현자 나탄』, 『젊은 베르테르의 슬픔』, 『파우스트』, 『간계와 사랑』, 『토니오 크뢰거』, 『동시에』, 『메데아. 목소리들』

전영애: 『변신』, 『데미안』

황승환: 『모래 사나이』, 『페터 슐레밀의 기이한 이야기』, 『마틸데 뫼링』, 『꿈의 노벨레』, 『향수』

차 례

Lessing

『현자 나탄』

고트홀트 에프라임 레싱
(1729-1781)

1. 작가 소개

고트홀트 에프라임 레싱(Gotthold Ephraim Lessing, 1729-1781)은 루터파 목사의 아들로 태어나 라이프치히 대학에서 신학을 공부했고, 연극이론 공부와 희곡 습작에도 몰두했다. 1748년 라이프치히에서 초연된 첫 작품 『젊은 학자』로 호평을 얻었으며, 그후 신문편집일과 관직생활 등을 거쳐 1767년부터 함부르크 국립극장의 연출감독을 맡았다. 레싱의 마지막 희곡인 『현자 나탄』(1779) 외에도 『미스 사라 샘프슨』(1755), 『민나 폰 바른헬름』(1767), 『에밀리아 갈로티』(1772) 등의 대표작을 남겼다. 당대의 계몽사상에 심취했던 레싱의 극작품은 17세기말의 프랑스 의고전주의(擬古典主義)의 영향권에서 벗어나 독일 근대 시민극의 새로운 길을 개척한 것으로 높이 평가받으며, 또한 『함부르크 연극론』(1767-1769)과 같은 저작을 통해 새로운 시민극의 이론적 기초를 확립하였다.

2. 작품의 역사적 배경과 집필 동기

이 작품은 십자군 원정 당시의 예루살렘 일대를 배경으로 삼고 있다. 1099년 1차 십자군 원정 이후 예루살렘에 기독교 왕국이 세워졌으나 잦은 왕권 교체와 후속지원의 중단으로 예루살렘 왕국은 약화되었다. 당시 이집트와 중동 일대를 거느리던 이슬람 왕국의 살라딘(Saladin) 왕은 왕의 누이동생을 호송하던 카라반이 기독교 기사단의 습격을 받고 약탈당하자 이에 격분하여 1187년 예루살렘을 정복한다. 이로 인하여 독일의 바바로사 황제와 영국의 리처드 왕 그리고 프랑스의 필립 2세가 이끄는 3차 십자군 원정이 시작되었다. 1191년 항구도시 아카가 십자군에 의해 점령되었고, 이듬해 휴전협정이 체결되었는데, 예루살렘은 아직 살라딘 왕의 치하에 있었다. 그런데 예루살렘의 기독교 사원과 성지순례자들을 보호하기 위해 1119년에 창설된 성전기사단(Templar)에서 휴전협정을 어기고 공격을 가해오자 살라딘 왕은 휴전협정을 공고히 하기 위해 그의 동생이 리처드 왕의 여동생과 혼인을 맺어서 예루살렘을 기독교와 이슬람이 공존하는 왕국으로 통치하고자 시도한다.

레싱의 희곡 『현자 나탄(*Nathan der Weise*)』은 바로 이런 역사적 상황을 시대적 배경으로 삼고 있는데, 극중 사건이 전개되는 시점은 이슬람 왕국과 십자군 사이에 휴전협정이 체결되고 살라딘 왕이 '기독교-이슬람 왕국'

을 세우려고 시도하던 무렵이다. 십자군 원정으로 인한 기독교 세력과 이슬람 세력의 무력충돌을 평화적인 타협책으로 종결짓고자 했던 살라딘 왕은 18세기 유럽의 계몽적 지식인들에게 높이 평가된 것으로 알려져 있다.

그런데 레싱이 『현자 나탄』을 집필하게 된 직접적인 동기는 레싱 자신이 휘말려든 기독교 교리논쟁에서 비롯된다. 1777년 레싱은 그의 친구이자 이슬람 학자인 라이마루스(Reimarus)가 쓴 기독교 교리비판서를 '작자 미상의 미완성 원고' 라는 제목으로 편찬하여 출간했는데, 이 책이 출간되자마자 레싱은 기독교 교단의 집중공격을 받았다. 이 책은 예수 그리스도의 부활을 부정하고, 기독교의 교리 전반에 대해 인간의 이성으로 탐구하여 납득할 수 있는 데까지만 그 타당성을 인정할 수 있으며, 무엇보다 하느님의 '약속' 인 '구원' 역시 인류가 윤리적으로 성숙할 때만 가능하다는 파격적인 내용을 담고 있었다. 지금도 어떤 신학자는 이 책이 사실상 '신의 죽음' 을 선언한 책이라고 평가하고 있는 만큼 하물며 18세기 당시에 얼마나 큰 파문을 일으켰을지는 능히 짐작된다. 물론 이 작품의 서두에 있는 '편집자의 말' 에서, 레싱은 이 책의 내용에 전적으로 공감한 것은 아니지만 이런 내용을 '토론' 의 대상으로 삼을 필요는 있다는 계몽적 입장을 피력하였다. 그러나 '열린 토론' 을 제안한 레싱의 선의와 관계 없이 기독교 측에서는 레싱을 공개적으로 공격하였는데, 함부르크의 교구장 괴체(Goeze) 목사가 그 선두에 섰다.(괴체는 괴테의 『젊은 베르테르의 슬픔』을 '판매금지' 시켜야 한다고 앞장섰던 인물이기도 하다.) 레싱 역시 열 한 차례에 걸쳐 괴체를 논박하는 글을 발표했는데, 결국 기독교 측에서는 레싱의 후원자였던 (당시 레싱은 브라운슈바이크 도서관장 직을 맡고 있었다.) 브라운슈바이크 공작을 움직여서 레싱에게 '종교' 와 관련된 내용의 글은 일체 발표하지 못하게 했다. 결국 레싱은 이 문제에 대해 더 이상 글을 발표할 수 없게 되자 이 논쟁을 정리하는 차원에서 『현자 나탄』을 집필했다고 볼 수 있다. 논쟁 당시 괴체 목사는 레싱에게 "당신은 어떤 종교가 옳다고 생각하느냐?"는 공개질문도 했는데, 레싱의 『현자 나탄』은 이 질문에 대한 응답의 성격을 띠는 것이다.

3. 작품 해설

『현자 나탄』은 18세기 계몽사상의 핵심을 압축한 교훈극이라 할 수 있다. 칸트의 유명한 정의를 빌리면 계몽이란 "인간이 스스로의 잘못으로 인해 빠져든 미성숙 상태에서 벗어나는 과정"을 가리킨다. 여기서 '미성숙 상태'란 칸트가 사용하는 어휘의 원래 의미에 비추어 보면 자신의 생각과 행동에 대해 주체적이고 자발적인 판단을 내릴 권한과 능력이 결여된 '미성년 상태(Unmündigkeit)'를 가리킨다. 다시 말해 기존 제도의 권위에만 의존하여 사고하고 행동하는 미몽의 상태를 일컫는다. 따라서 그런 의미의 미성숙 상태에서는 기존 제도의 권위와 규범에서 벗어나는 생각이나 행동에 대해서는 배타적인 편견을 가질 수밖에 없다. 요컨대 타자에 대한 배타적 차별의식이 가치판단의 기본적인 기준으로 전제되는 것이다. 그런데 칸트가 이런 미성숙 상태를 '인간 스스로의 잘못'에 기인한다고 보는 것은 미성숙 상태에 대한 진단과 처방의 이중적 의미를 지닌다. 예컨대 그런 미성숙 상태를 조장하는 그릇된 제도나 권위 역시 하늘에서 떨어진 것이 아니라 인간 스스로가 만들어낸 산물이라는 것이며, 바로 그렇기 때문에 인간의 이성적 능력과 올곧은 의지로 바로잡을 수 있다고 보는 것이다.

그렇게 해서 그릇된 편견을 극복하고 이성의 밝은 눈으로 사유하고 행동할 수 있는 주체적 인간으로 성숙해야 한다는 것이 곧 계몽사상에 함축된 교육적 의미의 핵심이다.

작품에서 이러한 계몽적 문제의식이 가장 전형적으로 드러나는 인물은 기사단원이다. 앞서 언급한 역사적 배경에 비추어보면 그는 휴전협정을 어기고 이슬람 영역을 침범했다가 포로로 잡혔던 성전기사단의 일원이다. 포로로 잡힌 동료 기사단원들은 모두 처형되지만, 그는 살라딘 왕의 사면으로 목숨을 건진다. 살라딘 왕은 그의 용모가 수십 년 전 실종된 동생 아사드와 너무 닮았다는 이유로 그를 살려준 것이다. 어떻든 이 기사단원의 입장에서는 이 사면으로 인해 정체성의 혼란에 빠져든다. 그가 무찔러야 할 적의 수장이 그의 목숨을 살려주었으므로 기독교 기사단원으로서의 역할은 더 이상 수행할 수 없는 처지가 된 것이다. 그가 살라딘 왕의 사면을 받은 후 사는 게 귀찮아졌다고 회고하는 것은 그런 이유에서다.

나탄의 딸 레하(Recha)를 불길에서 구해준 이후에도 기사단원은 또다른 딜레마에 직면한다. 나탄은 딸의 목숨을 구해준 기사단원에게 감사의 뜻을 전하고자 하지만 '기독교인'으로서 '유대인'의 사의를 받아들이기를 주저한다. 그가 나탄을 처음 만났을 때 '부유한 유대인이 훌륭한 유대인인 경우는 한번도 보지 못했다'는 유대인에 대한 뿌리깊은 편견을 갖고 있었기 때문이다. 그런 까닭에 나탄의 집 하녀인 다야(Daja)가 '기독교인'임에도 불구하고 '유대인'의 시중을 들고 있다는 이유로 그녀를 경멸하거니와, 같은 이유에서 나탄을 선뜻 신뢰하지 못하는 것이다. 따라서 나탄이 그에게 감사를 표하고 친구가 되자고 하는 것은 '기독교인'의 정체성을 혼란에 빠드리는 것이 된다. 이처럼 '기독교인'의 편견에서 벗어나지 못하는 기사단원에게 나탄은 "우리는 대체 어떤 존재입니까? 당신은 기독교인이고 나는 유대인이라는 게 전부인가요? 아니면 우리는 똑같은 인간인가요?"라고 허를 찌르는 질문으로 기사단원의 갈등이 부질없다는 것을 일깨워준다. 이로써 기사단원은 '기독교인'이기 이전에 '인간'으로서의 본심을 회복한 것처럼 보이지만, 나탄의 딸 레햐를 사랑하게 되면서부터 그는 더 깊은 혼란에 빠져든다. 기사단원이 혼란에 빠지는 외적인 계기는 나탄이 명확한 이유를 밝히지 않은 채 딸과의 결혼을 응락하지 않고 기사단원의 청혼의사에 제동을 거는 데서 연유한다. 그런 상황에서 공교롭게 다야가 레햐는 나탄의 친딸이 아니라 원래 기독교 집안의 딸인데 나탄이 양녀로 키웠다는 사실을 털어놓는다. 이 뜻밖의 사실은 다시 기사단원의 '기독교적' 편견을 되살리는 계기가 된다. 감히 유대인이 기독교인의 딸을, 기독교인의 혈통을 숨긴 채 버젓이 유대집안의 딸로 삼고 있다는 사실에 격분한 것이다. 기독교인의 딸이 유대인에게 유괴되었다고 생각하는 셈이다. 물론 나탄이 결혼을 승낙하지 않는 것에 대한 반감이 그런 억측을 더더욱 부추겼을 것이다. 기사단원은 심지어 이 '범죄행위'를 예루살렘의 대주교에게 '고발'할 생각으로 대주교를 찾아가서 '비밀'을 털어놓는데, 다행히 기독교인의 딸을 '유괴'한 유대인이 누구라는 것까지는 밝히지 않는다. 예루살렘에서 유대인과 이슬람인들을 잡아먹지 못해 혈안이 되어 있는 대주교의 악의에 찬 태도에 질려서 기사단원이 주춤한 측면도 있고, 또한 무의식중에 아직까지는 나탄에 대한 막연한 신뢰를 완전히 버리지는 않았기 때문이기도 하다. 이 갈등은 기사단원과 레햐의 출생에 관한 또다른 '비밀'이 풀리면서 자연스럽게 해소된다.

나탄에 대한 반감이 아직 가시지 않았고 기독교인의 수장도 믿을 수 없는 인물이라는 것을 확인한 기사단원은 이슬람인의 수장이자 생명의 은인이기도 한 살라딘 왕에게 의지하여 레햐와의 혼사를 성사시키려고 하는데, 마지막 순간에 살라딘 왕은 기사단원이 오래 전 실종된 동생의 아들이며 레햐는 기사단원과 친남매지간이라는 사실을 확인하게 되는 것이다. 실종되었던 살라딘 왕의 동생 아사드는 독일의 귀족집안 여성과 결혼하여 '볼프 폰 필넥(Wolf von Filnek)'으로 개명했고, 그의 아들 즉 기사단원의 이름은 '로이 폰 필넥(Leu von Filnek)'이었는데, 어릴 적에 숙부에게 양자로 입적되면서 '쿠르트 폰 슈타우펜(Curt von Stauffen)'이라는 지금의 이름을 얻게 되었던 것이다. 그런가 하면 레햐가 나탄의 딸이 된 경위는 더욱 기구하다. 볼프 폰 필넥은 레햐가 갓난애일 때 아내가 죽자 친구인 나탄에게 딸을 키워달라고 양녀로 맡겼고, 나탄 자신은 십자군 원정대에게 아내와 자식들을 몰살당한 처지에서 친구의 딸을 맡아 친딸처럼 키웠던 것이다.

볼펜뷔텔에 있는 나탄 동상

기사단원과 레햐의 이러한 가족사적 뿌리가 말해주는 상징적 의미는 자명하다. 현실에서는 기독교인과 유대인과 이슬람인이 서로 적대하며 무력충돌까지 일삼고 있지만 인간의 근본을 따지면 믿음의 차이와 무관하게 한가족이라는 것을 역설하고 있는 것이다. 결국 인류가 평화롭게 공존하기 위해서는 종교적 믿음의 차이에서 오는 불신과 반목을 극복하고 보편적 인륜을 바탕으로 하는 공동의 가치관을 지향해야 한다고 보는 것이다. 이것이 바로 이 작품을 통해 레싱이 말하고자 했던 '관용(Toleranz)' 의 정신이다.

작품 전체를 관통하는 이러한 생각이 가장 압축적으로 제시되어 있는 대목이 3막 7장에 나오는 '반지의 비유' 이다. 비유에 나오는 '아버지' 와 '세 아들' 은 각각 '하느님' 과 세 개의 종교 즉 기독교 · 유대교 · 이슬람교에 상응한다고 볼 수 있다. 아버지가 세 아들 모두에게 똑같이 '신통력을 지닌 반지' 를 물려주었다는 것은 기독교와 유대교와 이슬람교는 서로 대등한 관계에 있다는 것을 시사한다. 그리고 선행을 베풀어서 사람들에게 가장 많이 사랑받는 사람의 반지가 곧 '진짜 반지' 라는 재판관의 판결은 세 개의 종교 중에 지상에 널리 선을 베풀어 더 많은 사람들이 자발적으로 믿게 하는 종교가 더 존중받아 마땅하다는 뜻으로 이해할 수 있다. 요컨대 특정한 종교가 애초부터 선험적으로 더 우월한 권위를 지닌 것이 아니라 인간들이 올바른 믿음으로 바르게 사는 만큼 해당 종교의 권위는 보증된다는 뜻이다. 종교의 외피를 쓴 폭력과 전쟁이 여전히 수그러들지 않는 오늘날, 레싱의 『현자 나탄』이 던지는 메시지를 새삼 되새겨볼 필요가 있겠다.

4. 더 읽을거리

『현자 나탄』의 핵심 주제라 할 수 있는 관용의 문제를 다룬 18세기 후반의 대표적인 희곡으로 괴테의 『타우리스의 이피게니에』(1779)를 꼽을 수 있다. 괴테의 작품은 고대 그리스를 배경으로 그리스 바깥에 사는 종족을 '야만족' 이라고 보았던 그리스 중심주의와 문화적 편견의 극복, 문화적 차이에 기인하는 갈등과 충돌을 극복하기 위한 화해의 가능성 등을 탐색한 작품이다. 비록 시대적 배경과 소재는 다르지만 인종적 · 문화적 편견의 극복을 문제삼고 있다는 점에서 레싱의 『현자 나탄』과 문제의식을 공유하는 작품이라 할 수 있다.

✣ 작품의 이해를 위해 생각해볼 문제들 ✣

1. 제1막 2장에서 레하는 불길에서 목숨을 구해준 은인이 '천사'라고 생각하는데, 레하의 이런 생각을 나탄은 어떻게 '교정' 해주는가?

2. 나탄이 십자군에게 일가족이 몰살당하는 끔찍한 일을 겪고나서 빠져든 '광기'를 극복할 수 있었던 근거를 작품을 통해 설명해보자.

3. 제2막 5장에서 기사단원의 태도는 어떻게 변화하는지, 그리고 태도를 바꾸는 계기는 무엇인지 작품을 근거로 구체적으로 설명해보자.

4. 제3막 2장에서 기사단원은 레하에 대한 사랑의 감정을 느끼면서 '양심의 갈등'을 느끼는데 그 이유는 무엇 때문인가? 그런 갈등에도 불구하고 제3막 8장을 보면 기사단원은 레하에 대한 사랑의 감정에 따르기로 결심하는데, 그러한 결단이 가능한 내적 동기는 어디서 찾을 수 있는가?

5. 이 작품에서 예루살렘의 기독교 수장인 '대주교'는 어떤 유형의 인물로 묘사되고 있는지 이슬람의 수장 살라딘 왕과 비교하여 설명해보자.

6. 대주교는 기사단원을 어떻게 이용하려고 하며, 기사단원이 그의 술수를 받아들이지 않는 이유는 무엇인가?

7. 살라딘 왕이 나탄에게 세 종교 중에 어떤 종교가 '참된' 종교냐고 질문을 던지는 이유는 무엇인가?

8. '반지의 비유'는 레싱이 이 작품에서 완전히 새롭게 창작한 이야기가 아니

라 원래 보카치오의 『데카메론』에 나오는 이야기이다. 『데카메론』(첫째날 세 번째 이야기)에 나오는 '반지의 비유'를 찾아서 읽고, 레싱이 보카치오의 이야기를 어떻게 각색했는지 비교해보자.

9. 나탄이 들려주는 '반지의 비유'를 이 작품의 역사적 배경과 관련지어 좀더 심층적으로 분석해보자.

10. '반지의 비유'에 대하여 살라딘 왕은 어떤 반응을 보이는가?

11. 살라딘 왕이 나탄에게 '친구'가 되어달라고 청하자 나탄은 이에 응한다. 그리고는 살라딘 왕에게 '돈'을 좀 보관해 달라고 '청'을 하면서, 살라딘 왕이 바라던 대로 '융자'를 내준다. 나탄은 어떤 명목으로 돈을 보관해달라고 부탁하는가? 이 대목에 관하여 19세기 후반의 마르크스주의 비평가 라살레(F. Lassalle)는 '나탄을 자본주의를 숭상하는 유대인으로 보면 레싱을 완전히 오인하는 것이다'라는 취지의 논평을 했는데, 어떤 근거에서 그렇게 평했는지 작품을 근거로 설명해보자.

12. '반지의 비유'는 괴체처럼 레싱을 비판했던 18세기 당시의 성직자들에게 어떤 반응을 불러일으켰을까?

13. 살라딘 왕의 성격과 태도의 변화를 작품 전체를 통해 일관되게 설명해보자.

14. 이 작품은 결말이 '해피 엔딩'으로 끝나지만 희극은 아니며 그렇다고 비극도 아니다. 작가가 어느 한쪽 장르를 택하지 않은 까닭이 무엇인지 생각해보자.

15. 만약에 이 작품을 비극으로 각색한다면 어떻게 고쳐 쓸 수 있을까? 비극적 갈등의 양상과 파국적 결말을 개요로 정리해보자.

Goethe

『젊은 베르테르의 슬픔』

요한 볼프강 폰 괴테
(1749-1832)

1. 작가 소개

프랑크푸르트의 부호 집안에서 태어난 괴테(Johann Wolfgang von Goethe, 1749-1832)는 독일문학사상 최초로 작가 생전에 이미 세계문학의 거목으로 평가받은 대문호이다. 국내에 번역 소개된 대표작만 언급하면, 소설로는 『젊은 베르테르의 슬픔』(1774), 『빌헬름 마이스터의 수업시대』(1796), 『빌헬름 마이스터의 편력시대』(1829), 『친화력』(1809) 등이 있고, 희곡으로는 필생의 대작 『파우스트』(1832)가 있다. 괴테는 시, 소설, 희곡의 모든 장르에서 빼어난 작품을 남겼을뿐 아니라, 20대 후반부터 평생 동안 바이마르 공국(公國)의 국정에 참여하였고, 자연현상에 대해서도 수많은 실험과 관찰을 기록으로 남겼는데 최근 국내에 번역 소개된 『색채론』(1810)이 대표적인 업적이다. 오늘날의 기준으로 말하면, 인문 · 사회 · 자연과학의 모든 분야를 지칠 줄 모르고 탐구한, 세계문학에서 전무후무한 '종합적 지성'을 갖춘 작가였다.

티쉬바인이 그린 〈이탈리아 여행 중의 괴테〉(1786)

2. 전기적 배경

괴테의 초기 작품에는 작가의 직접적인 체험과 관련된 요소들이 강하게 드러나는데, 특히 『젊은 베르테르의 슬픔(*Die Leiden des jungen Werthers*)』이 그렇다. 라이프치히 대학과 슈트라스부르크(오늘날 프랑스의 스트라스부르) 대학에서 법학을 전공한 괴테는 1772년 5월부터 9월까지 베츨라(Wetzlar)에 있는 독일제국 고등법원에서 법관시보로 수습근무를 했다. 그러던 중 1772년 7월 샤를로테 부프(Charlotte Buff)라는 여성을 사랑하게 되었는데, 이미 약혼자가 있던 샤를로테를 단념해야 한다는 절망감을 이기지 못해 같은 해 9월에 수습근무를 중단하고 고향 프랑크푸르트로 낙향한다. 이후 괴테는 실연의 슬픔을 달래고 있던 차에 친구의 자살소식을 접하게 된다. 예루잘렘(Karl Wilhelm Jerusalem)이라는 그 친구는 괴테보다 두 살 위로 라이프치히 대학 시절부터 서로 잘 알던 사이였는데, 당시 괴테와 마찬가지로 베츨라의 제국 고등법원에 근무중이었다. 괴테가 이미 약혼자가 있던 샤를로테를 사랑했던 것과 마찬가지로, 예루잘렘은 팔츠-라우테른 공국(公國)에서 제국 고등법원에 파견된 서기관의 아내인 엘리자베트 헬트(Elisabeth Held)라는 여성을 사랑했으나 사랑의 응답을 받지 못하자 1772년 10월말에 권총으로 자살을 했다. 괴테가 사랑의 괴로움을 이기지 못해 공직을 포기하고 베츨라를 떠난 지 불과 한 달만에 괴테와 비슷한 처지에서 번민했던 친구가 스스로 목숨을 끊은 것이다. 그러자 괴테는 샤를로테의 약혼자 크리스치안 케스트너(Christian Kestner)에게 예루잘렘이 자살하기에 이른 경위를 소상히 알려달라고 부탁하고, 케스트너는 괴테가 부탁한 대로 사건의 경위를 적어서 편지로 보내주는데, 케스트너의 이 편지 내용이 곧 괴테의 소설 『젊은 베르테르의 슬픔』의 기본골격을 이룬다. 만년의 괴테가 자서전 『시와 소설』에서 밝힌 바에 따르면, 예루잘렘의 자살 소식을 접하는 순간 이 문제를 다룬 소설을 써야겠다는 생각이 떠올랐다고 한다. 케스트너가 괴테에게 보낸 편지 내용에 따르면, 예루잘렘은 사랑의 좌절 외에도 베츨라에서 상관들과 사이가 좋지 않았고, 소설 속의 베르테르와 마찬가지로 귀족들의 사교연회에도 '입장금지'를 당하는 수모를 겪었다고 한다. 더구나 공교롭게도 예루잘렘이 자살에 사용한 권총은 괴테가 사랑했던 샤를로테의 약혼자 즉 케스트너에게서 빌려간 것이라고 한다.

그러고서 1년 반쯤이 지난 1774년 2월부터 3월까지 몇 주 동안에 괴테는 『젊은 베르테르의 슬픔』을 집필했다. 1772년 말경 괴테는 『젊은 베르테르의 슬픔』과 마찬가지의 서간체 소설을 써서 작가로서 명성을 얻은 여

샤를로테 부프(1753-1828)

성작가 조피 라 로슈(Sophie La Roche)를 알게 되면서 그녀의 딸을 좋아했는데, 그 딸 역시 프랑크푸르트의 유복한 상인과 결혼했다. 또 한번 실연의 쓰라림을 맛본 것이다.

이처럼 쓰라린 사랑의 체험 외에도 이 무렵 대학을 갓 졸업한 20대 중반의 괴테는 인생의 진로를 놓고 심각한 고민에 부딪혀 있었다. 대학에서 전공한 법학과 관련된 진로에는 별 뜻이 없었는데, 그렇다고 과연 작가의 길로 자신있게 매진할 수 있을지 아직은 자타의 검증을 거치지 못한 상태였던 것이다. 괴테는 역시 『시와 진실』에서 당시에는 이처럼 너무나 불확실한 미래로 인해 많은 젊은이들이 자살충동을 느낄 만큼 '우울증' 이 '시대의 질병' 이었다고 회고하고 있다. 이러한 위기상황에서 괴테는 『젊은 베르테르의 슬픔』을 집필함으로써 이중의 의미에서 '활로' 를 찾았다고 볼 수 있다. 한편으로는 실연으로 인한 생의 의욕상실 상태에서 벗어나게 되었고, 다른 한편으로는 이 소설의 대성공으로 확고하게 창작의 자신감을 얻은 것이다.

3. 작품의 형식과 구성

『젊은 베르테르의 슬픔』은 서간체 소설이다. 작품의 서두를 보면 베르테르가 빌헬름이라는 친구에게 보낸 편지를 빌헬름이 '편집' 한 것으로 되어 있다. 하지만 그러한 '편집자' 의 말은 베르테르의 '편지' 가 소설로 공개되는 경위에 대한 형식적인 주석일 뿐이고, 작품 전체는 거의 전적으로 베르테르의 편지들로만 구성되어 있다. 알다시피 편지라는 것은 편지의 발신자가 자신의 내밀한 생각과 감정을 아무런 여과 없이 편지 수신자에게 직접 전달하는 형식이다. 그런데 『젊은 베르테르의 슬픔』에서는 명목상의 수신자로 되어 있는 친구는 사라지고 오직 발신자의 발언만 제시된다. 소설의 형식으로 보면 화자를 최대한 숨기고 소설의 주인공이 직접 독자에게 말을 거는 형식이 되는 셈이다. 『젊은 베르테르의 슬픔』이 괴테 당대의 독자들에게 엄청난 호소력을 지녔던 이유는, 그 내용이 당시 젊은 세대의 위기의식을 예민하게 건드렸기 때문이기도 하지만 그에 못지 않게 독자에게 직접 호소하는 형식을 취하고 있기 때문이기도 하다.

소설은 1771년 5월 4일에서 시작하여 이듬해 12월 23일로 끝난다. 1771년 9월 10일까지 이어지는 제1부는 다시 세 부분으로 나누어볼 수 있다.

5월 30일까지 쓴 10통의 편지가 1부의 첫 부분으로, 소설 전체로 보면 도입부에 해당된다. 이 부분에서 베르테르는 도시에서 벗어나 자연 속에서 마음의 안정을 취하고 있는데, 비교적 고른 주기로 편지를 썼다는 것은 이를 잘 드러내 준다. 그러고서 6월 16일부터 7월 26일까지 쓴 17통의 편지가 1부의 두 번째 부분에 해당되는데, 5월 31일부터 6월 15일까지 2주 동안의 공백기는 베르테르가 로테를 만나 사랑에 빠진 기간으로, 로테를 사랑하는 격정에 휩싸여 미처 편지를 쓸 겨를이 없었던 셈이다. 이 시기에는 친구에게 편지를 보내는 간격이 일정치 않은데, 그만큼 마음의 굴곡이 심하다는 뜻으로 볼 수 있다. 그 다음 7월 30일부터 9월 10일까지 쓴 12통의 편지에는 베르테르가 맞는 첫 번째 위기와 마음의 동요가 드러난다. 위기의 발단은 로테의 약혼자인 알베르트(Albert)가 출현했기 때문이다. 사랑의 장벽에 괴로워하던 베르테르는 결국 로테가 있는 곳을 떠나기로 결심한다.

소설의 제2부는 베르테르가 로테를 떠난 후 거의 6주만에 쓴 10월 20일자 편지로 시작되는데, 2부의 첫 부분은 다음해 5월 5일까지 약 반 년 동안에 해당된다. 로테와 떨어져 있는데다 궁정에서의 사교에도 흥미를 잃은 상태에서 우울한 나날을 보내던 베르테르는 결국 다시 도시를 떠나기로 결심한다. 두 번째 부분은 5월 9일부터 6월 18일까지 이어진다. 고향도시에 머무는 이 기간 동안에는 다섯 통의 편지밖에 쓰지 않는데, 작품 전체의 흐름에서 보면 짧은 간주곡에 해당되며, 베르테르는 다시 로테를 찾아가기로 결심한다. 작품 전체의 결말부에 해당되는 마지막 기간 동안 베르테르는 다시 로테의 가까이에서 무한한 행복감과 절망의 나락 사이를 오간다. 12월 6일 편지 다음에는 베르테르의 친구 빌헬름이 다시 '편집자' 역할로 등장하여 정황 설명을 하며, 그 다음부터는 베르테르의 편지와 친구의 보충설명이 뒤섞여서 이야기가 진행된다. 베르테르가 크리스마스 전야에 로테의 약혼자 알베르트한테서 빌려온 권총으로 자살을 하는 것으로 소설은 끝난다.

4. 작품 해설

이 작품을 이해하기 위한 최우선의 관건은 베르테르가 느끼는 사랑의 감정이 과연 어떤 의미를 갖는가 하는 것이다. 베르테르의 편지에서 드러나는 생각을 정리해보면, 베르테르는 무엇보다 사랑을 통해 자아의 모든 가능성들이 충족될 수 있다고 믿는다. 예컨대 베르테르가 법원 일을 매개로 만나는 사람들과의 관계에서는 규율과 규범에 맞게 자신의 역할을 재단해야 하지만, 사랑의 감정은 그 모든 속박을 초월해 있다고 여기는 것이다. 그런 점에서 베르테르에게 사랑이라는 것은 사회의 외적 속박에 대비되는 내적 자발성의 영역에 해당된다. 나아가서 사회적 규범의 틀에 의해 소외된 인간존재는 그런 사랑의 체험을 통해 본래의 자연적 본성을 회복할 수 있다고 믿는다. 베르테르가 이처럼 사랑을 통해 인간의 자연적 본성의 회복과 본래적 자아의 실현이 가능하다고 보는 생각은, 18세기 중후반의 지적 조류에 비추어보면 '자연으로 돌아가라!' 고 했던 루소의 사상과 맥을 같이한다.

그렇다면 베르테르는 왜 하필 로테라는 여성에게서 그런 사랑의 실현 가능성을 찾고 있는가? 베르테르가 로테를 처음 만나서 반하는 장면을 보면 로테는 동생들에게 빵을 나누어주는 모습으로 묘사되어 있다. 어머니를 여의고 동생들을 키우고 있는 것이다. 요컨대 자애로운 모성의 원형적 이미지가 목가적 이상으로 구현된 모습이라 할 수 있다. 자연 그대로의 소박함과 무구함을 그대로 간직한 여성상이다. 또한 로테가 무도회에서 춤을 추는 모습 역시 '영혼과 육체의 완벽한 조화' 를 구현한 모습으로 묘사된다. 당시 사회에서 춤은 사교의 가장 중요한 형식이었는데, 로테는 '사교' 의 의례적 규범에 따라 자신을 과시하는 제스처와는 전혀 무관한 자연스러움을 보여주는 것이다. 로테의 그런 모습에 반한 베르테르는 오직 자신만이 로테의 그러한 심성에 부응하는 감정을 느낄 줄 안다고 생각하며, 로테 역시 그러한 감정의 공감대를 형성하고 있다고 느낀다. 6월 16일자 편지 마지막 부분에서 로테가 시인 '클롭슈토크' (Klopstock)의 이름을 부르며 눈물을 흘리고 둘이 손을 맞잡는 장면은 베르테르의 감정상태가 로테에게도 똑같이 전이되었다는 것을 상징적으로 보여준다. 다른 한편 베르테르는 로테에게 에로틱한 관능의 감정도 느낀다. 7월 16일자 편지에서 말하듯이 로테가 가까이 다가오기만 해도 '불에 덴 것처럼 사지를 움츠리며' '온몸의 감각이 현기증에 걸린 듯 어지러워' 지는 것이다. 그런 상태에서 베르테르는 '내 마음이 그렇게까지 타락하지는 않았고' 로테는 '신성한 존재' 라고 다짐을 하지만, 거꾸로 보면 그렇게 다짐을 해야 할만큼 마음과 몸이 달아올랐다는 뜻이다. 그런데 베르테르가 느끼는 사랑의 감정은 (로테 자신의 해석을 빌리면) 결코 로테와 결합될 수 없다는 사실로 인해 더더욱 뜨겁게 끓어오른다. 요컨대 이루어질 수 없는 사랑이기 때문에 오히려 더 절박한 감정상태에 빠져드는 것이다. 실제로 베르테르 자신도 나중에는 이루어질 수 없는 사랑의 고통 자체를 즐기고 있다고 말하기도 한다. 다시 말해 베르테르는 자신의 감정 자체를 탐닉하고 있다고 볼 수도 있다. 베르테르가 열정적인 몽상가라는 사실을 상기하면 그러한 감정상태는 그의 성격에 부합되는 것이기도 하다. 그리고 베르테르가 작품 첫머리에서 '진정한 사랑' 은 일체의 사회적 관습과 규범에 반하는 것이라고 했던 맥락과도 일치한다. 이미 약혼자가 있는 여성을 사랑해서는 안 된다는 '사회적 규범에도 불구하고' 로테를 사랑하므로 그러한 사랑이야말로 진정한 사랑이라고 확신하는 것이다. 다른 한편 로테가 목가적 이상의 여성상으로 묘사되고 있다는 사실에 비추어보면 로테에 대한 베르테르의 사랑이 그러한 목가적 이상향과는 다른 원칙에 의해 움직이는 현실에서는 결코 실현될 수 없다는 것도 당연하다. 베르테르가 사회적 규범과 관습에서

자살하기 직전의 베르테르

벗어난 목가적 사랑의 이상을 갈구할수록 현실원칙과 충돌할 수밖에 없는 것이다.

다른 한편 이 작품에서 베르테르의 성격을 이해하는 데 중요한 열쇠가 되는 것은 자연을 대하는 그의 태도이다. 작품 첫머리에서 시골의 전원적인 자연풍광에서 베르테르는 도시생활의 답답한 굴레에서 벗어난 해방감을 느낀다. '자연'은 인간의 본성을 억압하는 질서로 꽉 짜여져 있는 '문명'의 대척점으로 표상되는 것이다. 이러한 자연관 역시 이미 언급한 루소의 사상과 일맥상통한다. 또한 자연은 사변적 이성의 피안에 있는 소박하고 근원적인 감정상태를 가리키기도 하며, 무엇보다 베르테르가 로테에게 느끼는 사랑의 감정을 비추는 거울 역할을 한다. 베르테르가 로테에 대한 사랑에서 지극한 행복감을 느낄 때는 자연이 더 없이 아름답고 숭고

하게 다가오지만, 이룰 수 없는 사랑의 괴로움에 빠져 있을 때는 거칠고 황량한 불모의 상태로 묘사되는 것이다. 로테에 대한 베르테르의 감정이 나중에는 자기탐닉의 양상을 띠는 것과 마찬가지로 베르테르가 생각하는 자연 역시 그의 감정상태가 투사된 것이라 할 수 있다.

결국 베르테르의 사랑은 출구를 찾지 못하고, 그럼에도 불구하고 베르테르가 자신의 사랑에 끝까지 충실하다는 것을 입증하기 위한 최후의 수단으로 선택하는 것은 자살이다. 베르테르의 자살이 당시 독자들에게 일종의 '베르테르 신드롬' 으로 확산되어 모방자살이 속출했다는 것은 익히 알려진 사실이다. 이런 파장 때문에 당시 보수적인 교단의 성직자들은 『젊은 베르테르의 슬픔』이 자살을 '미화' 하고 '옹호' 하는 불경스러운 작품이라고 당국에 '판매금지' 조치를 청원하기도 했는데, 실제로 이 작품이 처음 출판되었던 라이프치히에서는 그러한 청원이 받아들여져서 『젊은 베르테르의 슬픔』은 '금서' 가 되었다. 작가가 이 소설을 통해 자살을 옹호하려 했다는 것은 독자의 반응으로 작품을 재단하는 적절치 못한 판단이지만, 작중 인물 베르테르는 결국 자살을 피할 수 없는 선택으로 받아들이고, 나아가 사회적 속박에서 벗어나기 위한 최후의 수단으로 여긴다는 것은 분명하다. 이루어질 수 없는 사랑의 환희와 괴로움을 남김 없이 맛보고 감정이 완전히 소진된 마지막 상태 자체가 이미 죽음의 문턱에 이르렀다고 해도 과언이 아닐 것이다. 또한 당시 독자들의 '베르테르 신드롬' 은 베르테르의 자살이 당시의 시대적 분위기와 동떨어진 극단적 상황이 아니라, 당시 베르테르처럼 예민한 감성을 지닌 젊은이들의 심성과 깊은 연관성이 있다는 것을 말해준다. 나중에 괴테가 『시와 진실』에서 회고하듯이, 끓어오르는 정열을 해소할 길이 없고 답답한 사회환경에서 자아

실현의 가능성도 찾을 수 없었던, 예민한 감수성을 지닌 젊은이들로서는 그럼에도 불구하고 무의미한 삶을 영위해야 한다는 현실에 직면하여 끝모를 자살충동을 느낄 만큼 삶의 권태에 시달렸던 것이다. 그렇게 보면 베르테르는 완고한 사회질서를 향해 온몸을 던진 시대의 반항아요 이단아라 할 수 있다. 훗날 만년의 괴테를 방문한 영국의 어떤 성직자는 괴테에게 왜 『젊은 베르테르의 슬픔』 같은 작품을 써서 숱한 젊은이들이 모방자살을 하게 만들었느냐고 훈계를 한 적이 있는데, 그러자 괴테는 "당신네 성직자들은 숱한 전쟁을 승인하는 서명을 해서 무수한 젊은이들을 죽음의 전쟁터로 내몰았는데 거기에 대해서는 어떻게 생각하느냐"고 받아쳤다고 한다. 괴테의 이러한 발언에 비추어보더라도 『젊은 베르테르의 슬픔』이 당시 사회의 억압적 관습과 규범에 대한 저항의 의미를 지녔다는 것을 짐작할 수 있다.

5. 더 읽을거리

베르테르 모티프를 차용한 작품 중에 20세기의 작품으로 널리 알려진 것은 토마스 만(Thomas Mann)의 소설 『바이마르의 로테』(1939)와 옛 동독의 작가 울리히 플렌츠도르프(Ulrich Plenzdorf)의 희곡 및 소설 『젊은 W.의 새로운 슬픔』(1972)을 꼽을 수 있다.

『바이마르의 로테』는 이미 노년에 접어든 샤를로테 케스트너 부인이 여동생을 방문한다는 구실로 바이마르의 괴테를 찾아오는 구도를 취하고 있다. 샤를로테는 괴테의 초청으로 함께 식사를 하게 되는데, 수십 년이 지나는 동안 두 사람의 세계가 완전히 단절되었다는 것이 점차 분명하게 드러난다. 샤를로테는 젊은 시절의 연정에 대한 애틋한 추억을 간직하고 있는 반면, 괴테에게서는 젊은 시절 샤를로테를 사랑했던 감정의 흔적이라고는 전혀 찾아볼 수 없다. 젊은 시절의 거친 충동과 열정을 극복하고 작가로서도 원숙한 괴테의 면모를 부각시킨 것이라 할 수 있다.

플렌츠도르프의 『젊은 W.의 새로운 슬픔』은 원래 1972년 동독에서 연극으로 공연되어 큰 반향을 불러일으켰고, 이듬해에 작가는 그 연극을 바탕으로 동명의 소설을 발표했다. 동독을 배경으로 전개되는 소설의 주인공 에드가 비보(Edgar Wibeau)는 교사와 다투고나서 학교를 그만두고 베를린으로 상경하는데, 베를린에서 그는 이전까지 속해 있던 집단주의 규율을 거부하고 아웃사이더로 살아간다. 베르테르와 마찬가지로, 유치원 보모를 사랑하지만 보모의 약혼자가 제대한 후 두 사람은 결혼한다. 그후 에드가는 일에 몰두하면서 '물감분말이 튀지 않는 안료 스프레이'를 발명하겠다는 야심에 들떠 있지만, 실험도중 감전사로 사망한다. 동독체제에 대한 저항의 좌절을 다룬 작품이라 할 수 있다.

⁜ 작품의 이해를 위해 생각해볼 문제들 ⁜

1. 이 소설이 편지의 형식을 취하고 있는 것은 베르테르의 성격과 어떤 상관관계에 있는가?

2. '베르테르(Werther)' 라는 이름은 원래 '강 한가운데에 있는 섬' 을 뜻하는 'Werder' 이 옛말 'Wert' 를 상기시킨다. 베르테르의 성격을 이름의 상징성과 결부시켜서 해석해보자.

3. 이 소설에서 계절의 순환은 어떤 의미를 갖는가?

   3-1. 베르테르와 로테는 1772년 12월 21일('동지' 에 해당)에 마지막으로 만난다. 이 사실이 어떤 의미를 갖는지 1771년 6월 21일('하지' 에 해당) 편지와 비교하여 설명해보자.

   3-2. 1771년 9월 3일자 편지와 1772년 9월 3일자 편지를 비교하여 분석해보자.

   3-3. 1771년 5월 10일자 편지와 1772년 12월 12일자 편지를 비교하여 분석해보자.

   3-4. 베르테르가 '자연' 을 어떻게 보고 느끼는지 1771년 5월 10일자 편지를 근거로 설명해보자. 베르테르의 자연관이 그의 성격과 어떤 관계에 있고 당시의 시대상황과 어떤 관계에 있는지에 초점을 맞추어 설명해보자.

3-5. 베르테르가 자살을 택하는 날은 성탄절 전야인 12월 23일이다. 어떤 동기에서 베르테르는 이 날을 택했는지 작품을 근거로 설명해보자.

4. 베르테르는 로테의 약혼자 알베르트를 어떤 유형의 인물로 묘사하는가?

5. 이 작품에서는 로테와 그녀의 약혼자 알베르트의 관계가 어떠한지 구체적으로 드러나지 않는다. 로테 역시 알베르트의 성격이나 사람됨, 그에 대한 감정을 언급하지 않는다. 로테가 약혼자 알베르트를 어떻게 생각하는지 베르테르의 '편지'와 같은 형식으로 서술해보자.

6. 로테가 감정적으로 베르테르에게 끌리는 이유가 무엇인지, 그럼에도 불구하고 알베르트와 결혼하는 이유가 무엇인지 설명해보자.

7. 로테는 베르테르가 '이루어질 수 없는 사랑'이기 때문에 더더욱 이 사랑의 감정에 매달린다고 말하고 있다. 로테는 어떤 이유에서 베르테르에게 그런 말을 하는 것일까?

8. 로테가 베르테르의 감정과 교감을 느끼는 '코드'로 '클롭슈토크'가 언급되는데, 이 대목을 베르테르는 클롭슈토크의 '송가'와 결부짓는다. 그 송가란 「봄의 찬가」를 가리키는데, 이 작품을 찾아서 읽어보고, 베르테르와 로테 사이의 교감이 어떤 것인지 분석해보자.

9. 베르테르가 자살하기 직전 레싱의 희곡 『에밀리아 갈로티』를 읽었던 것은 어떤 상징적 의미를 갖는가?

10. 베르테르는 '하인리히'라는 머슴의 비극적인 이야기에 대해 어떤 태도를 취하는가, 이 이야기는 베르테르의 운명과 관련하여 어떤 의미를 갖는가?

11. 작품의 마지막 문장은 베르테르의 장례절차에 "성직자는 한 사람도 따라가지 않았다"는 말로 끝난다. 이 문장의 상징적 의미를 생각해보자.

12. 괴테는 훗날 베르테르가 로테를 만나기 이전부터 이미 '치명적인 독을 맞은 상태' 라고 언급한 적이 있다. 작품을 근거로 이 말의 의미를 설명해보자.

13. 토마스 만은 베르테르를 '예술적 재능의 부족' 을 제외하면 청년 괴테를 방불케하는 인물로 보았다. 베르테르를 '예술가 지망생' 이라는 관점에서 보면 어떤 해석이 가능할까?

14. 베르테르가 느끼는 사랑의 감정과 『파우스트』 1부에서 파우스트가 그레트헨에게 느끼는 사랑의 감정을 비교하면 어떤 공통점과 차이가 있는가?

15. 이 작품은 작품설명의 '전기적 배경' 에서 밝힌 바와 같이 괴테의 자전적 체험과 깊은 관련이 있으며 괴테 자신이 겪은 위기를 '글쓰기' 를 통해 치유한 작품으로 해석되기도 한다. 이 작품이 과연 어떤 의미에서 '치유로서의 글쓰기' 가 될 수 있는지 생각해보자.

16. 이 작품은 괴테 당대에 여러 작가들에 의해 '패러디' 되었다. 대표적인 경우로 당시 '계몽철학자' 로 일반 독자들에게 널리 알려졌던 니콜라이(Nicolai)의 패러디와, 괴테 바로 다음 세대의 작가로 문제작들을 남긴 클라이스트(Kleist)의 패러디가 있다. 두 작가의 패러디 요점을 간추리면 다음과 같다.

* 니콜라이의 패러디: 알베르트는 베르테르에게 권총을 빌려주면서, 권총 속에 총알 대신 '닭의 피' 를 장전시켜 놓았는데, 베르테르가 '자살' 한 순간 그 피가 베르테르의 머리에 뒤덮여서 베르테르는 자기 머리에서 쏟아져 나온 피로 착각하고 기절한다. 알베르트는 다시 정신을 차린 베르테르를 찾아와 샤를로테와의 결혼의사를 포기하고 베르테르와 샤를로테의 행복을 축원하며, 두 사람은 결혼하여 행복하게 산다.
* 클라이스트의 패러디: 베르테르는 자신의 후원자이자 은인인 사람이 아내를 남몰래 흠모하는데, 남자가 집을 비운 사이에 몰래 여인의 침실에 잠입

했다가 들통이 나자 수치심과 자괴감 때문에 자기 방에 돌아와 권총자살을 시도한다. 그런데 총알이 빗나가서 베르테르 자신은 죽음을 면하고 옆방에 있던 여인의 남편이 베르테르가 자살하려고 쏜 총에 맞아 죽는다. 다시 정신을 차린 베르테르는 흠모하던 여인과 결혼해서 자식을 열다섯 명이나 낳고 행복하게 산다.

니콜라이와 클라이스트는 각각 어떤 동기에서 이런 패러디를 썼는지 『젊은 베르테르의 슬픔』에 등장하는 주인공 베르테르에 대해 거리를 두고 그 이유를 설명해보자.

Goethe

『파우스트』

요한 볼프강 폰 괴테
(1749-1832)

1. '파우스트' 소재의 연원

『파우스트(*Faust*)』는 괴테가 60여 년에 걸쳐 집필한 필생의 대작이다. 괴테가 스물여섯 살이던 1775년에 『파우스트 초판본』을 집필했고, 이 초판본을 보완한 『미완성 파우스트』가 1790년에 발표되었다. 그리고 이 두 판본을 다시 종합한 『파우스트, 비극 제1부』를 1808년에 탈고하였고, 괴테가 죽기 직전까지 작업한 『파우스트, 비극 제2부』는 괴테의 사후에 그 원고가 공개되었다. 그런데 이처럼 괴테가 평생동안 매달렸던 이 드라마의 주인공 파우스트는 괴테의 『파우스트』에 처음 등장하는 가공의 인물이 아니고 중세에 실존했던 인물로, 일화와 전설 그리고 문학적 전승에서 그 소재를 취하고 있다. 이전의 문학적 전승을 익히 알고 있었던 괴테가 평생 파우스트 소재의 새로운 해석에 매달렸던 만큼 괴테의 『파우스트』를 이해하기 위해서는 파우스트 소재의 연원을 살펴볼 필요가 있다.

1.1. 실존인물 파우스트

실제인물 파우스트에 관하여 문헌에서 언급되고 있는 특기할 만한 사실을 간추리면 다음과 같다.

1480년경	뷔르템베르크 지역의 마울브론 근교에서 태어남
1507년	성직자의 공식서한에서 파우스트 숭배자를 '이단'으로 경고함
1513년	인문주의자 무치아누스 루푸스(Mutianus Rufus)가 에어푸르트(Erfurt)에서 파우스트를 만났다고 친구에게 보내는 편지에서 언급함
1520년	밤베르크 교구의 주교(主教)에게 천궁도(天弓圖)를 보여주고 10굴덴의 하사금을 받음
1528년	기독교에서 금하는 '예언'을 했다는 이유로 잉골슈타트(Ingolstadt)에서 추방됨
1536년	인문주의자 카메라리우스(Camerarius)가 파우스트가 향후의 정치정세에 대해 어떤 예언을 했는지 뷔르템베르크 교구에 문의하는 서한을 보냄
1539년	당시의 의학서에서 파우스트가 파라첼수스(Paracelsus)와 비교하여 언급됨
1540년경	프라이부르크 남쪽의 슈타우펜에 있는 자신의 과학실험실에서 사망

이러한 기록을 통해 짐작할 수 있는 것은 파우스트가 인문주의자들과 교류를 하고 있었고, 중세의 가톨릭 교리에서 금지한 자연과학 연구에 몰두한 인물이었다는 것이다. 일설에 따르면 파우스트는 루터와도 면식이 있었던 인문주의자로 알려져 있는데, 파우스트의 이력에서 루터가 언급

되지 않는 것은 루터 자신도 파우스트를 '이단'으로 보았기 때문이라는 가설이 유력하다. 그러니까 루터는 '도그마의 재해석'을 주창했을 뿐이지 '무신론자'는 아니었고, 반면 파우스트는 인문주의자 중에서도 '이단'의 계열에 속했던 셈이다. 그리고 파우스트의 이력에서 언급되는 '천궁도'와 '정치적 예언'과 '파라첼수스'의 맥락을 종합해보면, 당시 파우스트라는 인물이 서구 문화사에서 '패러다임의 전환'을 실천한 상징적 존재라는 것도 짐작할 수 있다.

'천궁도' 즉 '별자리'에 관한 언급은 파우스트가 천체의 운행을 연구하는 과학자였음을 말해준다. 그 별자리를 보고 인간사와 세상의 운명을 예언하는 것은 중세 당시에는 하느님이 정해준 섭리와 다르게 인간의 눈으로 자연과 인간의 이치를 해석하는 것이었기 때문에 '이단'으로 규정되었다. 요컨대 갈릴레이가 '지동설'을 주장하고 종교재판에 회부되었던 맥락과 일치한다. 그런데 파우스트는 순수 과학자일뿐 아니라 '정치적 예언'도 했다. 종교개혁과 농민봉기가 겹치던 시대에 '이단'의 파우스트가 고지한 '정치적 예언'이 불순한 행위로 간주되었으리라는 것은 능히 짐작된다. '파라첼수스'가 언급되는 맥락은 이중적이다. 파라첼수스는 인문주의자로서는 고대 그리스의 헬레니즘 문화전통을 받아들여 당시의 기독교 문화와 접목시키려 했고, 다른 한편 과학자로서는 기독교 교리의 '처방'에 반기를 들었던 인물이다. 이런 전기적 사실을 종합해보면 파우스트는 르네상스 시대의 반기독교적 인문주의자이자 근대적 의미의 자연과학자로서, 구질서를 고수하는 입장에서는 위험한 인물로 간주되었음을 짐작할 수 있다.

1.2. 민중본 『파우스트』

파우스트는 이단의 모든 요소를 두루 갖춘 인물로 문헌에 기록되어 있는데, 1587년에 간행된 『요한 파우스트 박사 이야기』가 그것이다. 실명인물의 일화와 전설을 기독교 교리에 맞게 각색한 이 텍스트의 줄거리는 다음과 같다.

> 파우스트는 바이마르 근교에서 태어나 뷔텐베르크에서 신학을 공부하여 박사학위를 받았다. 그러고는 크라카우로 가서 마술연구에 몰두한다. 그는 탐구열과 자만심에서 악마적 존재인 메피스토펠레스와 계약을 맺는데, 메피스토는 24년 동안 파우스트가 원하는 모든 소원을 들어주고 그 대신 계약기간이 끝난 후에는 파우스트의 영혼을 차지하기로 하였다. 파우스트는 처음 8년 동안은 뷔텐베르크에 머물면서 마술에 몰두하는 한편 인생의 향락을 즐기는데, 메피스토와의 계약에서 파우스트는 결혼을 하지 못하게 되어 있는 대신 메피스토의 주선으로 육체적 쾌락을 즐긴다. 파우스트가 메피스토와의 계약을 후회하면 메피스토는 마법의 음악으로 파우스트를 진정시킨다. 두 번째 8년 동안에는 파우스트는 멀리 바깥세상으로 여행을 다니는데, 콘스탄티노플로 가서 황제를 접견하기도 하고, 교황청도 찾아가고 황제의 궁성에 머물기도 한다. 궁성에서 파우스트는 온갖 마술로 사람들을 놀라게 한다. 마지막 8년 동안 파우스트는 다시 뷔텐베르크에 머문다. 한 노인이 파우스트를 타일러 속죄를 시키려고하자 파우스트는 다시 악마에게 충성할 것을 서약한다. 그는 제자들이 보는 앞에서 헬레나의 환영이 나타나게 하고, 헬레나의 환영에 반해서 이 허깨비와 결혼을 하기에 이른다. 파우스트와 헬레나 사이에는 유스투스 파우스트라는 아들이 태어나고, 얼마 후 파우스트는 제자들이 임종을 지켜보는 가운데 자신의 운명을 저주하며 고통스럽게 죽음을 맞는다. 파우스트의 집은 제자 파물루스 바

그너에게 유산으로 물려지고, 파우스트가 죽은 직후 헬레나와 아들은 연기처럼 사라진다.

이 책의 머리글에는 '양식이 있는 사람들' 에게 '악마의 실상' 에 대해 분명히 깨우쳐주고 경종을 울리기 위해 이 책을 썼다고 언급된다. 실제로 악마와 마법의 존재를 믿던 당시의 대부분 독자들은 이 이야기를 허구가 아니라 실화처럼 믿었다고 하는데, 파우스트가 실존인물이었으므로 더더욱 그랬을 법하다. 괴테가 활동하던 시대인 1793년까지도 독일에서 마녀재판과 화형이 있었다고 할 만큼 중세의 황혼과 근대의 여명이 교차하던 당시 전통적 기독교 윤리에서 파우스트는 신성모독적인 이단의 표본으로 전승되었던 것이다. 그러나 관점을 달리해서 보면 파우스트는 전통적 기독교의 권위와 금기에 맞서 인간과 자연을 탐구한 인본주의자로 르네상스적 근대인의 표본이라 할 수 있다.

2. 『파우스트』의 구성

괴테의 『파우스트』는 1부와 2부로 나뉘어져 있다. 1부가 주로 파우스트의 개인적 체험을 중심으로 전개되는 반면, 2부에서는 파우스트가 갖가지 '공인(公人)' 의 역할로 등장하여 겪는 체험들이 전면에 부각된다. 극의 전개방식에서도 1부에서는 파우스트가 메피스토와 계약을 맺고 그레트헨을 만나 사랑을 나누고 비극적 결말에 이르는 과정이 비교적 유기적으로 연결되어 있다. 그와 달리 2부에서는 파우스트의 다양한 역할들 간에 유기적 연관성이 적고 스토리의 전개가 단절적으로 끊어지며, 파우스트 자신을 포함한 등장인물이 특정한 시대정신이나 이념을 구현하는 고도의 상징성을 띤다. 다시 말해 개인사보다는 괴테 당대의 역사적 체험과 지적 조류에 대한 간접적 성찰이 집약된, 일종의 백과전서식 비유담이라 할 수 있다. 그리고 1부가 막(幕)의 구분 없이 장면으로 이어지는 반면 2부는 명확하게 구분되는 5막극으로 구성되어 있다는 것이 형식 면에서 가장 두드러진 차이라 할 수 있다.

2.1. 『파우스트』 1부의 구성

1부의 첫머리에는 다시 작품 전체의 프롤로그라 할 수 있는 도입부(〈헌사〉, 〈무대 위의 서연〉, 〈천상의 서곡〉)가 나오는데, 특히 〈천상의 서곡〉에서는 하느님이 직접 메피스토에게 파우스트를 마음대로 유혹해도 좋다는 '인가'를 해줌으로써 파우스트와 메피스토의 '계약'의 모티프를 미리 제시하고 있다. 그리고 파우스트의 '방황'이 더 나은 것을 추구하려는 '노력'의 징표이므로 구원받을 수 있다는 것을 암시함으로써 작품 전체의 결말부와 연결된다. 1부의 극적 갈등은 크게 두 부분으로 나누어진다. 학문의 모든 분야를 섭렵한 파우스트가 지식의 세계에 회의를 느끼고 생생한 삶을 체험하고자 하는 열망에 시달리면서 그 욕구를 충족시켜주겠다는 메피스토를 만나 '계약'을 하기까지의 사건은 흔히 '학자의 비극(Gelehrtentragödie)'이라 일컬어진다. 그리고 파우스트가 청순한 소녀 그레트헨을 만나 사랑의 기쁨과 관능의 쾌락을 맛보고, 그로 인해 그레트헨의 가족과 그녀 자신이 죽음에 이르는 과정이 '그레트헨 비극(Gretchentragödie)'에 해당된다.

1부의 구성과 장면전환을 도식화하면 다음과 같다.

■ 작품 전체의 도입부

(1) 헌사	1–32행	
(2) 무대 위의 서연(序演)	33–242	작품의 기본구도 제시
(3) 천상의 서곡	243–353	

■ 학자의 비극

(4) 밤	354–807	(4) 학문이 세계에 대한 회의와 자살충동
(5) 성문 앞에서	808–1177	(5)–(7) 파우스트와 메피스토의 ‘내기’
(6) 서재 I	1178–1529	
(7) 서재 II	1530–2072	
(8) 아우어바하 선술집	2073 2336	(8)–(9) 첫 번째 여행: 메피스토의 마법
(9) 마녀의 부엌	2337–2604	

■ 그레트헨 비극

파우스트와 그레트헨의 만남

(10) 길거리 I	2605–2677	파우스트와 그레트헨의 첫 만남
(11) 저녁	2678–2804	그레트헨의 노래 〈툴레의 왕〉
(12) 산책길	2805–2864	파우스트와 메피스토
(13) 이웃여자의 집	2865–3024	파우스트와 그레트헨
(14) 길거리 II	3025–3072	파우스트와 메피스토
(15) 정원	3073–3204	파우스트에게 가족사 얘기하는 그레트헨
(16) 정원의 정자	3205–3216	첫 키스

파우스트와 그레트헨의 결합

장면	행	내용
(17) 숲과 동굴	3217-3373	그레트헨의 불행을 예감하는 파우스트
(18) 그레트헨의 방	3374-3413	그레트헨의 불안
(19) 마르테의 정원	3414-3543	파우스트의 신앙에 대한 그레트헨의 질문
(20) 우물가에서	3544-3586	그레트헨의 죄의식
(21) 성 안쪽 골목길	3587-3619	그레트헨의 불안과 기도
(22) 밤	3620-3775	파우스트와의 결투로 죽는 발렌틴
(23) 성당	3776-3834	장례미사 도중 실신하는 그레트헨

비극적 결말

장면	행	내용
(24) 발푸르기스의 밤	3835-4222	메피스토, 파우스트에게 관능적 쾌락을 제공
(25) 발푸르기스 밤의 꿈	4223-4398	극중극: 그레트헨 비극의 비속한 대척점
(26) 흐린 날 벌판에서	산문체	파우스트, 그레트헨의 불행을 메피스토에게 전가
(27) 어두운 밤 넓은 들판에서	4399-4404	
(28) 감옥	4405-4612	파우스트의 '탈옥' 제의를 거절하는 그레트헨

(장면 번호는 편의상 붙인 것임)

〈마녀의 부엌〉 장면(모리츠 레취, 동판, 1816)

〈발푸르기스의 밤〉 장면(모리츠 레취, 동판, 1816)

2.2. 『파우스트』 2부의 구성

2부는 파우스트가 깊은 잠에서 깨어나는 장면으로 시작된다. '망각'과 '치유'를 동시에 뜻하는 이 잠은 1부와 결부지으면 그레트헨을 비극적 죽음으로 몰아간 파우스트가 자신의 죄를 까맣게 잊고 전혀 새로운 삶을 시작한다는 것을 뜻한다. 실제로 2부의 1막에서 파우스트는 황제의 성에 입궐하여 황제의 재정난을 해결해주는 활약을 한다. 2막은 파우스트가 헬레나를 찾아가는 장면이다. 파우스트의 제자 바그너가 만들어낸 인조인간 호문쿨루스가 파우스트와 메피스토를 고대 그리스의 세계로 인도하는데, 말하자면 '타임머신'을 타고 다른 시대로 거슬러 올라가는 상상의 장면이라 할 수 있다. 2막에서 후반부로 갈수록 고대 그리스의 신화의 세계가 파우스트에게 현실로 바뀌는 방식으로 묘사되어 있으며, 메피스토는 실제로 포르키아스로 변신한다. 3막은 파우스트가 헬레나를 만나 아내로 맞이하는 장면인데, 파우스트는 중세의 영주로 고대 그리스의 헬레나와 결합한다. 3막에서는 헬레나와 오이포리온이 어떤 상징적 의미를 갖는지 생각해볼 필요가 있다.

4막에서 파우스트는 다시 황제를 도와 반란군을 진압하고 그 공로로 해안의 넓은 땅을 봉토로 하사받는다. 파우스트 자신이 이젠 군주가 된 것이다. 파우스트는 단지 권세를 얻은 것에 만족하지 않고 백성들을 위해 뭔가 큰일을 하겠다는 포부에 들떠 있는데, 5막에서 묘사되는 해안간척사업이 그것이다. 그러나 메피스토는 간척사업이 완공단계에 이르자 이 대역사가 곧 파우스트의 '무덤'이 될 거라고 장담한다. 실제로 간척사업의 완공과 함께 파우스트는 눈이 멀고 죽음을 맞는다. 파우스트의 장례와 승천을 다룬 마지막 두 장면(장면 22, 23)은 『파우스트』 1부의 〈천상의 서곡〉 및 결말부와 연결된다. 〈천상의 서곡〉에서 하느님이 메피스토에게 파우스트의 구원가능성을 언급한 대로 메피스토는 파우스트의 영혼을 차지하지 못하며, 다른 한편 1부의 마지막에서 비극적 죽음을 맞는 그레트헨이 천사들 틈에서 '속죄하는 여인'으로 파우스트의 죄를 사해달라고 기도하는 것이다.

2부의 구성과 장면전환을 도식화하면 다음과 같다.

■ 1막: 궁정에 입궐하는 파우스트

(1) 아늑한 곳	4613–4727	깊은 잠에서 깨어나는 파우스트
(2) 황제의 궁성	4728–5064	황제에게 재정난 타개를 약속하는 메피스토
(3) 곁방이 딸린 넓은 홀	5065–5986	'부의 신' 플루투가 된 파우스트
(4) 놀이공원	5987–6172	지폐를 찍어내는 메피스토
(5) 어두운 복도	6173–6306	지하세계로 내려가는 파우스트
(6) 밝게 조명된 홀	6307–6376	황제와 영주들
(7) 기사의 방	6377–6565	파리스와 헬레나의 환영

■ 2막: 헬레나를 찾아가는 파우스트

(8) 천정이 높고 좁은 고딕식 방	6566–6818	메피스토와 바그너의 제자
(9) 실험실	6819–7004	인조인간 호문쿨루스
(10) 고전적 발푸르기스의 밤		
(10.1) 파라살루스 평원	7005–7079	고대의 두 모습: 역사와 환상
(10.2) 페네이오스 강 상류	7080–7248	키론에게 인도되는 파우스트

(10.3) 페네이오스 강 하류	7249–7494	예언자 만토에게 인도되는 파우스트
(10.4) 페네이오스 강 상류	7495–8033	포르키아스로 변신하는 메피스토
(10.5) 에게해의 바위 만(灣)	8034–8487	신비극의 절정

■ 3막 : 헬레나 극

(11) 메넬라오스 왕의 궁전 앞	8488–9126	트로이에서 귀향하는 헬레나
(12) 성채의 안마당	9127–9573	헬레나를 '왕비' 로 맞는 파우스트
(13) 무대가 계속 바뀜	9574–10038	오이포리온의 추락, 헬레나 사라짐

■ 4막 : 반란군을 집압하고 권세를 얻는 파우스트

(14) 고산지대	10039–10344	파우스트의 정치적 포부
(15) 앞산 위에서	10345–10782	메피스토의 마술로 반란군 진압
(16) 반역황제의 천막	10783–11042	파우스트에게 봉토를 하사하는 황제

■ 5막 : 파우스트의 대역사(役事)와 최후

(17) 탁 트인 지역	11043–11142	필레몬과 바우치스
(18) 궁전	11143–11287	노부부의 오두막을 간척사업의 걸림돌로 여기는 파우스트
(19) 깊은 밤	11288–11383	오두막을 불태우는 메피스토
(20) 자정 무렵	11384–11510	파우스트의 어두운 자의식: '근심'
(21) 궁전의 넓은 앞마당	11511–11603	파우스트의 실명과 죽음
(22) 매장	11604–11843	악마를 물리치는 천사들
(23) 심산유곡	11844–12111	파우스트의 승천

3. 『파우스트』의 이해를 위한 몇 가지 실마리

괴테의 파우스트는 인간의 한계에 끊임없이 도전하고 새로운 가능성을 추구하는 근대적 인간의 전형이라 할 수 있다. 1부에서 파우스트는 학문의 모든 분야에 정통한 대학자이지만, 지식의 세계에 만족하지 못하고 자살충동에 시달릴 만큼 절망적인 회의를 느낀다. 그 어떤 이성적 인식도 정작 자신의 삶을 풍요롭게 해주지는 못했다는 사실에 절망하는 것이다. 일찍이 데카르트가 이성적 사유의 주체를 근대적 주체로 규정했다면, 괴테의 파우스트는 그러한 이성적 사유의 주체 역시 삶의 풍요로움을 모르는 반쪽의 인간에 불과하다고 보는 셈이다. 그래서 파우스트는 지금까지 살아온 방식과는 전혀 다른 생생한 감각적 체험을 갈망하는데, 예컨대 '모든 이론은 회색이요 영원히 푸르른 것은 삶의 나무'라는 메피스토펠레스의 말은 곧 파우스트의 그러한 갈망을 대변한다.

파우스트와 메피스토의 '내기' 역시 그런 맥락에서 이해될 수 있다. 파우스트는 메피스토가 제공하는 새로운 체험에 만족할 수만 있다면 자신의 영혼을 가져가도 좋다고 공언하거니와, 욕망의 충족에 자신의 모든 것을 거는 것이다. 그러나 학자 파우스트의 인식욕구가 한계를 몰랐듯이, 감각적 체험을 탐하는 파우스트의 욕망 역시 충족을 모른다. 파우스트가 그레트헨에게 사랑의 감정을 느끼고 육체적 결합이 이루어지는 순간부터 파우스트의 마음은 그레트헨에게서 멀어지는 것이다. 그레트헨이 불안을 느끼고, 그녀의 오빠가 파우스트의 칼에 죽고, 처녀의 몸으로 파우스트의 아이를 가진 죄의식에 시달리고, 결국 아이를 죽여서 영아살해범으로 감옥에 갇히는 파국으로 치닫는 상황에서 메피스토는 파우스트를 '발푸르기스의 밤' 으로 데려간다. 음란한 육욕을 광적으로 발산하는 이 마녀들의 축제는 곧 파우스트의 욕망이 그레트헨의 지순한 사랑의 감정과는 반대로 육욕으로 들끓었다는 것을 간접적으로 보여주는 장면이자, 그레트헨의 비극적 파멸과 대비되는 장면이기도 하다. 옥중의 그레트헨이 파우스트를 낯설어하는 것은 물론 그레트헨이 거의 실성한 상태이기 때문이기도 하지만, 파우스트가 그만큼 변했다는 뜻이기도 하다. 그런데 파우스트가 메피스토의 도움으로 그레트헨을 탈옥시키려 하는 것과 그레트헨이 그런 도움을 거절하는 것도 극적으로 대비된다. 파우스트는 그레트헨을 이 지경으로 몰고온 '악의 손길' 로 이 최악의 상황을 모면할 수 있다고 생각할뿐 정작 자신의 죄를 돌아보고 뉘우치지는 않는 것이다.(2부의 시작에서 파우스트가 1부에서 저지른 죄를 망각하고 깊은 잠에서 깨어나는 장면과 맞물려 있다.) 반면 그레트헨은 파우스트를 탓하기는커녕 파우스트의 죗값까지 자신의 몫으로 받아들여 죽음을 피하지 않고 받아들인다. 1부 마지막 장면에서 메피스토가 그레트헨이 '심판받았다' 고 외치는 반면 천상에서는 '구원받았도다' 는 목소리가 들려오는 것은 그런 맥락에서 이해될 수 있다. 그리고 2부의 마지막 장면에서 그레트헨이 '속죄하는 여인' 으로 천사의 무리와 함께 등장하는 것도 1부의 마지막 장면과 연결된다.

2부는 파우스트가 헬레나와 만나는 이야기와 정치가로 활동하는 장면 두 부분으로 나누어볼 수 있다. 헬레나 장면에서 우선 호문쿨루스가 파우스트를 고대의 세계로 안내하는 상황설정이 흥미롭다. 호문쿨루스는 화학실험을 통해 만들어낸 인조인간이므로 첨단과학의 산물을 상징한다고 볼 수 있다. 그런데 인간정신의 산물이 거꾸로 인간의 한계를 초월하여 수천 년을 가로질러 '시간여행' 을 가능케 해주고 초현실의 신화세계로 들여 보내 주는 것이다. 헬레나라는 존재 자체도 수수께끼라 할 수 있다. 괴테 시대의 예술관에 비추어보면 헬레나는 고대 그리스의 미의 이상을 대변한다고 할 수 있다. 그런데 파우스트가 헬레나와 결합하여 잠시 행복한 시간을 보내는 곳은 아르카디아, 즉 잃어버린 이상향이다. 그렇게 보면 헬레나는 근대의 세계에서는 실현할 수 없는 미의 이상을 가리킨다고 볼 수도 있다. 그런가 하면 파우스트와 헬레나 사이에 태어나는 아들 오이포리온은 이카루스처럼 위로만 상승하려고 하다가 추락해서 죽는다. 오이포리온 자신이 스스로를 '알레고리'라고 일컫는데, 과연 어떤 의미의 알레고리인지 여러 갈래의 해석이 가능하다. 현실에 거리를 두고 진·선·미의 이상적 통일을 지향하는 고전적 미의 이상과 달리 현실의 갈등 한복판에서 예술을 추구하는 현대적 의미의 미를 가리킨다고 볼 수도 있다. 이 세상 속으로 거침없이 돌진하는 파우스트와 헬레나 사이에 태어난 자식이기 때문이다.

또한 실명의 알레고리로는 터키의 침략을 받은 그리스를 지키기 위해 과감히 참전했다가 전사한 영국 시인 바이런(Byron)을 가리킨다고 보는 해석도 있다. 그런데 헬레나를 고전적 미의 이상으로 보고 오이포리온을 현대적인 미의 알레고리로 보더라도 쉽게 풀리지 않는 의문이 남는다. 작품의 문맥에서 파우스트가 어째서 헬레나를 갈망하는가 하는 근본적인 의문이 그것이다. 2부에 등장하는 파우스트는 한 인물의 캐릭터로 보면 요컨대 거친 행동주의자라 할 수 있다. 그런 파우스트가 어떤 연유에서 도대체 '미'라는 것을 갈망하는가? 이런 의문과 더불어, 극중에서 헬레나는 독자적 실체가 아니라 어디까지나 파우스트의 마술적 환영 속에 명멸하는 존재라는 점을 염두에 두고 헬레나, 그리고 둘 사이에 태어난 오이포리온이 과연 어떤 의미에서 '미적 가상'이라 할 수 있는지 되새겨볼 필요가 있다.

2부의 다른 한 축은 파우스트의 '공인' 생활이다. 파우스트는 정치가로서 반란군을 진압하고, 지폐를 만들어 국가의 재정난을 해소하는 활약상으로 보여준다. 반란진압과 재정난 해소의 공로로 '봉토'를 하사받은 파우스트는 해안을 간척하는 대공사를 벌인다. 파우스트 자신은 더 많은 백성들에게 더 많은 농경지를 제공하기 위해 간척사업을 벌이지만, 그 과정에서 자신의 땅을 지키려는 원주민과 오두막을 불태우는 등 무자비한 폭력을 행사한다. 이 장면에서 독자는 더 많은 부를 창출한다는 명분으로 끊임없이 인간적 가치를 파괴하는 맹목적 현대주의의 단면을 엿볼 수 있다. 더 구체적인 역사적 맥락과 관련지으면 자본주의적 착취와 강제수용소의 노역을 연상할 수도 있다. 그리고 메피스토가 해적질로 부를 끌어모으는 대목은 서구 제국의 근대화에 있어 원천적 기반이 되었던 식민지 수탈과 제국주의적 팽창주의의 역사를 떠올리게 한다. 이런 점에서 2부의 파우스트는 한 개인의 캐릭터가 아니라 서구 근대사회의 형성과 발전 과정을 다양한 층위에서 상징적으로 압축한 코드라 할 수 있다.

간척사업 대공사가 완공되는 순간 파우스트는 문자 그대로 눈이 멀지만 그럼에도 지상낙원이 눈앞에 펼쳐졌다는 환각에 빠진다. 이 비극적 아이러니는 인류문명이 자기성찰을 결여한 채 발전지상주의에 매몰된다면, 파국적 재앙을 잉태하는 눈먼 질주가 될 수 있음을 경고한다. 2백 년 전의 『파우스트』가 21세기 독자들이 읽어야 할 '인류사의 드라마'이기도 한 것이다.

『파우스트』 1부에서 2부로 끝없이 확대 재생산되는 파우스트의 이 모든 죄업에도 불구하고 작품의 마지막에서 파우스트의 영혼은 악마의 수중에 떨어지지 않고 '구원'을 받는다. 이 결말은 작품 전체를 통틀어 가장 납득하기 힘든 수수께끼라 할 수 있다. 파우스트의 온갖 죄업에도 불구하고 구원을 받는다면 이 작품은 '비극'이 될 수 없기 때문이다. 그런데 괴테는 『파우스트』 1부와 2부에 '비극 제1부'와 '비극 제2부'라고 부제를 붙임으로써 이 작품이 '비극'이라는 것을 표나게 강조했다. 원래 고전적 의미에서 '비극'이라는 것은 인간의 오만을 신의 이름으로 가차없이 단죄함으로써 경고의 거울로 삼는 교훈적 의미를 지닌다. 그렇다면 비극의 기본구도에서 벗어나는 이 결말부를 과연 어떻게 이해해야 할까?

작품 첫머리의 〈천상의 서곡〉과 관련지으면, 하느님이 이미 파우스트가 아무리 방황해도 구원받을 거라고 약속했으므로 하느님의 뜻대로 구원받은 셈이 된다. 서양의 기독교 세계관에서 뿌리깊은 '예정조화설'의 시나리오다. 다시 말해 세상이 아무리 어지럽고 인간이 아무리 잘못을 저질러도 신이 존재하는 한 신의 섭리에 따라 구원받을 거라는 믿음이다. 그런데 작품 마지막에서 천상에서 구원의 손길이 오지 않는다면 과연 독자들이 이 '예정조화설'을 믿을 수 있을까? 아마 맨 정신으로는 믿기 힘들 것이다. 역시 〈천상의 서곡〉에서 하느님은 파우스트가 방황을 통해 단련되고 바른 길을 찾아갈 거라고 믿기 때문에, 메피스토 같은 악의 무리를 퇴치하지 않고 오히려 '친구'로 붙여주면서 "인간들을 자극하고 일깨우도록 악마의 역할을 다하거라"(341행)라며 메피스토의 용기를 북돋우기까지 한다. 이런 대목 역시 인간이 지상에서 악의 실상을 제대로 경험해야 비로소 신에 대한 믿음을 갈구한다는 '악의 변증론' 시나리오다. 그러나 파우스트는 죽는 순간까지 단 한번도 악의 경험을 통해 성숙하지 못했을

뿐더러, 무수한 인명의 착취와 살상을 통해 이룬 과업이 거의 신적 창조에 버금가는 대역사라는 자족적 환각 속에서 눈을 감았다. 하느님의 약속은 파우스트의 삶에는 들어맞지 않았던 것이다.(그런 점에서 〈천상의 서곡〉에 나오는 '하느님' 역시 기독교 교리를 '인용' 하는 극중의 가공인물임을 명심해야 한다.) 이처럼 〈천상의 서곡〉과 결말부를 관련지어 보면, 천상에서 구원의 손길이 미치지 않는 한, 파우스트는 결코 구원받을 길이 없다는 '비극' 이 성립된다.

다른 한편 2부의 결말부는 1부의 결말부와 연결된다. 1부의 결말에서 그레트헨은 파우스트의 죄를 자신의 죄로 안고 저승으로 갔다. 현실의 법정에서는 '영아살해범' 으로 처형되었지만, 천상에서 '구원받았노라' 라는 목소리가 들려오는 것으로 1부는 끝난다. 그런데 2부의 마지막에서 그레트헨은 '속죄하는 여인' 으로 천사들 사이에서 파우스트의 죄를 사해달라고 기도한다. 1부에서 그레트헨이 파우스트의 죄를 짊어지고 죽음을 맞는 것은 기독교적 의미로 해석하면 '대속(代贖)의 순교' 에 해당된다. 다시 말해 그레트헨은 '성녀' 가 된 셈이다. 그러므로 2부의 결말에서 그레트헨은 천사들과 함께 어울릴 수 있는 것이다. 그래도 남는 의문은, 한 남자에게 버림받은 여인의 비극이 과연 파우스트가 2부에서 '집단의 대명사' 로 저지른 죄상을 상쇄할 수 있는가 하는 것이다. 그런데 1부에서 그레트헨의 희생은 파우스트 개인의 죄와 '처녀는 아이를 낳을 수 없다' 는 체제의 억압적 윤리관념이 함께 만들어낸 합작품이다. 그렇게 보면 1부에서 파우스트의 죄를 떠안는 그레트헨의 '대속' 행위는 공동체 전체의 죄를 '대속' 하는 실존적이고도 상징적인 의미를 지닌다. 따라서 2부에서 파우스트가 '공인' 으로서 저지른 죄까지 함께 '대속' 하려는 천상의 그레트헨이 그렇게 부자연스럽지는 않다. 그런데 작품 결말을 자세히 읽어보면 파우스트의 영혼을 데려가려는 악의 무리를 퇴치하는 것은 천사들 즉 천상의 존재들이다. 다시 말해 '인간사와 무관한' 세력들이 저희들끼리 서로 싸우고 있는 것이다. 그레트헨은 천사와 악마가 싸우는 그 장면의 다른 한 귀퉁이에서 혼자 기도를 하고 있을 뿐이다. 그레트헨은 여전히 천국과 지상의 경계에 있는 것이다. 따라서 그레트헨을 '성모 마리아'로 승화시키지 않는 한, 그레트헨의 기도 역시 파우스트의 구원을 담보하지는 못한다. 신의 '섭리'는 차치하고, 파우스트 개인의 운명과 가장 내밀하게 엮여져서 희생된 여인의 '대속'도 '구원'의 보증이 되지 못하는 것이다. 결국 '개인'과 '공인' 파우스트에게 '구원'의 가능성은 차단되어 있으며, 그런 점에서 이 작품 전체는 '비극'이다. 비극이 비극이라는 것을 모르는 한 개인과 인류의 눈먼 질주에 대한 경고인 셈이다. 괴테는 『파우스트』 2부의 결말을 어떻게 완결할까 하는 문제로 고심했는데, 괴테가 찾은 해답은 의외로 단순한 것이었다. 파우스트가 저지른 잘못의 절반은 메피스토 때문이라 하더라도, 나머지 절반의 책임은 파우스트 자신에게 있으므로 결말을 '파우스트의 구원'으로 '명쾌하게' 처리했다고 한다. 바꾸어 말하면, 그 어떤 절도와 한계도 모르고 끝없이 팽창하려는 것이 인간의 근원적인 충동이자 특히 근대인의 근원적인 욕망이고, 따라서 그러한 의지 자체가 어쩔 수 없는 인간적 '한계'이므로 그러한 인간 자신의 모습을 되돌아보는 길은 '신의 섭리'로도 가능하지 않을뿐더러, 인간들이 파멸에 이르도록 그 욕망의 끝까지 살아본 연후에도 스스로를 되돌아보지 않는 한 결코 보지 못하는 인간사의 운명임을 말하고 있다.

4. 관련 작품

괴테 이전에 파우스트 소재를 다룬 대표적인 희곡으로 영국 극작가 크리스토퍼 말로(C. Marlowe, 1564–1593)의 『파우스트 박사의 비극적 이야기』가 있다. 신성모독적인 내용 때문에 작가가 피살된 다음 해에 초연된 이 희곡은 기독교의 도그마가 지배하는 현실 자체가 다름 아닌 지옥이라고 선언함으로써 영겁의 저주에 대한 중세적 공포가 낡은 시대의 미신에 불과하다는 것을 역설했다.

괴테의 작품 중에는 역시 만년의 대작인 장편소설 『빌헬름 마이스터의 편력시대』가 『파우스트』 2부와 함께 비교하면서 읽을 만한 작품이다. 서구문학에서 교양소설(Bildungsroman)의 효시로 유명한 『빌헬름 마이스터의 수업시대』의 후속편이라 할 수 있는 『빌헬름 마이스터의 편력시대』는 일군의 진취적이고 개혁적인 인물들이 인간적 가치와 건강한 시민의식을 구현하는 공동체의 건설을 추구한다는 내용의 작품으로, 이 소설에서도 근대화의 양면성이 중심주제가 된다.

괴테 이후로도 파우스트 모티프를 계승한 다양한 작품들이 있는데, 그중에도 가장 유명한 것으로 토마스 만(Th. Mann)의 장편소설 『파우스트 박사』를 꼽을 수 있다. 토마스 만이 히틀러 치하를 피해 미국으로 망명해 있던 당시 집필한 이 소설은 전위 음악가를 주인공으로 등장시켜 20세기초 유럽에서 인문주의 정신이 몰락하고 비합리주의적 광기가 발흥한 정신사적 배경을 천착한 것으로, 파시즘에 대한 간접적인 비판을 함축하고 있다.

음악에 관심이 있는 독자는 괴테의 『파우스트』를 각색한 베를리오즈의 오페라 〈파우스트 박사의 겁벌〉을 감상해보는 것도 좋을 것이다. 이 작품에서 베를리오즈는 오페라, 드라마, 교향곡, 오라토리오, 소설, 신비극 등의 다양한 요소들을 통합하여 20세기 음악극에 큰 영향을 준 것으로 알려져 있다.

⁜ 작품의 이해를 위해 생각해볼 문제들 ⁜

『파우스트』 1부

1. 작품 서두의 〈헌사〉에서 예술가의 창작과정은 어떻게 묘사되고 있는가?

2. 〈무대 위의 서연〉에서 극단장과 시인은 예술작품에 대해 어떻게 상반된 의견을 피력하고 있는가?

3. 〈천상의 서곡〉은 작품 전체에서 어떤 의미를 갖는가?

4. '하느님' 이 악마와의 '내기' 를 용인하는 이유는 무엇인가?

5. 〈밤〉(4) 장면에서 파우스트가 절망하는 이유는 무엇인가?

6. 파우스트가 말하는 "세계를 가장 내밀한 곳에서 통괄하는 힘"(382-383행)이란 무엇을 가리키는 것일까?

7. '지령' (482 이하)이란 어떤 존재를 가리키는 것일까? 그리고 파우스트가 이 지령의 힘을 감당하지 못하겠다는 것은 어떤 의미를 갖는 것일까?

8. 〈서재〉 장면(1223 이하)에서 파우스트는 성경의 요한복음 첫 구절("태초에 말씀이 있었다")에서 '말씀' 을 어떻게 해석하고 있으며, 파우스트의 해석은 그의 내면적 욕구와 어떤 관계가 있는가?

9. 메피스토가 자신을 소개하는 말 중에 "항상 악을 원하면서도/선을 창조하는 힘"(1335-1336)이라고 하고 또 "언제나 부정하는 정신"(1338)이라고 하는 것은 어떤 의미를 갖는가?

10. 파우스트가 메피스토와의 '내기'에 응하는 이유는 무엇인가?

11. 파우스트가 〈마녀의 부엌〉에서 '회춘'을 경험하는 것은 심리적으로 어떤 의미를 갖는가?

12. 그레트헨이 파우스트를 처음 만나는 장면에서 "저는 아가씨도 아니고, 아름답지도 않아요"(2607)라고 말하는 까닭은 무엇인가?

13. 파우스트가 그레트헨을 두고 "그래도 열네 살은 넘었겠지"(2627)라고 말하는 이유는?

14. 그레트헨이 부르는 '툴레의 왕' 노래(2759 이하)는 그레트헨의 어떤 심정을 드러내는가?

15. 그레트헨이 '별꽃'의 꽃잎을 하나씩 뜯으며 '꽃점'을 치는 것(3178 이하)은 어떤 의미를 갖는가?

16. 〈숲과 동굴〉 장면에서 파우스트가 그레트헨 때문에 갈등하는 이유는 무엇인가?

17. 〈마르테의 정원〉 장면에서 그레트헨이 파우스트에게 "종교를 어떻게 생각하시죠?"(3415)라고 묻는 이유는 무엇이며, 파우스트는 이 질문에 어떻게 대답하는가? 이 대사는 둘의 관계에서 어떤 의미를 갖는가?

18. 〈성당〉 장면에서 그레트헨의 괴로운 심정은 어떻게 묘사되고 있는가?

19. 〈발푸르기스의 밤〉 장면에서 '발푸르기스의 밤'은 무엇을 의미하는가?

20. 〈발푸르기스의 밤〉 장면은 파우스트의 심리변화 추이에서 어떤 상징적 의미를 갖는가?

21. 〈감옥〉 장면에서 그레트헨이 파우스트를 '형리' (4427)로 오인하는 까닭은 무엇인가?

22. 그레트헨이 스스로 죽인 '아이'를 '빼앗겼다'고 생각하는(4445) 이유는 무엇 때문일까?

23. 그레트헨이 파우스트의 '탈옥' 권유를 뿌리치고 '하느님의 심판'에 자신을 맡기는 까닭은 무엇인가?

24. 메피스토는 파우스트와 대립되는 인물로 볼 수도 있고 파우스트의 또 다른 자아 혹은 분신이라 볼 수도 있다. 메피스토를 파우스트의 '분신'이라고 볼 수 있는 근거를 작품을 통해 분석해보자.

25. 파우스트가 그레트헨에게 죄를 짓게 되는 경위는 무엇 때문인가?

26. 그레트헨은 파우스트로 인해 자신의 아이를 죽이고 감옥에 갇힌 상태에서 실성한 여인으로 묘사되고 있다. 그럼에도 불구하고 〈감옥〉 장면에서 그레트헨의 의식이 오히려 파우스트에 비해 '성숙'했다고 본다면 어떤 근거에서 그렇게 볼 수 있을까?

27. 그레트헨은 성경의 〈아가서〉(3390행 이하)에 나오는 착한 신부 쥴라미스(Julamith)에 비견되기도 한다. 어떤 면에서 그런 비유가 가능한지 성경에서 묘사되는 쥴라미스와 그레트헨을 비교해보자.

『파우스트』 2부

1. 〈황제의 궁성〉 장면에서 재상이 '인간의 타고난 본성은 죄악이요, 정신은 악마' (4900)라고 하는 것은 기독교 세계관에 비추어볼 때 어떤 의미를 갖는가?

2. 〈곁방들이 딸린 넓은 홀〉에서 펼쳐지는 '가면극'은 극의 전개에서 어떤 의미를 갖는가?

3. 이 가면극에서 파우스트는 어떤 역할을 맡고 있는가?

4. 가면극에서 '마차를 모는 소년'이 자신을 일컬어 '낭비'인 동시에 '시'이며 '자신의 재화를 아낌없이 뿌릴 때 완성되는 시인'이라고 소개(5573 이하)하는 것은 어떤 의미로 이해될 수 있는가?

5. 가면극에서 플루투스가 '마차를 모는 소년'을 일컬어 "너는 내 정신이다/너는 언제나 내 뜻에 따라 행동하고/나 자신보다 더 부유하도다"(5623–5625)라고 말하는 것은 어떤 의미로 이해될 수 있는가?

6. 메피스토가 황제의 재정난을 타개하기 위해 '지폐'를 찍어낸 것은 자본주의 경제의 발전과정에서 어떤 의미를 갖는가? 또한 황제가 지폐의 '서명이 위조되었다'고 생각하는 것은 어떤 의미를 갖는가?

7. 〈어두운 복도〉 장면에서 메피스토가 자신은 '고대의 이교들과는 아무 상관도 없다'(6209)고 말하는 것은 어떤 의미를 갖는가?

8. 메피스토가 말하는 '어머니들'(6215 이하)은 무엇을 가리키는지 작품에서 묘사된 것을 근거로 생각해보자. 또한 『파우스트』 1부에서 이 '어머니들'에 해당되는 존재가 무엇인지 한번 생각해보자. 또한 파우스트가 그 '어머니들'의 세계로 내려가기 위해 메피스토에게서 건네받는 '열쇠'는 어떤 상징적 의미를 지니는지도 생각해보자.

9. 〈기사의 방〉 장면에서 파리스와 헬레나의 환영이 등장하는 것은 괴테 시대 당시 연극무대에서 어떤 방식으로 연출되었는지 조사해보자.

10. 헬레나의 환영을 본 파우스트는 어떤 태도를 보이는가? 『파우스트』 1부에서 그레트헨을 처음 보았을 때의 태도와 비교해보자.

11. 파우스트는 팔리스에게 납치되는 헬레나를 구하겠다고 나서고, 그러면 "그녀는 이중으로 내것이 되리라"(6557)고 하는데, 여기서 '이중으로' 라는 말은 어떤 의미를 갖는가?

12. 〈기사의 방〉 마지막에서 메피스토는 쓰러진 파우스트를 둘러메고 파우스트를 '얼간이' 라고 일컫는다. 어떤 의미에서 '얼간이' 라고 하는 것일까?

13. 〈고딕식 방〉에 등장하는 '학사' 라는 인물의 특징을 설명해보자.

14. 〈실험실〉 장면에서 '인간을 만드는' 실험을 하는 바그너가 남녀의 사랑을 통해 아이가 태어나는 것에 대해 "지금까지 유행하던 그런 생산방식은/어리석은 장난이라고 선언"(6838-6839)하는 것은 어떤 의미로 이해될 수 있는지 바그너의 대사를 통해 분석해보자.

15. 바그너의 실험으로 태어난 인조인간 호문쿨루스가 메피스토를 반기는(6885 이하) 까닭은 무엇 때문인가?

16. 호문쿨루스는 보지만 메피스토는 보지 못하는 '환영의 풍경'(6903 이하)은 어디를 가리키는 것일까?

17. 호문쿨루스가 메피스토를 일컬어 "당신은 북쪽에서 태어나/몽롱한 시대에 유년기를 보냈고/기사와 승려들이 들끓는 속에서 자랐으니"(6924-6926)라고 말하는 것은 어떤 의미로 이해될 수 있는가?

18. 〈고전적 발푸르기스의 밤〉에서 '고전적' 이라는 것은 어떤 의미를 갖는가?

19. 〈고전적 발푸르기스의 밤〉에 등장하는 신화 속의 형상들은 극의 진행에서

어떤 역할을 맡고 있는가?

20. 메넬라오스 왕의 말(8569-8578)은 신에게 제물을 바치는 제의(祭儀)를 준비하라는 뜻이다. 메넬라오스 왕이 제물로 바치려는 대상은 무엇/누구이며, 그 이유는 무엇인가?

21. 포르키아스가 헬레나의 과거와 풍문을 상기시키자 헬레나가 스스로를 일컬어 '환영' 이라고 하는(8879-8881) 이유는 무엇인가?

22. 헬레나와 파우스트가 만나는 시간대가 '중세' 로 설정된 까닭은 무엇일까?

23. 신하에 나오는 오이포리온에 대해 알아보고, 이 작품에서 오이포리온이 어떤 인물로 변형되었는지 생각해보자. 그리고 오이포이온과 파우스트 사이에는 어떤 유사성이 있는지도 생각해보자.

24. 헬레나가 사라지고 남긴 '옷' 은 어떤 상징적 의미를 갖는가?

25. 〈고산지대〉의 10187-10233행에서 파우스트가 밝히는 정치적 포부가 어떤 성격의 것인지 텍스트를 근거로 설명해보자.

26. 〈고산지대〉에서 묘사되는 '무정부상태' (10261)는 괴테 시대의 역사적 격동과 관련지으면 어떻게 이해될 수 있는가?

27. 파우스트가 황제에게 설명하는 '산악인들' (10425-10454)은 어떤 상징적 의미를 갖는가?

28. 〈반역황제의 천막〉에서 '대주교' 가 황제를 마법사와 결탁한 '죄인' 이라고 하는 까닭은 무엇인가?

29. 황제가 파우스트에게 하사한 봉토는 어떤 땅인가?

30. 필레몬과 바우치스가 사는 오두막은 어떤 상징적 의미를 갖는가?

31. 바우치스는 파우스트의 해안 간척사업을 어떻게 묘사하고 있으며, 그 묘사는 파우스트가 자신의 간척사업을 '인간정신의 걸작품'(11249)이라고 하는 것과 어떻게 대비되는가?

32. 파우스트가 필레몬과 바우치스의 예배당에서 울려오는 종소리를 '저주스럽다' 고 하는(11151-11161) 까닭은 무엇인가?

33. 메피스토가 11171-11188행에서 말하는 '자유' 와 '권력' 과 '정의' 를 근대의 역사와 관련지어 설명해보자.

34. 〈자정 무렵〉 장면에서 파우스트를 찾아온 '네 여인' 의 알레고리는 파우스트의 심리상태와 어떤 연관성이 있는가? 특히 '근심' 이 파우스트를 눈멀게 하는 것은 어떻게 설명될 수 있는가?

35. 간척사업 막바지에 파우스트가 메피스토를 독려하는 말(11551-11556)은 어떤 역사적 경험을 상기시키는가?

36. 메피스토가 간척사업으로 뚫는 '운하' 를 파우스트의 '무덤' 이라고 생각하는 까닭은 무엇일까?

37. 파우스트가 쓰러지기 직전 말하는 '자유의 왕국'(11159-11186)을 20세기의 역사적 경험과 관련지어 설명해보자.

38. 파우스트가 그 '자유의 왕국' 에 대한 비전에서 끝없는 희열을 느끼면서 쓰러지는 것은 어떻게 설명될 수 있는가?

39. 〈매장〉 장면에서 메피스토를 불태우는 '악마를 능가하는 불길' 은 무엇을 가리키는가?

40. 〈심산유곡〉 장면에서 "언제나 갈망하며 노력하는 자는/구원받을 수 있다"(11936-11937)는 천사들의 말은 1부의 〈천상의 서곡〉과 어떻게 연결되는가?

41. '승천한 소년들' 은 어떤 존재를 가리키는가?

42. '승천한 소년들' 이 파우스트의 시신을 가리켜 '고치 속에 있는 번데기 상태' 에 비유하는(11181 이하) 것은 어떤 상징적 의미를 갖는가?

43. 그레트헨이 '속죄하는 여인' 으로 등장하여 파우스트의 죄를 사해달라고 비는 것은 어떤 상징적 의미를 갖는가?

44. 작품 마지막에서 "일체의 무상한 것은/한낱 비유일뿐"이라는 말은 어떤 의미로 해석될 수 있는가?

45. 작품의 마지막 구절("영원히 여성적인 것이/우리를 이끌어올린다")은 어떤 의미로 해석될 수 있는가?

Schiller

『간계와 사랑』

요한 크리스토프 프리드리히 폰 쉴러
(1759-1805)

1. 작가 소개

쉴러(Johann Christoph Friedrich von Schiller, 1759-1805)는 목사 집안에서 대이나 원래 부모의 뜻에 따라 신학교에 가려고 하였으나, 왕의 명령에 의해 14세에 사관학교에 강제입학하여 8년 동안 감옥생활과 다름없는 시절을 보내야 했다. 1782년 그의 처녀작 『도적떼들』이 슈투트가르트에서 초연되었을 때는 외출 허가를 받지 않고 이 공연을 관람했다는 이유로 2주일 동안 영창에 수감되기도 했으며, 이를 계기로 일체의 문필활동을 금지당하는 처분을 받았다. 그 직후 쉴러는 사관학교를 몰래 탈출하여 줄곧 경제적 어려움과 병고에 시달리면서 힘들게 작가생활을 지속했다. 1794년부터 불치의 병으로 죽을 때까지 10여 년 동안은 바이마르에서 괴테와 함께 긴밀한 공동작업을 하면서 독일 고전주의의 이론적 기초를 확립하는 데

결정적으로 기여하였다. 『도적떼들』(1781)과 『간계와 사랑』(1784) 외에도 『돈 카를로스』(1787), 『발렌슈타인』(1798), 『마리아 스튜어트』(1800), 『메시나의 신부』(1803), 『빌헬름 텔』(1804) 등의 걸작을 남겼다. 『간계와 사랑(*Kabale und Liebe*)』은 쉴러의 희곡 중에 가장 많이 공연되는 작품으로 꼽힌다.

2. 작품의 시대적 배경

20세기 초반의 저명한 문학사가 코르프(H. A. Korff)는 쉴러의 『간계와 사랑』이 '절대왕정의 심장에 비수를 찌른 격' 이라고 이 작품의 정치적 의미를 설명했다. 실제로 이 작품의 직접적인 배경이 되는 뷔르템베르크의 왕 칼 오이겐(K. Eugen) 공작은 왕국의 수도인 슈투트가르트에서 이 작품의 공연을 금지함으로써 불편한 심기를 드러냈다. 1745년부터 1793년까지 뷔르템베르크 왕국을 다스렸던 칼 오이겐 공작은 호사스러운 궁정생활로 악명이 높았다. 인구 60만의 뷔르템베르크 왕국에 궁정관리의 숫자가 2천 명이나 되었고, 프랑스의 베르사이유 궁전을 모방하여 온갖 화려한 의전행사에 열을 올렸다고 한다. 그리고 자국의 청년들을 영국과 미국 등지에 '용병' 으로 팔아서 왕실의 수입을 챙겼던 사실도 작품에 그대로 묘사되어 있다. 또한 당시 뷔르템베르크 왕국의 수상 프리드리히 백작은 문서위조로 전임자를 실각시켰다가 나중에 그 사실이 들통나서 반역죄로 수감되기도 했는데, 궁정의 권력투쟁을 둘러싼 그러한 정치적 음모극의 양상도 작품에서 적나라하게 드러나고 있다. 왕실의 이러한 부패상과 아울러 왕의 전횡으로 인해 쉴러 자신이 불행한 성장기를 보냈던 것도 절대왕정에 대한 반감을 키우는 요인이 되었을 것이다.

다른 한편 『간계와 사랑』에서 평민 루이제와 귀족 페르디난트의 사랑 역시 당시의 신분사회와 밀접한 관련이 있다. 예컨대 귀족 청년이 평민 여성과 결혼하면 귀족 청년이 유산을 상속받을 수 없고 그 사이에 태어난 자식은 귀족 신분을 박탈당하도록 법으로 정해져 있었다. 따라서 귀족 청년이 자신의 신분적 특권을 모두 포기할 각오를 하지 않는 한 그런 사랑이 결혼으로 성사되기란 사실상 거의 불가능했다고 볼 수 있다. 평민 여성의 입장에서 보면 언제라도 버림받을 각오를 해야 하는 것이다.

3. 작품 해설

작품의 세목이 말해주듯 이 작품은 궁정에서 벌어지는 정치적 '음모극'과 평민 여성 루이제와 귀족 청년 페르디난트 사이의 '사랑'을, 극적 갈등의 두 축으로 하여 전개한다. 그리고 두 남녀의 사랑은 정치적 음모극의 수단으로 바쳐지면서 비극적 파국으로 치닫는다.

작품에 나타난 궁정사회에 대한 비판은 신랄하다. 영주의 총신으로 세도를 부리는 수상은 전임자를 만취하게 하여 '지뢰' 사고로 위장해서 죽인 다음 수상직을 찬탈한 인물이다. 영주 자신은 심지어 궁정시종의 자식들까지 '용병'으로 팔아먹고, 그 대가로 챙긴 돈으로 값비싼 보석을 사들여 애첩 밀포드 부인에게 선물한다. 용병징집 과정에서 항의하는 청년들은 그 자리에서 즉결처분하는 만행도 서슴지 않는다. 그런가 하면 밀포드 부인은 궁정대신들을 모두 자기 손에 놀아나는 '꼭두각시'에 불과하다고 경멸하며, 심지어 위세당당한 영주조차도 인간적으로는 한없이 경멸하고 저주한다. 사실상 궁정의 최고 실력자로 통하는 밀포드 부인 자신도 스코틀랜드의 권력투쟁에서 정치적 음모의 제물로 희생된 귀족 집안 출신이다. 구사일생으로 독일로 도망쳐온 '망명자' 신세이기에, 허깨비 놀음 같은 궁정생활을 감옥처럼 여긴다. 냉혹하고 반인간적인 권력의 족쇄에서 자유로운 인물은 아무도 없는 것이다.

수상이 권세를 유지하기 위해 영주의 총애를 받는 애첩 밀포드 부인과 아들 페르디난트를 결혼시키려는 '사기극'을 꾸미면서 루이제와 페르디난트의 사랑은 비극의 덫에 걸려든다. 페르디난트는 아버지의 음모를 꺾을 수 있다는 자신감에서 밀포드 부인과의 결혼을 거부하지만, 힘 없고 연약한 평민 출신의 소녀 루이제는 궁정의 음모극이 진행되기 전부터 이미 불길한 예감에 사로잡혀 있다. 작품 초반부(1막 3장)에서 이미 루이제는 아버지 밀러 악사에게 "하늘나라와 페르디난트가 피흘리는 제 영혼을 잡아뜯고 있어요"라며 절망적인 괴로움을 하소연하고 있는 것이다. 페르디난트를 사랑하지만 이룰 수 없는 사랑이라는 불길한 예감과, 그럼에도 이 사랑을 포기할 수 없는 집착으로 인해 그녀의 영혼은 갈가리 찢어지고 있는 것이다. '하늘나라' 를 언급하는 것은 복합적인 모티프와 연결되어 있다. 자신의 사랑의 감정이 '하느님' 앞에 부끄러움이 없는 진실된 것이라는 순결함을 표현하는 말이기도 하고, 페르디난트와의 사랑은 '하늘나라' 에서나 실현될 수 있을 거라는 막막함의 고백이기도 하다. 다른 한편 평민인 처지에 가장 세도있는 귀족 집안의 청년 페르디난트를 사랑함으로 인해 루이제의 부모가 큰 화를 입지 않을까 하는 두려움과 양심의 가책을 드러내는 말로 볼 수도 있다. 이 복합적인 감정은 실제로 극의 진행과정에서 하나씩 파국적 현실로 확인된다.

이러한 두려움 때문에 루이제가 점차 페르디난트에게 주저하는 태도를 보이자, 사랑의 감정에 눈이 멀어 있는 페르디난트는 루이제의 사랑이 식어가고 있는 징표가 아닐까 하는 의혹에 빠져든다. 수상의 최측근으로 온갖 간계를 제공하는 모사꾼인 부름('Wurm'은 독일어로 '벌레'라는 뜻이다)은 페르디난트의 아킬레스건이라 할 수 있는 바로 그 사랑의 감정에 치명적인 독을 바른다. 미천한 평민인 주제에 감히 수상을 면전에서 모욕했다는 괘씸죄를 씌워서 루이제의 부모를 체포하여 구금하고, 루이제에게는 시종장에게 '연애편지'를 써서 페르디난트가 사실로 믿게 하면 루이제의 부모를 풀어주겠다고 '간계'를 꾸미는 것이다. 루이제가 이 협박에 순순히 응할 수밖에 없는 것은 당연하다. 권세를 위해 자기 자식까지 온 백성이 다 아는 군주의 '애첩'과 결혼시키려는 것이 '귀족의 도덕'이라면, 부모를 구하기 위해서라면 자신의 진실된 사랑까지도 희생시키는 것이 '평민의 도덕'이기 때문이다. 루이제는 시종장에게 쓴 '연애편지'가 정말 자신의 손으로 쓴 것이냐고 따지는 페르디난트에게 사실이라는 대답 이외에 일체의 변명을 하지 않는 것이다.

페르디난트가 음모극의 실상과 루이제의 진실을 확인할 수 있는 또 다른 기회가 있다. 머리에 권총을 들이대고 추궁하는 페르디난트의 위협에 겁을 먹은 시종장이 사실대로 털어놓으려 하지만, 질투심과 분노를 주체하지 못하는 페르디난트가 줄곧 시종장의 말을 끊어버림으로써 페르디난트 스스로 진실을 확인할 수 있는 유일한 기회를 놓쳐버리는 것이다. 페르디난트의 이 '기사도'식 분노가 오히려 돌이킬 수 없는 파국을 자초하는 아이러니는 평민 루이제의 무기력하고도 순결한 도덕성과 미묘한 대조를 이룬다.

제4막 5장을 보면 음모가 제대로 먹혀들고 있다는 사실에 안도한 수상이 페르디난트에게 짐짓 자신의 지난날 과오를 뉘우치고 자애로운 아버지의 모습으로 '연기'를 하자 그전까지 아버지를 벌레 보듯 하던 페르디난트는 그 음모가의 '연기'에 감쪽같이 속아넘어 간다. 결국 음모극에 속아 루이제가 자신을 배신했다고 철석같이 믿는 페르디난트는 루이제의 부모에게 금화를 주면서 루이제를 '창녀'라고 비아냥거리기까지 한다. 페르디난트는 평소에 궁정의 음모극이 어떤 것인지 신물나게 알고 있고, 심지어 궁정의 '최고기밀'인 자기 아버지의 권력찬탈 경위까지 알고 있다. 그리고 불과 하루 전에 그 아버지가 자기를 영주의 애첩에게 장가 보내려는 음모극을 벌인 일도 익히 겪은 터이다. 그런데도 루이제의 '연애편지'가(더구나 루이제의 부모가 체포되어 있는 상황에서) 혹시 음모극의 연장이 아닐까 하는 의혹조차 품지 않는다. 그러면서 루이제를 '창녀'라고 욕하는 것은, 루이제가 설령 살아남더라도 세인들에게 페르디난트 자신과 놀아난 '창녀'로 욕먹을 거라는 사실조차 예견하지 못하는 자기반성적 의식의 결여와 충동적 맹목성을 보여준다.

페르디난트는 이 작품에 등장하는 귀족 중 유일하게 정의로운 인물로 묘사되어 있지만, 그의 정의감은 백주에 벌어지는 사기극의 실상도 알아보지 못하는 것이다. 이러한 페르디난트의 한계를 통해 작가는 귀족의 신분으로 아무리 정의감에 충실하다 하더라도 귀족이라는 신분적 제약을 극복하지 못하는 한 결코 온전한 윤리의식에 도달할 수 없다는 것을 시사하고 있다. 그와 달리 이미 말한 대로 평민의 도덕은 귀족의 그것과 끝까지 대비된다. 루이제는 페르디난트가 음료에 독을 넣었다는 사실을 알고 나서도 독배를 끝까지 마심으로써 죽음으로 자신의 순결을 확인시켜주는 것이다. 결국 권력욕에 눈이 먼 궁정사회과 귀족층의 간계가 순결한 평민 여성의 영혼과 육신을 희생의 제물로 삼는 것이다.

4. '시민비극' 으로서의 『간계와 사랑』

쉴러는 이 희곡에 '시민비극(Ein bürgerliches Trauerspiel)' 이라는 부제를 붙였다. 독일 연극사에서 쉴러보나 한 세대 위의 극작가 레싱이 처음 도입한 이 '시민비극' 이라는 장르는 비극의 주제와 소재 및 형식에서 중대한 변화를 가져온 새로운 장르다. 고대 그리스의 비극에서 확인할 수 있듯이 전통적인 의미의 비극(Tragödie)의 주인공은 인간의 한계와 신의 섭리에 도전하는 영웅석 존재다. 다시 말해 평범한 보통사람은 비극의 주인공이 될 수 없다. 그리고 외디푸스의 운명에서 잘 알 수 있듯이 비극적 갈등의 중심은 그런 영웅적 인간의 '오만(Hybris)' 이 초래하는 죄과에 대하여 신의 이름으로 단죄를 내리는 것이다. 인간의 오만과 초인간적 섭리 사이에 비극적 갈등의 축이 형성되는 것이다. 이러한 전통적 비극과 달리 18세기에 처음 등장하는 '시민비극' 의 주인공은 평범한 시민이다. 비극적 갈등 역시 인간과 신적 존재의 갈등이 아니라 평범한 시민사회 안에서 벌어지는 인간들 사이의 갈등으로 그 중심축이 옮겨진다. 예컨대 시민가정 안에서 딸의 결혼 문제를 놓고 딸과 아버지 사이에 생기는 갈등 같은 것이 전형적인 소재가 된다. 특히 평민 여성과 귀족 청년 사이의 사랑문제는 평범한 시민 여성의 능력과 의지로는 넘어서기 힘든 장벽과 비극적 갈등을 초래하기 때문에 시민비극의 단골소재가 되었다. 따라서 그런 경우 시민가정의 삶과 대비되어 귀족사회의 단면이 극적 갈등의 사회적 배경으로 설정되기 마련이다.

쉴러의 『간계와 사랑』은 그러한 시민비극의 요소를 두루 갖춘 '시민비극' 의 전형임을 알 수 있다. 평범한 소시민 가정의 딸 루이제가 주인공으로 등장하고, 신분의 벽을 넘어설 수 없는 귀족 청년과 이룰 수 없는 사랑에 빠져드는 것이다. 비극적 갈등 역시 평민과 귀족의 신분적 차별에 연유할 뿐, 종교적 도그마를 앞세워서 두 사람의 사랑을 문제삼는 대목은 전혀 나오지 않는다. 이처럼 신분의 차별로 인한 비극적 갈등은 대개 평범한 시민의 정직한 양심과 순결한 사랑이 귀족사회의 장벽에 부딪혀 좌절하는 양상을 띠기 때문에 귀족사회의 부조리와 허구성을 비판하는 사회비판적 극양식으로 자리잡았다. 독일에서는 레싱의 『미스 사라 샘프슨』(1756)이 최초의 시민비극으로 평가된다. 특히 레싱의 시민비극 『에밀리아 갈로티』(1772)는 귀족의 전횡과 음모로 납치된 시민가정의 딸을, 딸의 순결을 지키기 위해 아버지가 칼로 찔러 죽이고 아버지 자신도 자살하는 이야기이다. 비극적 갈등과 문제의식의 측면에서 쉴러의 『간계와 사랑』에 비견되는 작품이라 할 수 있다.

✣ 작품의 이해를 위해 생각해볼 문제들 ✣

1. 제1막 1장에서 밀러와 그의 부인은 딸과 페르디난트의 관계를 어떻게 보고 있는가?

2. 페르디난트에게 루이제와의 사랑은 어떤 의미를 갖는가?

3. 수상은 어떤 유형의 정치가로 묘사되고 있는가?

4. 제2막에서 밀포드 부인은 궁정세계와 영주를 어떻게 보고 있으며, 페르디난트에게 어떤 기대를 걸고 있는가?

5. 밀포드 부인이 결국 페르디난트를 포기하고 이 나라를 떠나는 이유는 무엇인가?

6. 제2막 3장에서 밀포드 부인이 페르디난트에게 그 자신과 밀포드 부인 그리고 루이제까지 모두 파멸할 거라고 예감하는 까닭은 무엇인가?

7. 루이제가 함께 국경 너머로 도망가자는 페르디난트의 제의를 끝내 거절하는 이유는 무엇인가?

8. 4막 8장에서 밀포드 부인은 루이제를 어떤 태도로 대하며, 부인의 태도가 바뀌는 이유는 무엇 때문인가? 또 이 장면에서 루이제가 하는 말은 페르디난트와의 관계에서 어떤 의미를 갖는가?

9. 5막에서 비극적 갈등이 극단으로 치닫는 계기들을 구체적으로 설명해보자.

10. 이 작품에서 귀족의 세계와 평민의 세계는 어떻게 대비되는지 윤리의식의 차이를 중심으로 설명해보자.

11. 궁정세계에서 여성은 어떤 존재로 묘사되고 있는가?

12. 루이제의 아버지가 딸과 아내를 대하는 태도를 근거로 여성에 대해 어떤 생각을 갖고 있는지 추론해보자.

13. 수상의 측근 부름이 짜낸 음모는 결국 자승자박의 부메랑이 된다. 어떤 점에서 그렇게 해석할 수 있는지 작품을 근거로 설명해보자.

14. 페르디난트가 루이제와 함께 음독자살을 결심하는 동기는 무엇인가?

15. 페르디난트와 루이제의 죽음에 대해 수상은 어떤 태도를 보이는가?

16. 레싱의 『에밀리아 갈로티』를 읽고 『간계와 사랑』의 비극적 갈등과 비교해보자.

Kleist

『칠레의 지진』

하인리히 폰 클라이스트
(1777-1811)

1. 작가 소개

하인리히 폰 클라이스트(Heinrich von Kleist)는 1777년 오더 강변의 프랑크푸르트에서 프로이센의 장교 집안의 장남으로 태어났다. 가문의 전통에 따라 장교로 복무하였으나 적성에 맞지 않아 그만두고 작가의 길을 걷는다. 그러나 동시대인들로부터 인정받지 못했던 그는 평생 자신의 작가적 능력에 회의를 가졌다. 결국 클라이스트는 1811년 34세의 나이에, 불치병을 앓고 있던 헨리에테 포겔과 함께 베를린 근교의 호수에서 권총으로 자살하였다.

단편집 제1권(1810)과 제2권(1811)을 통해 『칠레의 지진』, 『미하엘 콜하스』 등의 노벨레를 발표하였으며, 『깨진 항아리』(1812), 『펜테질레아』(1808), 『헤르만 전투』(1811), 『프리드리히 폰 홈부르크 왕자』(1810) 등 희곡 분야에서 뛰어난 걸작들을 남겼다.

2. 클라이스트의 문학세계

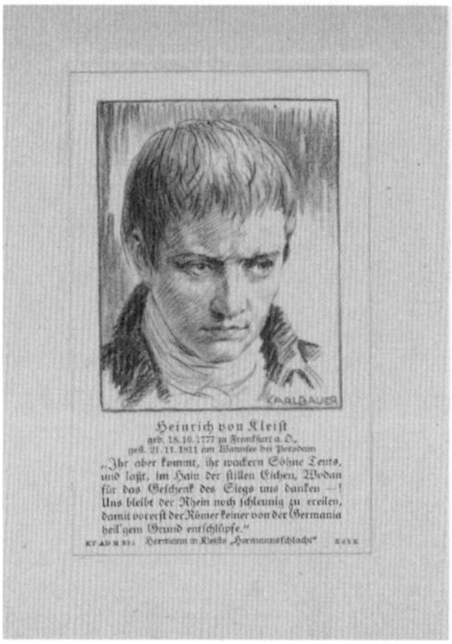

칼 바우어가 그린 클라이스트의 초상화

클라이스트가 활동했던 시대는 프랑스 혁명이 끝나고 나폴레옹의 정복전쟁으로 인해 혼란스러운 때였지만, 한편으로는 나폴레옹과 전쟁을 치르면서 독일인들 사이에 민족의식이 고취되었던 시기이다. 그는 괴테와 동시대에 활동했던 작가지만, 고전주의와 낭만주의가 풍미하던 시대에 어느 쪽에도 포함되지 않는 독자적인 영역을 구축한 것으로 평가된다.

그의 문학은 영원한 절대적 이념, 이성에 의한 파악, 역사의 진보를 바탕으로 하는 계몽주의 및 고전주의의 이상과 분명한 차이를 보인다. 이처럼 균형과 조화, 이성 대신 자연 그대로의 인간, 감성과 비합리성을 중시하는 점에서는 낭만주의와 유사성을 지니고 있지만 낭만주의 역시 어떤 이상을 전제하고 추구한다는 점에서 클라이스트의 문학과는 구별된다. 고전주의와 낭만주의 모두 기본적으로는 보편적 인간성이라는 이상을 추구하는 당시의 관념론(이상주의) 미학에 바탕을 둔 것이라고 할 수 있다. 그러나 클라이스트의 문학은 이러한 모든 종류의 관념론적 이상과 거리를 둔다. 그런 점에서 '동시대의 관념론 미학에 대한 반어적 해체'라고 평가된다. 이런 특징 때문에 클라이스트는 당대의 문단이나 독자들로부터 철저히 외면당했으나 오늘날에는 '현대적' 작가로 높이 평가되고 있다.

클라이스트가 이처럼 계몽주의적 이상에 대해 비판적인 태도를 갖게 된 것은 칸트의 철학을 접하게 되면서부터이다. 그것은 보편적인 진리라는 것은 존재하지 않으며, 서로 다른 틀을 통해 보게 되면 다르게 보일 수 있다는 인식의 상대주의이다. 이러한 관점에서 보면 보편적 이성에 근거한 질서, 도덕, 진보 등은 허구에 불과하며, 세계는 우연적이며 수수께끼 같은 모순덩어리의 현실로 나타난다. 클라이스트의 문학에서는 겉보기에 조화롭게 유지되는 것처럼 보이는 세계는 환상에 불과하며 인간은 모순적인 힘들에 의해 찢겨지는 존재로 그려진다.

클라이스트의 문학에 대해 매우 비판적이었던 괴테는 그의 문학을 다음과 같이 혹평했다. "그렇게 철저히 정신분열증적으로 그런 개별적인 사건을 세계의 흐름에 통용시키자면 위대한 모순의 정신이 필요할 것이다. 그것은 자연의 아름답지 못한 것이고 위협적인 것인데, 문학이 제아무리 풍부한 기교를 사용하더라도 그것을 다룰 수 없을 것이며, 그것과 화해도 할 수 없을 것이다." 괴테로서는 이러한 문학세계가 용납할 수 없는 것이었겠지만 그는 역설적이게도 클라이스트의 문학의 특징을 한마디로 적확하게 표현해주고 있다. 『칠레의 지진(*Das Erdbeben in Chili*)』은 이러한 클라이스트의 세계관이 잘 반영된 작품이다.

3. 작품 해설

『칠레의 지진』은 1807년에 '헤로니모와 호세페' 라는 제목으로 신문에 발표되었다가 1810년에 출간된 『단편집』 제1권에 지금의 제목으로 다시 수록되었다.

이 작품은 1647년 5월 13일 칠레의 수도 산티아고에서 일어난 지진을 배경으로 하고 있다. 그러나 이 작품의 동기가 된 것은 1755년 리스본에서 일어난 지진이다. 이 지진은 전 도시를 파괴하고 수만 명의 인명을 앗아간 대재앙으로서 당시 유럽사회를 충격에 빠뜨렸다. 특히 이 사건은 이성에 대한 믿음을 바탕으로 한 계몽주의의 낙관론적 세계관의 전복을 가져왔다. 즉 알 수 없는 신의 의지와 이에 대한 인간 인식의 한계로 이해되면서 신의 의지에 대한 철학적, 신학적 논쟁을 불러일으켰다. 신정론(神正論), 즉 선하고 전능한 신이 존재한다면 현실에 존재하는 악은 어떻게 설명할 수 있는가라는 오래된 주제가 다시금 격렬한 논쟁의 대상이 된 것이다. 『칠레의 지진』에는 이러한 논쟁에 대한 클라이스트의 인식이 반영되

당시 팸플릿에 나온 〈리스본의 지진〉(1755)

어 있음을 알 수 있다. 그러나 그것은 클라이스트 특유의 방식으로 표현되고 있다.

『칠레의 지진』에서 인간의 삶을 규정하는 힘은 두 가지로 나타난다. 즉 자연과 사회이다. 산티아고 사회는 엄격한 신분의 구분과 교회라는 질서를 바탕으로 유지되고 있다. 이때 지진은 자연적 재해로서만 나타나는 것이 아니라 사회적 질서도 파괴하는 것으로 나타난다.

호세페와 헤로니모의 사랑은 신분적 질서를 거슬렀을 뿐만 아니라, 견습수녀인 호세페가 수녀원의 정원에서 임신을 하고 성당의 계단에서 아이를 낳음으로써 종교적 질서마저 심각하게 위반하였다. 따라서 사회 질서의 유지를 위해 이들은 처벌을 받지 않을 수 없다. 그런데 바로 이것이 지진으로 인해 뒤흔들리게 된 것이다.

그리하여 지진에서 살아남아 외딴 계곡에 모인 사람들 사이에서는 신분의 차이도 사라지고 죄와 무죄라는 낡은 구분도 잊혀진다. 평화와 휴머니즘만이 지배하는 이상적인 인간공동체의 모습이 그려진다.

> 사람들의 세속적인 재산이 모두 파괴되고, 자연이 모두 파묻힐 위기에 처한 이 끔찍한 순간에 인간의 정신만은 아름다운 꽃처럼 피어나는 듯했다. 눈에 들어오는 들에는 다양한 신분의 사람들이 뒤섞여 있었고, 제후들과 거지들, 귀부인들과 농가여인들, 관리와 삯군들, 신부들과 수녀들이 서로 동정을 베풀면서 도움을 주고, 자신의 생계를 위해 건진 것들을 기쁘게 나누니, 마치 모든 이의 불행이 불행으로부터 도망친 모든 이들을 한가족으로 만든 것 같았다.

그러나 이러한 유토피아적 상황에 대한 묘사에 있어서도 클라이스트는 '마치 ~와 같았다' 는 표현을 사용함으로써 끊임없이 유보적인 태도를 보인다. 결국 이러한 파라다이스는 현실에서는 실현될 수 없는 것임이 곧 이어 드러난다.

호세페와 헤로니모는 신이 자신들을 구원한 것이라고 생각하고 감사드리기 위해 교회에 간다. 그러나 교회는 지진을 타락에 대한 경고라고 해석한다. 그러자 교회에 모인 사람들이 느끼던 공포는 이들에 대한 분노로 폭발하여 신의 이름으로 이들을 잔인하게 살해한다. 따라서 자연재해 속에서 신의 의도를 발견하려는 모든 시도는 실패로 돌아간다. 왜 신은 지진을 통해 호세페와 헤로니모를 구해놓고 마지막에 두 사람을 죽이는 걸까? 신이 두 연인을 도우려는 것인지, 죄인들을 벌하려는 것인지, 무시무시한 경고를 하는 건지, 클라이스트는 어떠한 답변도 확실하게 제시하지 않는다. 호세페와 헤로니모는 신이 도움을 주는 존재라고 느끼며, 계곡에 모인 목숨을 구한 사람들은 은총이 넘치는 존재로 생각한다. 교회는 신을 복수를 하는 존재로, 그리고 광폭해진 군중들은 벌을 주는 존재로 두려워한다.

이 모든 것은 결국 인간들의 해석일 뿐 자연은 모든 설명을 거부한다. 자연의 폭력은 호세페와 헤로니모를 처벌했던 대주교와 섭정궁, 법정, 그리고 아버지의 집도 파괴하였지만, 호세페와 아이를 돌봐주었던 원장 수녀와 무고한 수녀들에게도 무차별적으로 가해진다. 자연이 삶에 개입하는 경우 그것은 우연으로 나타나며 모든 가치평가를 벗어난다. 이러한 우연의 부조리성이 클라이스트의 주요 테마 중 하나이다.

이러한 모습을 통해 클라이스트는 당시의 법제도와 가톨릭교회에 대해 비판하고 있다. 오빠는 여동생을 고자질하고 아버지는 딸을 내쫓으며 사법제도는 임신한 여성을 감옥에 가둔다. 성체축일 행사는 죄인이 처형을 받으러가는 행렬이 되고 사람들은 그것을 구경거리로서 즐긴다. 또한 마지막의 감사의 미사는 종교적 광기의 폭발이 된다. 심지어 아무 죄없는 돈 페르난도의 어린 아들까지 잔인하게 살해한다. 이들과 반대로 클라이스트는 호세페를 통해 이타적 사랑과 인간성을 형상화한 것으로 보인다. 그녀의 모습은 종종 성모 마리아의 모습과 겹쳐진다. 그녀의 아이는 순수한 신의 사랑의 장소인 수녀원에서 잉태되어 성체축일에 공공장소에서 성스러운 곳으로 올라가는 길인 성당 계단에서 태어난다. 또한 호세페는 남의 아이에게 젖을 물리며, 마지막에는 다른 사람들을 위해 자신을 희생한다.

모든 비극적 파국에도 불구하고 바로 이러한 호세페의 아이가 살아남은 것은 희망의 상징으로 볼 수도 있을 것이다. 그러나 이에 대해서도 클라이스트는 "필리페를 주앙과 비교하면, 그리고 어떻게 두 아이들을 얻게 되었는지 생각하면 돈 페르난도는 거의 기뻐해야만 할 것처럼 여겨졌다"라는 식으로 가정적 표현을 통해 독자들에게 결론을 열어놓고 있는 것이다.

〈화환 속의 성가족〉(얀 브뤼겔, 1630년대)

끝으로, 작품의 구성을 살펴보면 크게 세 부분으로 나누어진다. 즉 호세페와 헤로니모의 전사(前史)가 언급되면서 지진으로 도시가 파괴되는 부분, 목숨을 구한 사람들이 계곡에 모여 평화로운 공동체를 이루는 부분, 그리고 마지막으로 교회에 모인 사람들이 잔인한 살육을 벌이는 부분으로 나누어볼 수 있다. 그런데 흥미로운 점은 사건의 진행에 따라 인물의 중심이 옮겨간다는 사실이다. 지진으로 사회 질서가 파괴되는 첫 번째 부분에서는 그러한 질서를 위반한 당사자인 헤로니모가 중심이 되어 이야기가 서술되고 있고, 에덴동산과 같은 유토피아가 그려지는 두 번째 부분에서는 희생적 사랑의 구현인 호세페에게 중심이 놓이며, 마지막 부분에서는 광란적 폭력에 맞서 인간적, 합리적 질서를 대변하는 돈 페르난도가 중심을 차지한다.

4. 더 읽을거리

클라이스트의 대표적 소설인 『미하엘 콜하스』(1810) 역시 국가권력과 법제도 등에 의한 사회적 폭력과 개인적 폭력의 문제를 다루고 있다. 또한 입양된 아이와 그로 인한 비극을 다룬 짤막한 단편 『버려진 아이』(1811)도 『칠레의 지진』에서 살아남은 아이의 운명과 연관시켜 읽어볼 수 있을 것이다.

클라이스트는 독문학사에서 희곡작가로 더 알려져 있다. 그런 점에서 그의 대표적 희곡인 『깨진 항아리』(1812)도 읽어보자. 클라이스트의 작품들은 극적인 내용과 빠른 전개로 읽는 재미 또한 적지 않을 것이다.

✣ 작품의 이해를 위해 생각해볼 문제들 ✣

1. 헤로니모와 호세페의 사랑이 용납되지 못했던 것은 무엇 때문인가? 이를 통해 당시의 사회상황을 유추해보자.

2. 지진은 많은 사람들에게는 재앙이 되지만 헤로니모와 호세페에게는 축복으로 나타난다. 이를 어떻게 볼 것인가?

3. 지진 이후 살아남은 사람들 사이에서는 어떤 분위기가 나타나는가?

4. 지진 이후 살아남은 사람들 사이에서 신분을 초월하여 서로에 대한 연민으로 감싸 안는 인간적인 모습이 이상적으로 그려진다. 그 이유는 무엇이라고 작가는 묘사하고 있는가? 그런데 커다란 재해를 겪은 후 그러한 모습이 나타나는 것이 일반적인 현상일까?

5. '돈 페르난도' 라는 인물에 대해 설명해보자.

6. 돈나 엘리자베트는 교회에 가려는 형부에게 무슨 말을 했을까? 어떻게 돈나 엘리자베트만이 불행에 대한 예감을 할 수 있었는가?

7. 잠시나마 제도와 사회질서를 초월하여 휴머니즘을 바탕으로 한 이상적 공동체를 이루었던 사람들이 갑자기 폭도로 돌변하게 되는 계기는 무엇인가? 둘 중 어느 쪽이 인간의 본성에 가까운가?

8. 돈 페드릴로는 왜 주인공들을 잔인하게 살해하기까지 하는가? 그는 어떤 성격의 인물인가?

9. 주인공들이 위험에 처한 상황에서 해군장교 돈 알론소 오노레하는 어떤 태도를 보이며, 그의 등장은 사건 전개에 있어서 어떤 역할을 하는가?

10. 그 모든 폭력에도 불구하고 두 주인공의 아이, 필리페가 살아남았다는 것이 희망적인 결말을 의미하는 것인가? 입양된 아이를 둘러싼 이야기를 다룬 클라이스트의 다른 노벨레 『버려진 아이』와 연관시켜 생각해보자.

11. 이 작품에서 신이 갖는 의미에 대해 생각해보자.

12. 사건의 전개가 매우 우연적으로 이루어지는데 그것을 어떻게 보아야할 것인가?

13. 운명과 우연은 이 작품에서 어떻게 나타나는가?

14. 자연의 폭력과 인간의 폭력에 대해 생각해보자.

15. 이 작품에서는 성경에 대한 비유가 많이 나오는데, 어떤 부분에서 나타나며 그러한 비유를 사용한 이유는 무엇일지 생각해보자. 특히 호세페를 성모 마리아에 비유하는 것을 볼 수 있는데, 그 이유는 무엇인가?

16. 다음의 설명을 읽고 이 작품과 연관시켜 토론해보자.

* 관동대지진: 1923년 9월 1일 일본의 관동지방에 대규모의 지진이 발생하였는데, 일본은 자국 내외의 복잡한 문제를 해결할 목적으로 이를 정치적으로 이용했다. 즉 일본 정부는 흐트러진 민심을 수습하기 위해 재일 한국인이 폭동을 일으켜 방화했다고 조작, 민간에 유포함으로써 일본인들의 감정을 자극하였다. 급기야 일본인들은 죽창과 몽둥이를 들고 곳곳에서 한국인들을 살해하였다. 이로 인해 재일 동포 6,000여 명이 일본인에게 학살당했다.

Hoffmann

『모래 사나이』

에.테.아. 호프만
(1776-1882)

1. 작가 소개

법률가 집안에서 태어난 에.테.아. 호프만(Ernst Theodor Amadeus Hoffmann, 1776-1882)은 낭만주의 시대 작가였을 뿐 아니라 동시에 법률가, 작곡가, 음악비평가, 극장의 음악장, 캐리커처 화가이기도 한, 예술의 종합을 몸소 실천한 예술가였다. 평일에는 법관으로 근무하고 밤이나 주말에는 다른 예술활동과 창작활동에 몰두하는 이중생활을 하였다.

자전적이며 마적인 예술가상을 표현한 『크라이슬러리아나』(1813), 시민적 속물세계와 시적 환상세계를 다룬 『황금단지』(1814/1819), 이중인격자인 승려의 범죄이야기를 다룬 장편 『악마의 묘약』(1815/1816), 최초의 범죄소설로 간주되는 『스퀴데리 양』(1819), 사회풍자적인 소설 『수고양이 무르의 인생관』(1819-1821) 등 많은 문학작품뿐 아니라, 많은 성악곡과 기악곡, 그리고 오페라도 남겼다. 독창적이고 환상적인 작품을 남긴 호프만의 작품은 하이네, 켈러, 카프카 등 독일작가들뿐 아니라, 발자크, 위고, 고티에, 보들레르, 모파상, 고골, 푸쉬킨, 도스토예프스키, 디킨스, 에드가 앨런 포 등 다른 나라의 작가들에게도 영향을 끼쳤다.

2. '낭만주의' 에 대하여

낭만주의가 무엇이냐는 질문에 대답하기는 그리 쉬운 일이 아니다. 우선 아이헨도르프의 시 「요술지팡이」를 살펴보자.

> 만물 속에 노래가 잠들어 있다면,
> 그것들은 계속하여 꿈을 꾸리라.
> 당신이 주문을 제대로 맞히기만 한다면,
> 세상은 노래를 부르기 시작하리라.

이 시는 두 문장(1-2행, 3-4행)으로 이루어져 있으며, 잠과 꿈, 주문 또는 마법, 노래 등의 전형적인 낭만주의 모티프를 사용하고 있다. 첫 문장에서 등장하는 잠과 꿈은 현실세계와는 대립되는 개념이다. 노래가 세상의 만물 속에 잠들어 있으며 그 만물들은 아름다운 공주가 높은 탑 속에 갇혀

용감한 왕자의 구원을 기다리는 것처럼 마법에 걸려 꿈속에 갇혀 있다. 두 번째 문장에서는 『천일야화』에서 알리바바가 "열려라 참깨!"라고 올바른 주문을 외니 육중한 바위문이 열리고 감추어진 보물이 드러나는 것처럼, '당신'으로 지칭되는 임의의 개인이 사물마다 적합한 주문을 알아서 외기만 하면 잠들어 있던 사물들이 생명을 다시 얻은 듯 깨어나서 노래를 부르기 시작한다. 다시 말하자면 어떤 예술가가 대상을 적확한 언어로 아름답게 표현하면 그 대상은 지금까지는 보통사람의 눈에는 보이지 않던, 사물 속에 은폐되어 있던 비밀, 즉 사물의 또 다른 본질, 또 다른 세계를 드러내게 된다는 의미이다. 잠이라는 표상은 꿈을 꾸는 사물들에 전이되고, 이 사물들이 각성하게 되면 세상 전체가 노래를 부르게 된다. 여기에서 마법으로 꿈속에 갇혀있던 상태에서부터 외부세계를 해방시켜 진정한 본질을 드러내도록 하는 시적인 주문은 모든 한계와 경계를 뛰어넘는 우주적인 의미를 획득하게 된다. 예술가의 시적인 언어는 인간과 인간은 물론 인간과 (동식물을 포함한) 사물, 사물과 사물의 경계를 허물고 사물에 생명력을 부여하고 만물을 소통하게 만든다. 현실세계에서는 인간들 사이에도 벽이 가로놓이고 심지어는 소외되기까지 하는 현상이 존재하지만 낭만주의 문학과 예술은 모든 경계와 한계를 철폐하여 협소한 현실공간을 무한까지 확대하는 것이다. 꿈은 현실과 환상 그리고 무의식의 경계를 넘나드는 것이기에 이미 꿈이라는 표상은 탈경계를 의미한다.

비현실적인 모티프와 만물의 융화를 노래하고 있는 이 시는 비록 4행으로 구성된 짧은 시이긴 하지만 낭만주의적 세계관을 보여주는 강령적인 시라고 평가된다. 그 까닭이 무엇인지 문화사적인 배경을 좀 더 구체적으로 살펴보기로 하자.

2.1. 시대적 배경

경제적인 측면에서 보자면 18세기 후반에 영국에서 시작된 산업혁명은 19세기에 접어들면서 유럽 전역에 영향력을 행사하였고 사회구조를 바꾸어놓았다. 기계가 도입되어 생산성이 증대되었으며, 자본가와 노동자라는 새로운 사회계층이 형성되었다. 업적과 경쟁, 그리고 돈이 중시되기 시작하면서 인간 자체는 소외되기 시작하였다. 도시가 급격히 팽창하면서 여러 사회문제가 생겨나는 등 산업사회의 부정적인 측면들이 급속히 대두하기 시작하였다. 낭만주의자들은 급속히 분화되어가는 이러한 사회변화에 대해 반감을 가졌으며 사라져가는 목가적 아름다움을 그리워하였고 영혼의 세계가 물질세계의 위협을 받는다고 느꼈다.

역사적으로 볼 때 낭만주의는 봉건사회에서 시민사회로 넘어가는 시기에 만개하였다. 프랑스에서는 일찍이 대혁명을 기점으로 19세기에 들어서도 크고 작은 혁명들이 연이어 일어났고 정치적인 발전이 계속되었으며, 시민들은 축적된 지식과 자본의 덕분에 정치적으로도 확고한 기반을 구축할 수 있었다. 독일에서는 혁명이 성공하지 못하였으나 자유, 평등, 박애라는 프랑스혁명 이념은 시민계층에 널리 퍼졌다. 정치적으로는 봉건체제와 신분제도가 여전히 유지되고 있던 독일에서 자본을 축적한 시민계층은, 귀족과 동등한 지위를 누리고 싶은 욕구가 현실 정치적으로는 실현 불가능하다고 판단하고 그러한 욕구를 지적인 교양에 대한 욕구로 대치하였다. 또한 나폴레옹 전쟁으로 인하여 영방으로 분열된 독일인들에게 민족 개념이 싹트던 시기이기도 하였다.

낭만주의의 철학적 토대는 계몽적 합리성과 대척점을 형성하고 있다. 독일에서는 감정을 중시한 감상주의나 질풍노도 문학이 낭만주의의 선구로 인식된다. 낭만주의 철학은 주관주의적 세계관이 특징이다. 피히테는 창조적 자아(인간 의지의 자유)를 세계의 중심에 내세웠고, 셸링은 자연과의 합일과 정신의 중요성을 강조하였으며, 슐라이어마허는 종교와 시학의 연관성을 강조하였다.

2.2. 특징

정치적으로는 출구가 봉쇄되었다고 느꼈고, 사회적 경제적으로는 아름다운 영혼을 상실하고 물질의 노예가 되어가는 속물의 이윤추구라는 사고방식에 동조할 수 없었던 낭만주의자들은, 갑갑한 현실을 벗어나 시공간적인 도피를 하여 고유한 세계(우수, 동경, 환상, 목가, 비현실적인 세계 등)를 구축하였다. 그들은 세계의 비밀을 탐구하기 위하여 이미 상실되어버린 분열되기 이전의 '소박한' 세계(유년시절, 동화, 전설, 민요, 중세 등)로 상상의 여행을 떠나게 되었다. 그림형제나 아른트는 구전동화를 수집하였으며 많은 작가들이 예술동화를 창작하였다. 낭만주의자가 생각하는 진리란 합리적 계몽적 사유로 탐구될 수 있는 것이 아니라 당대 현실을 벗어날 수 있는 상상적 동경의 도움으로 가능하였다.

슐레겔은 낭만주의 문학을 '진보적 보편시'라고 규정하였다. 진보적 보편시란 분리된 문학 장르를 통합하는 것뿐만 아니라 문학과 철학 등 다른 학문들도 융합할 것을 요구하였다. 낭만주의 문학은 고전주의에서처럼 특정한 창작 규범을 중시하는 것이 아니라, 예술가를 창조하는 천재로 간주하고 모든 형식과 내용을 허용하여 궁극적인 통일을 지향하고자 하였다. 궁극적인 통일이란 현실적으로는 불가능한 것이기에 그 결과 단장 형식과 미완성 형식의 작품이 많이 등장하였다. 슐레겔은 이러한 현상을 작가의 자의와 자유의 결과라고 생각하였다.(낭만주의적 반어) 그도 그럴 것이 그는 시인의 자유의지를 지고의 법칙으로 간주하였기 때문이다.

낭만주의를 상징하는 주요한 개념으로 '푸른 꽃' 이 있다. 이것은 무한한 것을 추구하는 형이상학적인 노력이나 미지의 것에 대한 동경과 사랑을 의미한다. 꿈, 환상, 기적, 초감각적인 세계, 자연, 이국문화, 어린아이의 세계, 죽음, 신화, 방랑과 여행, 중세 등 현실사회와 구분이 되는 다른 세계에 대한 동경이 낭만주의 작품의 특징이다. 낭만주의자들은 영혼과 무의식을 강조하고, 장르를 혼합하는 열린 형식을 지향하며, 결코 도달할 수 없는 무한성에 도달하기 위하여 낭만주의적 반어와 역설이라는 기법을 사용하였다.

2.3. 낭만주의와 고전주의

낭만주의의 특징을 고전주의의 특징과 도식적으로 비교해 보자면 다음과 같다.

고전주의	낭만주의
– 완성, 안정, 확고한 질서, 명징성, 척도, 조화 등을 추구하는 노력 – 객관성, 전형, 법칙, 이성, 균형 등을 추구 – 타당성이 있고 완결된 형식 추구(서정시, 서사시, 극을 명확히 구분) – 체념, 극기, 강한 윤리의식 요구	– 무한성, 열정적인 움직임, 어두운 것, 모든 한계를 뛰어넘는 무규정적, 무규칙적인 것 등에 대한 충동과 동경 – 고전주의적 한계를 탈피('고귀한' 형식보다 자유로이 창작하는 상상력 중시) – 전 세계를 '낭만화' 하고 절대적 주관성을 요구

고전주의	낭만주의
- 환상, 착종, 불명확성 거부 - 감정과 이상의 조화를 위해 노력 - 정확한 한계설정을 요구	- 모든 경계와 한계의 철폐 추구(이성의 한계, 개별 장르의 경계, 학문과 문학의 경계, 꿈과 현실의 경계, 이성적인 것과 환상적인 것의 경계 등) - 개성의 강조, 자유, 무구속성, 영원히 계속되는 문학형식 추구 - 놀라운 것, 몽환적인 것, 무의식적인 것, 초감각적인 것 등을 선호

2.4. 시대 구분과 '공포 낭만주의'

낭만주의는 예술사적 문학사적으로 초기 낭만주의(1795-1804, 예나 중심), 중기 낭만주의(1804-1815, 하이델베르크와 베를린 중심), 후기 낭만주의(1815-1848, 베를린 중심) 등 세 시기로 구분된다. 초기 낭만주의 시기에는 슐레겔 형제, 노발리스, 셸링, 훔볼트 등이 활동하였으며 이론적인 작업을 수행하였다. 중기 낭만주의는 아이헨도르프, 아르님, 브렌타노 등의 작가들이 활동하였으며, 전설, 민담, 동화 등 민중문학을 중시하고 이를 수집하여 그림형제는 『아동 및 가정동화』, 『독일동화』를, 브렌타노와 아르님은 『소년의 마적』을 편찬하였다. 후기 낭만주의는 에.테.아.호프만, 아이헨도르프, 브렌타노, 티크, 클라이스트, 아르님, 울란트 등의 작가가 활동하였다. 후기 낭만주의의 주요 특징들 가운데 하나가 인간 정신의 어두운 측면을 강조한 점이다.(이에 해당하는 작품에는 호프만의 『모래사나이』, 아이헨도르프의 『대리석상』, 아르님의 『이집트의 이자벨라』 등이 있다.)

공포 낭만주의(Schwarze Romantik)는 인간정신의 비합리적인 측면, 어두운 측면, 마적인 측면, 광기, 죄와 죽음 등을 중점적으로 보여주는 낭만주의의 하부 조류로 간주된다. 대표자로는 에.테.아. 호프만, 에드가 앨런 포, 보들레르, 바이런 등을 들 수 있다. 18세기말부터 영국에서 유행하였던 괴기소설을 고딕소설(유령, 기사, 폐허가 된 고성 등을 소재로 한 초자연적이고 괴기스러운 소설)이라고 하는데, 낭만주의자인 보나벤투라(본명은 에른스트 아우구스트 프리드리히 클링에만, 1777-1831)의 『야간순찰대』(1804)는 고딕소설의 영향을 받은 최초의 독일작품이라고 간주된다. 오늘날의 다크웨이브 음악, 고딕음악, 블랙메탈 등과 초자연적인 현상을 가미한 범죄추리소설도 이러한 조류의 연장선상에서 볼 수 있다. 환상세계를 현실세계와 촘촘하게 엮어 짠 호프만의 작품들은 특히 미국의 작가들(워싱턴 어빙, 나다니엘 호손, 에드가 앨런 포 등)에게 많은 영향을 끼쳤다.

3. 작품 해설

이 작품은 사회사적, 정신사적, 정신분석학적 방법론 등으로 다양한 해석이 시도되고 있는 작품이다. 그럴 것이 이 작품은 시점의 변화가 많을 뿐 아니라, 노벨레적 요소와 동화적 요소, 현실과 꿈이 뒤섞여 있어서 고정된 하나의 시각으로는 전체를 조망하기 어렵기 때문이다.

3.1. 내용

『모래 사나이(*Der Sandmann*)』는 세 편의 편지글로 시작된다. 주인공 나타나엘은, 애인의 오빠인 로타르에게 보내는 첫 번째 편지에서 어린 시절 겪었던 끔찍한 사건에 관하여 말한다. 어릴 때 유모에게 들은 모래 사나이에 관한 이야기를, 아버지와 함께 모종의 실험을 하기 위하여 집에 오는 코펠리우스라는 인물과 연관시키며, 이들의 실험을 지켜보다가 들켜서 눈을 뽑힐 위기에 처했던 경험과 아버지의 죽음에 관해 이야기한다. 이 편지의 겉봉에다 나타나엘은 실수로 클라라의 이름을 썼기 때문에 클라라가 그 편지를 보고 답장을 하게 된다. 클라라는 나타나엘의 이야기를 이성적으로 냉철하게 분석하고 그 끔찍한 사건들은 "당신의 마음속에서만 일어난 것이고 진정한 현실적인 외부세계와는 아무 관련이 없는 것"이라는 내용의 '이성적인 편지'를 보낸다. 나타나엘이 로타르에게 보낸 세 번째 편지에서는 물리학 교수 스팔란차니의 딸 올림피아에 관한 소식을 전한다.

나타나엘이 최근에 쓴 시와 소설을 "어둡고 우울하고 지루한 신비주의"로 받아들인 클라라는 그의 글에 대한 관심이 점점 멀어졌고, 마침내 뜨개질을 할 때 들려준 시를 불 속에 던져버리라고 말하자 나타나엘은 클라라를 "너는 생명도 없는 저주받은 자동인형이야!"라고 비난한다.

하숙집의 화재로 이사를 한 나타나엘은 건너편의 스팔란차니 교수의 창문에 간간히 나타나는 올림피아에 대해 많은 관심을 보이던 차에, 청우계 장수 코폴라에게서 망원경을 구입한다. 그는 망원경으로 아름다운 올림피아를 계속 관찰하고 사랑에 빠지게 된다. 스팔란차니 교수의 집에서 열린 파티에서 그는 올림피아와 춤도 추고 키스도 하게 된다. 친구 지그문트는 올림피아가 '영혼이 없는 나무인형', 즉 자동인형 같다고 말하지만,

이러한 의견을 그는 "냉정하고 산문적인 인간들"의 시기심이라고 일축해 버린다. 그는 계속하여 많은 작품을 써서 올림피아에게 들려준다.

우연히 그는 스팔란차니의 서재에서 올림피아를 두고 스팔란차니와 코펠리우스/코폴라가 싸우는 장면을 목격하게 되고, 올림피아는 기계장치로 만든 자동인형이라는 사실이 밝혀진다. 이 일로 정신병원으로 가게 된 나타나엘은 퇴원 후 모든 일이 해결된 듯했으나, 시청탑 위에서 광기를 일으켜 난간 너머로 뛰어내리게 된다.

3.2. 눈 모티프

이 작품에서 '눈'은 매우 중요한 모티프로서 수없이 등장하고 있다. 어린 시절 유모에게 들은 모래 사나이 이야기, 아버지와 코펠리우스의 비밀스런 실험, 올림피아의 눈, 그리고 안경과 망원경 등도 눈과 밀접한 연관을 가지고 있다.

나타나엘은 모래 사나이 이야기를 어머니로부터 밤 9시만 되면 들었다. 모래 사나이는 잠자리에 들려 하지 않는 아이에게 와서 눈에 모래를 뿌려 눈이 피투성이가 되어 튀어나오면 그 눈알을 자기 아이들에게 먹이려고 자루에 담아가는 아주 나쁜 사람이라는 것이다. 그래서 잔인한 모래 사나이는 나타나엘의 마음속에 소름끼치는 모습으로 각인된다. 나타나엘은 코펠리우스를 모래 사나이와 동일시하게 되고, 모래 사나이를 동화 속의 존재가 아니라 현실에서 자신에게 "가는 곳마다 슬픔과 불행, 일시적이거나 영원한 재앙을 가져다주는 추악한 악마 같은 괴물"로 인식한다.

눈은 동서고금을 막론하고 '마음의 창' 또는 '영혼의 거울'이라고 표현된다. '창'이라는 것은 외부세계와 내부세계의 경계이자 외부세계를 내부세계로 받아들이는 기능을 한다. 눈의 상실에 대한 위협이나 공포는 내면과 외부세계가 정상적으로 소통되기 어려움을 의미한다. 나타나엘의 경우 유년시절의 공포스러운 체험 때문에 '눈/창'의 이러한 기능이 오작동하는 문제가 생긴다. 나타나엘은 어린 시절 실험 장면을 몰래 훔쳐보다가 코펠리우스에게 들켜 눈이 뽑힐 뻔하였고 이 일은 그에게 정신적으로 치유하기 어려운 상처를 남기게 된다. 그래서 그는 객관적인 현실을 보고 받아들이는 것이 아니라 주관적으로 각인된 인식을 외부세계로 투사하는 방식으로 외부세계를 받아들인다. 그는 정상적인 기능을 하지 못하는 눈으로, 즉 시각을 조절하고 통제하는 능력을 상실한 상태로 외부세계를 보기 때문에 대상을 완전히 다른 시각에서 보고 다른 방식으로 인지하게 된다. 그리하여 그는 인형을 사람으로, 사람을 인형으로 잘못 인지하기도 한다. 그는 올림피아가 나무 인형에 불과함에도 올림피아의 눈이 "동경과 사랑으로 가득 차" 있는 것으로 보았고, "냉정하고 산문적인 인간들"과는 달리 "정신적인 삶의 고귀한 인식과 사랑으로 가득 찬 내면세계"를 가진 아름다운 여인으로 간주하고 사랑에 빠지게 된다. 다른 한편 그는 사흘 동안에 걸쳐 쓴 시를 클라라가 인정해 주지 않자 이성적이고 객관적인 그녀에게 "너는 생명도 없는 저주받은 자동인형이야!"라고 말하기도 하였다. 또한 청우계 장수 코폴라가 안경을 책상에 늘어놓았을 때도 그는 안경을 '살아 있는 눈'으로 인지하게 된 것이다.

눈이 본래의 기능을 상실함으로써 나타나엘은 내면의 환상이 외부로 투사된 현실을 시각적으로 받아들여서 내면에 수용하게 되고, 환상과 꿈이 현실과 뒤섞인 상태를 현실이라고 착각하게 되고 그 정도가 심할 경우에는 육체적인 증상으로 나타나게 된다.(나타나엘은 때때로 정신을 잃거나 육체적으로 심하게 병을 앓거나 심지어는 정신병원에 입원까지 하게 된다.) 심리적인 작용으로 신경증이 유발되어 그 증상이 육체적인 측면에 나타나는 질환에 관해서는 80여 년 뒤에야 지그문트 프로이트가 정립한 정신분석학에서 본격적으로 밝혀지게 된다. 이러한 의미에서 호프만은 정신분석학을 선취하였다고 볼 수 있다.

나타나엘이 맨눈으로 보았을 때는 올림피아가 눈에 생기가 없는 것으로 보였는데 망원경을 통해서 보았을 때는 눈에 생기가 도는 것처럼 보였다. 이렇게 시력의 능력을 극대화해 주는 망원경으로 보면 오히려 왜곡된 이미지 또는 허상을 볼 수 있는 것이다. 이러한 눈 모티프를 좀 더 확장해서 보자면 오늘날의 신문, 방송, 인터넷도 눈 모티프에 속한다고 볼 수 있다. 안경이나 망원경이 눈 모티프의 개인적인 측면에서의 확장이라면, 신문이나 방송 그리고 인터넷은 사회적이고 대중적인 측면에서의 확장이라고 할 수 있다. 이러한 현대적인 매체를 통해 세상을 바라볼 때, 망원경을 통해서 볼 때처럼 허상을 볼 가능성은 없는지, 그리고 기타 어떤 문제점이 생길 수 있을지에 대해서도 신중하게 생각해 볼 필요가 있다.

3.3. 자동인형 모티프

사람의 형상을 본떠 만든 인형의 역사는 구석기 시대부터 찾아 볼 수 있으며, 주술적인 목적으로 사용되기도 하였고 단순한 장난감으로 이용되기도 하였다. 시대가 변하고 인간의 미적 감각이 발달함에 따라 감상을 목적으로 하는 인형이 등장하기도 하였다. 그리고 과학기술이 발전을 거듭함에 따라 18세기 초에는 인간과 구분하기 어려울 정도로 똑같은 자동인형이 등장하리라는 생각도 하게 되었다.

호프만은 자동인형에 대해 커다란 관심을 가지고 있었고, 유명했던 프랑스의 〈플루트를 연주하는 인형〉(1738), 나중에 허위로 판명나긴 했지만 〈장기를 두는 터키인 인형〉(1738)에 관한 기록도 읽었다. 그리고 자동인형 전시회와 자동악기 전시회에도 방문하였으며, 때로는 손수 자동인형을 만들 생각까지도 하였다. 이러한 사실들이 작품 창작에 영향을 주어 1814년 초에 그는 『세라피온의 형제들』 2권에 포함되어 발표된, 『자동인형』이라는 단편을 탈고하였다. 이 이야기에는 주어진 문제에 대답을 하고 환각을 일으킬 수 있는 능력이 있는 터키인 형상의 말하는 인형이 등장한다. 나중에 『모래 사나이』의 올림피아에서 볼 수 있듯이, 여기에서 처음으로 자동인형에 대한 이중적인 가치평가가 나온다.

보캉송의 〈플루트를 연주하는 인형〉

자크 드로의 〈오르겔을 연주하는 인형〉

자동인형 모티프는 이 작품에서 단지 인간과 닮게 만든 기술적인 정교함을 언급하는 데 그치고 있는 것이 아니다. 나타나엘은 클라라를 자동인형으로, 자동인형인 올림피아를 매력적인 아가씨로 오인한다. 냉철하고, 너무나 이성 중심적이어서 감정과 미학적인 감수성이 배제된 클라라를 자동인형이라고 비난한 것은 나아가 이성 중심의 계몽주의적 사고방식을 풍자하는 것으로 이해될 수 있다. 나무 인형인 올림피아를, 따뜻한 감정을 소유하고 있고 예술을 이해할 줄 아는 인간으로 오인한 점에서 우리는 우선 인간을 현혹하는 과학기술에 대한 비판적인 견해를 읽을 수 있다. 나아가 자신의 감정을 올림피아에게 투사하고 그것을 진실인 양 받아들이는 나타나엘은 현실과 너무나 동떨어져서 상상과 환상의 세계, 무의식의 세계, 예술의 세계만 추구하는 낭만주의적 사고방식에 대한 풍자라고 볼 수 있다.

정치적으로 이상을 발현하지 못한 독일의 시민계층은 산업혁명이 진행되면서 부와 명예, 과시적 교양 등 외적이고 물질적인 측면에 치중한다. 작품의 말미에 등장하는 '예술 애호가들의 다회' 에서 '우아한 신사' , '어느 교수' , 그리고 다회에 참석한 '존경스런 많은 신사들' 은 교양과 지식을 갖춘 당대의 지식인들이라고 간주할 만하지만, 자동인형 사건을 두고 하는 그들의 발언은 화려한 미사여구에도 불구하고 내용은 유치하기 짝이 없다. 즉 당대에 유행했던 자동인형에 관한 지식은 전혀 없는 것으로 표현되어 있다. 따라서 이 작품은 자동인형을 매개로 하여 좀스럽고 속물적이고 물질을 숭배하는 당대 사회를 풍자한다고 볼 수도 있다.

3.4. 이름의 상징

호프만은 등장인물의 이름에 상징적인 의미와 역할을 부여하고 있다.

* 나타나엘 Nathanael: 신의 선물이란 의미이다. 나아가 삶(Natal = 탄생)과 죽음(Thanatos = 죽음의 신)도 암시하고 있다.

* 클라라 Clara: 독일어의 'klar' , 영어의 'clear' 와 같은 어원이다. 이성적인 인간을 상징하며 그녀의 애인인 몽상가 나타나엘과는 대비되는 인물이다.

* 코폴라 Coppola, 코펠리우스 Coppelius: '동공' 이라는 의미의 이탈

리아 어 'coppolo'에서 유래된 이름으로 나타나엘의 눈에 관한 트라우마를 지속적으로 상기시켜 그의 무의식이 표출되게 하고 광기가 나타나게 한다. 작품에서 코폴라와 코펠리우스는 때로는 같은 사람으로 때로는 다른 사람으로 불분명하게 나타난다.

* 지그문트 Siegmund: '보호' 혹은 '보호자'라는 의미이다. 나타나엘의 친구로서 주인공을 도와주려고 애쓴다.

* 스팔란차니 Spallanzani: 18세기에 현존했던 이탈리아의 생리학자이자 실험동물학의 원조인 스팔란차니(Lazzaro Spallanzani, 1729–1799)의 이름을 차용했다.

* 올림피아 Olimpia: '올림푸스에서 온 여인'이란 의미이다. 고전주의에 대한 풍자로 볼 수 있다.

4. 더 읽을거리

호프만은 초자연적인 것, 광기, 현실과 꿈/환상이 뒤섞인 상태 등을 작품의 소재로 자주 다루었다. 호프만의 다른 작품들을 읽어보고 이러한 소재들이 어떤 식으로 나타나는지 살펴보자. 꿈과 현실이 뒤섞여 구분하기 어려운 점은 슈니츨러의 『꿈의 노벨레』도 마찬가지이다. 두 작품을 읽고 비교해 보는 것도 『모래 사나이』를 이해하는 데 도움이 될 것이다. 『브람빌라 공주』(1820)도 존재의 이중성과 현실과 환상의 세계를 다루고 있는 작품이다. 호프만은 애드가 앨런 포보다 앞서 범죄추리 소설가로 평가 받기도 한다. 『스퀴데리 양』(1819)은 긴장감과 반전 등 범죄추리 소설의 요건은 물론 예술가의 이중성이라는 모티프도 함께 다루고 있다. 『악마의 묘약』(1815)은 '악마의 묘약'을 마시고 세속적 욕망에 영혼을 빼앗긴 수도사 메다르두스를 주인공으로 내세워 욕망과 경건성, 광기와 정체성, 인간의 이중성 등을 다루고 있다.

호프만의 작품들은 다른 예술가들에게도 많은 영향을 주었다. 오펜바흐의 〈호프만의 이야기〉(1881)는 『모래 사나이』를 토대로 한 오페라이며, 차이코프스키의 발레 〈호두까기 인형〉(1892)은 동화 「호두까기와 쥐의 임금님」을 대본으로 삼은 것이며, 1870년 초연된 레오 들리브의 발레 〈코펠리아〉도 『모래 사나이』가 원작이다. 슈만은 호프만이 고안한 인물 악장 크라이슬러를 낭만주의 예술가의 전범이라고 간주하고 1838년 피아노곡 〈크라이슬레리아나〉(op.16)를 작곡하였다. 이러한 작품들도 감상해 보고 호프만의 작품과 비교하여 보도록 하자.

✣ 작품의 이해를 위해 생각해볼 문제들 ✣

1. 작가는 세 편의 편지글로 소설을 시작하고 있다. 편지글을 앞세운 이유는 무엇인가?

2. 화자에 대해 생각해보자.

   2.1. 편지글이 끝난 직후 바로 등장하는 화자의 진술은 어떤 기능을 하는가?

   2.2. 수시로 등장하고 있는 화자의 역할과 기능에 관하여 생각해보자.

3. 나타나엘, 로타르, 클라라의 성격이 표현되어 있는 부분을 찾아보고, 이 인물들을 18-19세기 예술사조의 특징과 비교하여 보자.

4. 나타나엘이 올림피아와 사랑에 빠진 이유는 무엇인가?

5. 나타나엘이 맨눈으로 보았을 때는 "관심도 없었고" "눈에 생기가 없는" "아름다운 조상(彫像)" 처럼 보였던 올림피아가 망원경으로 보았을 때는 그녀의 눈에 "젖은 달빛" 이 떠오르는 것처럼, "시력이 생긴 것처럼" 보였다. 망원경이 인간의 시력을 보완해주는 도구임에도 불구하고 오히려 대상을 잘못 보고 잘못 판단하게 만드는 까닭은 무엇인지 설명해보자. 나아가 어떤 대상에 몰입하거나 심취해 있을 경우에도 나타나엘의 망원경과 같은 현상이 일어날 수 있을까 생각해보자.

6. 작품에서 나타나엘이 정신을 잃어버린 장면이 몇 번 나온다.

   6.1. 이 장면들의 공통점은 무엇인가? 어떤 상황에서 나타나엘은 정신을

잃고 쓰러지게 되는가?

6.2. 비정상적인 상태(병에 걸린 상태)와 정상적인 상태(건강한 상태)는 어떻게 구분될 수 있는가?

6.3. 이와 연관하여 천재성과 광기 또는 질병에 관해서도 토론해보자.

7. 소설의 마지막은 나타나엘의 죽음으로 끝나도 좋을 것이다. 그러나 작가는 클라라의 소식을 사족처럼 덧붙이고 있다. 그 까닭은 무엇인가?

8. '트라우마 Trauma' 란 무엇인가? 나타나엘과 연관지어 설명해보자.

9. 이 작품에는 당대에 대한 비판과 풍자가 여러 가지 형태로 등장하고 있다.

9.1. 계몽주의, 낭만주의, 고전주의에 대한 비판은 어떤 형태로 나타나고 있는지 살펴보자.

9.2. 당대 시민사회에 대한 비판은 어떻게 나타나고 있는가?

10. 이 작품에서 아버지와 어머니의 관계 그리고 부모와 자식의 관계는 어떻게 설정되어 있는가? 아이는 어떤 방식으로 양육되는가?

11. 인형에 대해 생각해보자.

11.1. 인형이란 무엇이며 어떤 기능을 하는가?

11.2. 인형은 어떻게 발전해 왔는가? 앞으로는 어떻게 발전하리라 생각하는가?

11.3. 인형, 자동인형, 사이보그, 안드로이드, 로봇 등을 중요 소재로 삼은 소설이나 영화에는 어떤 것들이 있는가?

11.4. 이 작품의 후반부에는 예술 애호가들이 "인간의 형상을 한 것에 대한 심한 불신"을 가지게 되었다는 대목이 나온다. 즉 자동인형이 인간과 구분할 수 없을 정도로 똑같이 생기고 기능한다고 생각하고 이를 경계한다는 말이다. 사이보그나 로봇 등을 소재로 삼은 소설이나 영화에서 사이보그나 로봇 등과 인간과의 관계는 어떻게 설정되어 있는가? 이들이 인간에게 이익이 될 것인가 아니면 해를 끼칠 것인가?

12. 프로이트는 『두려운 낯설음』(1919)에서 『모래 사나이』를 정신분석학적인 관점에서 분석하고 있다. 이 글을 읽고 프로이트가 주장하는 내용에 대해 그 타당성과 한계를 토론해보자.

Chamisso

『페터 슐레밀의 기이한 이야기』

아델베르트 폰 샤미소
(1781-1838)

1. 작가 소개

샤미소(Adelbert von Chamisso, 1781–1838)는 프랑스 상파뉴에서 태어났으며 베를린에서 사망하였다. 샤미소의 가족은 프랑스 혁명 때 독일로 건너왔다. 1796년 그는 프로이센 왕비의 시종이 되었으며, 1798년부터 1807년까지는 장교로 복무하였다. 1812년에는 의학과 식물학을 공부하였다. 1815년부터 4년 동안 그는 식물학자로서 러시아의 군함 루릭 호를 타고 태평양과 북극 탐험에 나섰다. 여기에는 코체부(선장), 요한 에쉬숄츠(의사, 박물학자), 샤미소(박물학자), 루트비히 코리스(화가) 등이 동참하였다. 여행에서 돌아와서 그는 베를린 식물원의 보좌관과 왕립식물표본실의 책임자를 역임하였다. 그는 자연과학자로서 뿐만 아니라 소설가, 시인으로서도 명성을 누렸다. 후기 낭만주의자로서 그는 이국적인 소재와 사회적, 시대비판적 주제를 자주 다루었으며, 청년독일파뿐 아니라 사실주의 작가들에게도 영향을 끼쳤다.

2. 시대적 배경

18세기말 경에 시작된 낭만주의는 계몽주의와 독일 고전주의에 대한 반대 운동이며, 당대 현실에 대한 불만족에서 기인한 예술사조라고 볼 수 있다. 산업의 발달로 인한 도시화, 절대주의, 합리주의, 중상주의 등은 교양시민 계층의 반감을 자아내었다. 칸트의 절대적 이성에 등을 돌렸고, 그 자리에 정신, 시, 환상, 사랑 등 비합리성, 비물질성, 주관성 등을 내세웠다. 낭만주의자들은 프랑스혁명의 부정적인 결과와 점증하는 산업화 그리고 이윤을 추구하는 사고방식의 확산 등으로 인하여 만족할 수 없게 된 현실에 등을 돌리고, 시간적으로는 과거(중세시대, 고대, 신화 등)를, 공간적으로는 머나먼 이국(다른 나라, 가보지 않은 나라, 전설과 동화 속의 나라 등)을 동경하며 고유한 환상세계를 구축하였다. 낭만주의자들은 작품에서 인간과 사회의 변화가능성이나 미래의 이상적인 사회상을 염두에 둔 것이 아니라, 현존하는 산문적인 현실세계로부터 도피할 수 있는 세계, 즉 기존 현실과는 대립되는 환상세계를 창조하였다.

3. 작품 해설

3.1. 구성

이 작품은 전체 11장으로 구성되어 있으며, 1장이 시작되기 전에 세 통의 편지와 한 편의 시를 삽입하여 슐레밀이 실존인물인 것처럼 사실성을 더해주고 있다. 이 작품이 11장으로 구분되어 있긴 하지만, 크게 보아 세 부분으로 구분할 수 있다.

1부(1-4장): 그림자 없음을 은폐하려는 슐레밀의 시도

2부(5-8장): 그림자와 영혼을 교환하자는 악마의 두 번째 제안과 양심의 갈등

3부(9-11장): 세계탐험과 새로운 삶

1장: 토마스 존, 회색남자, 파니, 거래

2장: 벤델

3장: 파니, 라스칼

4장: 휴양지, 미나, 페터 백작

5장: 신분 탄로, 라스칼의 간계, 악마의 새로운 제안

6장: 도피, 도주, 보이지 않는 새집, 두 번째 제안(투명 두건)

7장: 라스칼의 약혼, 벤델과의 이별, 회색인의 집요한 거래 요구

8장: 회색인과 동행, 그림자를 잠시 빌림

9장: 칠마일 장화

10장: 세계탐험, 박물지, 은신처, 강아지

11장: 벤델의 '슐레밀 병원재단', 미나, 자연연구의 결과물

3.2. 공간 상징을 중심으로

그림자를 파는 슐레밀(조지 크룩생크, 1827)

슐레밀은 힘든 항해 끝에 항구, 즉 함부르크에 도착한다. 함부르크는 중세 한자동맹의 중심 도시 가운데 하나였으며, 이후로도 계속 동서무역의 중심지 역할을 한 상업도시이자 북유럽 제1의 항구도시였다. 1815년에는 자유도시로서 독일연방의 일원이 되었으며, 중남미, 아프리카, 동아시아와 북유럽을 연결하는 중계항이 되었다. 따라서 함부르크는 도래하는 자본주의와 쉽게 연결될 수 있는 장소이다.

슐레밀은 그곳에서 물질세계를 상징하는 인물이자 부유한 상인인 토마스 존의 별장에서 열리는 파티에 참석하게 된다. 파티가 열리는 정원은 모든 소망이 충족되는 동화 속의 세계와도 같아서 슐레밀은 그 환경에 적응하기가 어렵다고 생각한다. 그는 거기서 회색옷을 입은 어떤 남자로부터 자신의 그림자를 금화가 무한정 나오는 행운의 주머니와 교환하자는 제의를 받아들인다. 슐레밀은 그림자가 없다는 것은 인간 사회에 편입할 수 없음을 의미한다는 것을 곧 깨닫게 된다. 사람들은 그에게 그림자가 없다는 것을 알고 두려움을 갖거나, 그를 멀리하거나 또는 그를 조롱한다.

달리는 마차 안에서 나는 혼자 쓰디쓴 눈물을 흘렸다. 내 마음에선 벌써 어떤 예감이 싹트고 있었다. 이 세상에서 업적과 덕성보다 돈이 훨씬 중요할지라도, 그림자야말로 그러한 돈보다 훨씬 더 소중한 것임을 깨닫게 되었다. 예전에는 양심을 지키기 위해 모든 재산을 바쳤지만 지금은 단순한 돈 때문에 그림자를 바치고 만 것이었다. 이제 나는 이 지상에서 어떤 사람이 될 수 있고, 어떤 사람이 되어야만 하는 것일까?

그는 북향의 고급호텔로 가서 머물게 된다. 거기서 벤델이라는 충직한 하인을 만나게 되고 그의 도움으로 그림자 없음을 은폐하는 데 어느 정도 성공하게 된다. 고급호텔이라는 장소는 '고립'을 의미한다. "보물을 지키는 파프너처럼" 말이다. 라인의 황금을 지키는 용인 파프너는 보물을 지키느라 정작 진정한 자유를 박탈당하고 보물의 노예가 되어 생활한 것이다. 그가 파니와 만나는 것도 저녁시간이거나 또는 그림자를 숨길 수 있는 상황에서만 가능하다. 하지만 구름을 벗어난 달 때문에 그림자 없음이 탄로나고 파니와의 관계도 끝이 난다. 이렇듯 슐레밀은 그림자가 드러나는 상황에서는 타인과의 진정한 소통이 불가능하게 된 것이다.

슐레밀이 페터 백작으로 행세하는 휴양지도 물질과 밀접한 연관을 맺고 있는 장소이다. 휴양지란 관광객이 머물며 돈을 쓰는 곳이기도 하거니와, 이곳에서 슐레밀은 왕에 비견될 만큼 화려하고 사치스럽게 생활한다. 그러한 화려함과 사치는 모두 금전과 직접 연관된다. 마을 사람들을 모두 초대하여 나무가 무성한 정원에서 파티를 여는 것도, 하인 벤델과 라스칼의 도움으로 행운의 자루에서 나온 돈으로 "화려하고 아름답게 꾸미"고, "장식하"고, "설치한" 것이었다. "왕처럼 화려하고 사치스럽게 지내면서 (돈으로) 모든 것을 지배하게 되었지만, 정작 그는 "집에서 소박하고 조용하게 숨어 지냈"다. 그가 안식을 취할 수 있는 장소인 집은 화려한 잔치와는 대조되는 정작 '소박한' 집이다. 햇빛이 없는 곳에서의 화려한 파티에서 그는 가식적으로나마 사람들과 교제를 할 수 있었지만, 그가 그림자 없음을 두려워하지 않고 지낼 수 있는 공간은 소박한 집의 작은 방에서일 뿐이며, 이는 그의 소외를 드러내주는 공간이기도 하다.

도입부에서 부유한 상인 존의 정원에서도 동화와 같은 일이 일어났지만, 휴양지에서 구입한 집의 정원에서 파티를 열면서 슐레밀은 미나를 만나 아름다운 사랑을 하게 된다. 물론 배은망덕한 하인 라스칼의 간계로 그림자가 없음이 폭로되고 결혼 약속도 수포로 돌아가 버리지만 말이다. 이 작품에서 정원은 긍정적인 의미에서든 부정적인 의미에서든 낭만주의적인 이상의 공간이라는 것을 알 수 있다.

슐레밀은 정체가 탄로 난 다음 정처 없이 길을 떠나다가 어떤 동굴 앞에 도착하게 된다. 그 동굴은 "측량하기 어려운 깊은 곳에서" 흐르는 지하수 소리가 들리고, "돌을 던지면 (……) 결코 바닥에 닿지 않을 듯이" 보이는 동굴이었다. 그 후 슐레밀은 우연히 칠마일 장화를 얻게 되고 테베 근처 황야의 어느 '동굴'을 안식처로 삼게 된다. 그는 "이곳이야말로 내 집이라는 생각이 확실하고 분명하게 들었"다. 인적이 드문 자연 한가운데 있는 동굴과 이 동굴을 묘사하면서 사용된 무한성의 이미지, 그리고 유럽과는 동떨어진 다른 대륙의 오지에 있는 동굴은 낭만주의적 이상과 직접 연결되는 공간 모티프이다. 또한 이 공간은 화려한 존의 정원이나 화려하게 장식된 페터 백작의 집이나 정원과는 다른 자연 그대로의 공간이며, 문명세계와 분리된, 인간의, 자본의 손때가 묻지 않은 신비스럽고 내밀한 낭만주의적 공간이다.

베링 해의 세인트폴 섬에 정박한 루릭 호(코리스, 1817)

마지막 장에 등장하는 중요한 공간은 '페터슐레밀 병원'이다. 이곳은 충직한 하인이었던 벤델이 슐레밀이 남긴 금화로 세운 병원이다. 라스칼과 결혼했던 미나도 과부가 되어 여기에서 환자를 돌보고 있다. 기독교적인 이웃사랑을 실천하고 있는 이 병원은 슐레밀이 그토록 고통 받았던 돈의 저주를 벗어난 공간이다.

마지막으로 슐레밀이 칠마일 장화를 신고 자유롭게 탐험하는 '세계'는 중요한 의미를 가지는 공간이다. 그는 요술장화를 신고 세계 곳곳을 자유로이 탐험하면서 모든 한계를 극복하는 듯하지만, 그럼에도 불구하고 롬보크섬 꼭대기에서 "마치 감옥의 닫힌 창살을 꽉 쥐고 있듯이" 주저앉고 만다. 요술장화의 힘을 빌더라도 세계의 자연을 낱낱이 탐구하기에는 역부족이다. 세계탐험은 완벽하게 탐구될 수 없는 대상이며, 아무리 탐구하더라도 영원히 미지의 영역이 남아 있게 된다. 이러한 사고방식은 무한을 동경하며, 고전주의처럼 완전성을 추구하는 것이 아니라 진행형을 애호하는 낭만주의적 세계관과 일맥상통한다.

⁜ 작품의 이해를 위해 생각해볼 문제들 ⁜

1. 1장은 "나로서는 매우 힘들었던 항해를 다행스럽게 마친 후 우리는 마침내 항구에 닿았다"라는 문장으로 시작된다. 여기에서 "힘들었던 항해"가 의미하는 바는 무엇인가? 사회적 역사적 배경과 연관지어 생각해보자.

2. 슐레밀은 하층 시민계급 출신이라고 볼 수 있다. 그 근거는 무엇일까?

3. 슐레밀은 항구(함부르크)에 도착한 후 작은 파티가 열리고 있는 토마스 존씨의 별장으로 간다.

   > 그들은 때때로 하찮은 일을 대단한 일인 양 이야기하거나, 혹은 중요한 일을 하찮은 일인 양 이야기를 나누고 있었다.
   >
   > 나는 이 자리가 너무 낯설었기 때문에 아무 것도 알아들을 수 없었고 (……) 그들이 무슨 말을 하는지 도무지 이해할 수 없었다.
   >
   > 어떻게 그 커다란 망원경이 작은 주머니에서 나왔는지 알 수가 없었다. 그러나 그 점을 이상하게 여긴 사람은 아무도 없었으며, 나 외에는 그 누구도 그 남자에 대해 신경 쓰질 않았다.
   >
   > (……) 텐트를 치는 데 필요한 모든 물건이 그의 주머니에서 나왔다. (……) 역시 그 누구도 그를 이상하게 여기지 않았다.

   그러나 위와 같은 여러 서술 정황으로 보건대 슐레밀은 이 모임에 적응하기 어려운 것으로 보인다. 그 이유는 무엇인가?

4. 이 소설의 원래 제목은 '페터 슐레밀의 기이한 이야기'이다. 그러나 역자는 제목을 '그림자를 판 사나이'로 바꾸었다. 여기에서 우리는 이 작품에서 그림자가 매우 중요한 기능을 하고 있음을 알 수 있다. 그림자 또는 그림자 상실의 의미는 다양하게 해석될 수 있다. 예를 들자면 토마스 만은 그림자를 "모든 시민적 연대감의 상징"이라고 해석하였다. 어떤 이는 "고향 상실"을 상징하는 것이라고도 하였다. 과연 그림자가 의미하는 바는 무엇일까? 왜 그렇게 생각하는가?

5. 회색옷을 입은 남자는 처음부터 후반까지(8장) 등장한다. 그는 여러 가지 보물을 가지고 있으며, 다른 사람에게는 전혀 이상하게 느껴지지 않는다. 그는 슐레밀과 처음에는 그림자를 거래하였으나, 나중에는 영혼을 거래하자고 제의한다.

   5.1. 회색옷의 남자는 슐레밀이 어떠한 상황에 처해 있을 때 나타났는가?

   5.2. 회색옷의 남자는 마지막 등장하는 장면에서 슐레밀에게 "당신이 원하는 대로 저는 단지 행동할 뿐입니다"라고 말한다. 그는 슐레밀의 영혼을 빼앗으려고 슐레밀을 고의로 죽이려 들지도 않았고, 요술자루를 되찾기 위해 음모를 꾸미지도 않았다. 회색옷을 입은 남자의 이러한 태도를 어떻게 이해해야 할 것인가?

   5.3. 그는 슐레밀에게 하인으로 자처한다. 그리고 여러 번 슐레밀에게 영혼을 담보로 하여 그림자를 되사가라고 제안한다. 이 부분은 『파우스트』에서 파우스트와 악마 메피스토펠레스의 거래와도 유사하다. 회색옷을 입은 남자와 메피스토펠레스와의 차이점은 무엇일까?

   5.4. 이 작품에서 회색옷의 남자는 주로 슐레밀과 관계를 맺고 있지만, 처음에는 토마스 존의 정원에 나타났으며(1장), 미나의 아버지가 라스칼

이 존에 대한 채권서류를 가지고 있다고 말하는 장면을 슐레밀이 목격하는 현장에도 등장한다.(6장) 나중에 라스칼은 불행한 범죄소송으로 목숨을 잃은 것으로 나온다.(11장) 슐레밀은 회색옷의 남자가 꺼내 보이는 주머니 속에서 토마스 존의 주검을 확인한다.(8장) 이렇듯 회색옷의 남자와 연관을 맺는 사람은 비참한 죽음을 당하게 된다. 그 까닭은 무엇일까? 그리고 슐레밀은 어떻게 살아남았을까?

5.5. 여러 정황으로 보아 회색옷을 입은 남자의 정체는 과연 무엇일까?

6. 슐레밀은 처음에는 항구도시의 자그마한 여관의 다락방(1장)에서 잠을 잤고, 그림자가 없다는 사실이 발각될까봐 여러 도시의 고급호텔(2장)을 전전한 것으로 보인다. 그리고 휴양지의 저택(4장), 나무 아래(6장, 9장), 동굴(10, 11장) 등으로 숙소가 변하였다. 각 공간의 변화에 따라서 슐레밀의 내외적 상황은 어떻게 변화했는가?

7. 충직한 하인 벤델은 슐레밀이 남긴 돈을 사용하였으나 돈의 저주를 받지 않았다. 그 까닭은 무엇인가?

8. 슐레밀과 헤어진 후 라스칼과 결혼했던 "사랑스럽고 착하고 경건한 소녀"이자 "순수한 영혼"의 소유자인 미나는 과부가 되어 슐레밀 병원에서 봉사활동을 한다. 작가는 이 인물을 왜 그렇게 설정하였을까?

9. 회색옷의 남자가 영혼을 담보로 하면 그림자를 돌려주겠다는 계약을 하자고 집요하게 요구하는데도 슐레밀은 이 제안을 완강하게 거부한다.

   9.1. 슐레밀이 회색옷을 입은 남자의 제안을 거부한 이유는 무엇인가?

   9.2. 여기에서 '영혼'은 어떠한 의미를 가지는가?

10. 슐레밀은 칠마일 장화를 얻고 난 뒤 "과거의 죄과로 인해 나는 그 동안 인간사회로부터 격리되어 있었지만, 이제 그 대신 내가 항상 좋아했던 자연을 벗삼을 수 있게 되었다"고 말한다. 여기에서 그가 말한 "과거의 죄과"란 무엇일까?

11. 이 작품에는 두 가지의 중요한 동화적 요소가 등장한다. 하나는 금이 무한히 나오는 행운의 주머니이고 다른 하나는 한걸음에 칠 마일을 갈 수 있는 장화이다. 이 두 요소는 슐레밀에게 무엇을 가져다주었는가? 이것이 상징하는 바는 각각 무엇인가?

12. 마지막 부분(9, 10, 11장)에서 고독하게 자연탐구를 하는 슐레밀의 태도에 관하여 생각해 보자.

13. 슐레밀은 시종일관 사회에 소속되지 못하는 아웃사이더였다. 하지만 작품의 전반부에서의 고독과 후반부의 고독은 다른 성격이다. 어떻게 다른가?

14. 이 작품에서 그림자 또는 그림자의 상실은 어떤 의미를 지니는가?

15. 이 작품에서 사랑은 어떻게 그려지고 있는가?

16. 당대의 속물, 시민에 대한 비판은 어떻게 나타나고 있는가?

Büchner

『당통의 죽음』

게오르크 뷔히너
(1813-1837)

1. 작가 소개

게오르크 뷔히너(Georg Büchner)는 1813년 10월 17일, 당시 헤센 공국에 속해있던 고델라우에서 의사의 아들로 태어났으며, 스트라스부르와 기센 대학에서 의학을 공부했다. 폭압적인 절대주의 체제에 반대하여 독일의 혁명 사상을 고취시키기 위한 활동을 하였으며, 그 일환으로 정치 팸플릿 『헤센 급전』(1834)을 발표하였다. 이 일로 당국의 수배를 받게 된 뷔히너는 1835년 희곡 『당통의 죽음』을 쓰고 스트라스부르로 도피하였다. 그곳에서 노벨레 『렌츠』(1849), 희곡 『레옹세와 레나』(1838년) 등을 집필하였다. 1836년에는 취리히 대학에서 의학박사 학위를 받았으며, 미완성 희곡 『보이체크』(1875)를 집필하였다. 1837년 취리히에서 24세의 나이에 티푸스로 사망하였다.

2. 작품의 역사적 배경

『당통의 죽음(*Dantons Tod*)』은 프랑스혁명, 그 중에서도 1794년 당통이 처형 당하기 직전 단 며칠간의 시간을 다루고 있다. 이 시기는 공포정치가 정점에 달한 시기로, 작품은 자코뱅 좌익의 에베르파가 처형 당한 직후의 시점에서 시작되어 당통이 처형되는 시점에서 끝나지만, 그 후 불과 3개월도 지나지 않아 이 공포정치를 주도했던 로베스피에르 자신도 처형을 당하게 되면서 사실상 혁명이 파국으로 치닫게 되는 결정적인 시기이다.

프랑스혁명은 잘 알려져 있다시피 1789년 7월 14일 시민계급과 대다수 민중들이 바스티유 감옥을 함락시키고 국왕과 귀족들을 몰아낸 역사

〈민중을 이끄는 자유의 여신〉 (외젠 들라크루아, 1830)

적 기념일이다. 그러나 그것은 실제로는 이후 구체제로 되돌리기 위한 반혁명세력들의 계속된 시도, 외국과의 전쟁, 악화된 식량 사정, 혁명 세력 내부의 갈등 등 온갖 문제와 싸워나가야 했던 10년에 걸친 험난한 과정이었다. 1792년에는 프랑스에서 망명한 귀족들과 프랑스의 혁명을 저지하려는 외국 군대의 위협에 맞서 국민공회가 소집되고 공화정이 수립되었다. 그러나 국민공회 내부에서 부르주아 계급이 중심이 된 지롱드당과 하층계급(상퀼로트) 중심의 자코뱅당이 분열되었고, 1793년 자코뱅파는 지롱드파를 숙청하고 공안위원회를 중심으로 하는 혁명정부를 수립하였다. 이때부터 로베스피에르를 중심으로 하는 공안위원회에 의해 공포정치가 시작되어, 1794년 3월 급진 좌파였던 에베르파가 처형당하고 곧이어 4월에는 온건파였던 당통 일파가 부패 혐의로 숙청당하였다. 이러한 공포정치에 반기를 든 세력들에 의해 7월에는 결국 로베스피에르마저 처형당하고 부르주아공화정이 성립되었으나, 1799년 나폴레옹이 통령정부를 수립하면서 프랑스혁명은 일단락되었다.

■ 프랑스혁명 연표

1789년	5월	삼부회(제3신분, 귀족, 성직자 대표) 소집
	7. 14	일부 민중이 바스티유 감옥을 습격하여 점령
	8. 26	라파예트 등이 기초한 '인권선언' 가결
1792년	4. 20	오스트리아와 프로이센에 선전포고(혁명전쟁 시작)
	8. 10	튈르리 궁전 점거
	9월	9월대학살(당통 주도)
	9. 22	국민공회 소집, 공화정 선포(제1공화정)

1793년	1월	루이 16세 처형
1793년	6월	자코뱅파, 지롱드파를 숙청하고 공안위원회를 중심으로 하는 혁명정부 수립. 공포정치 실시
1793년	7. 13	산악파의 핵심적 지도자 마라 암살 '방종한 자유의 폐기'로 정책 전환
1794년	3. 24	자코뱅 좌익의 에베르파가 파리의 식량사정 악화를 이용하여 봉기를 계획하다 처형
	4. 5	당통파 숙청
1794년	7. 28	로베스피에르 처형. '테르미도르의 반동(反動)'
1795년		왕당파의 '방데미에르의 반란'을 나폴레옹이 진압
1799년	11월	나폴레옹, '브뤼메르 18일의 쿠데타'를 일으켜 집정정부 수립. "혁명은 끝났다"고 선언

3. 집필 당시의 역사적 상황

『당통의 죽음』이 씌어진 1835년은 프랑스 7월혁명(1830)의 영향 속에서 독일에서 혁명 운동이 활발하게 일어났던 시기이다. 1799년 프랑스혁명은 끝났다고 선언한 나폴레옹은 1804년에 스스로 황제에 즉위하고 전 유럽과 전쟁을 벌였다. 그러나 결국 오스트리아, 프로이센, 영국 등의 유럽 동맹군에 의해 패배하고, 1815년에 유럽은 혁명 이전의 구질서로 돌아갔다. 자유주의를 억압하는 이 체제에 불만을 품은 파리 시민들은 봉기를 일으켜 1830년에 7월혁명이 일어나게 된다. 이 7월혁명으로, 프랑스혁명 당

〈마라의 죽음〉(자크 루이 다비드, 1793)

시 불완전하게 이루어졌던 부르주아 계급에 의한 지배체제가 완전히 자리를 잡게 되었지만, 대신 자본주의 체제의 모순이 심화되면서 노동자 계급이 부상하여 부르주아 계급과 노동자 계급의 대립관계가 발생하게 되었다.

이 혁명은 전 유럽에 큰 여파를 미쳐, 당시 봉건적 체제를 벗어나지 못하고 있던 독일에서도 자유주의자들이 활발한 활동을 벌이게 되었다. 당시 독일은 분권적 국가형태와 전쟁 등으로 인해 시민계급이 정치권력의 전면에 등장하지 못한 채 여전히 봉건적 체제의 틀을 벗어나지 못하고 있었다. 7월혁명에 의해 자극을 받은 독일의 시민계급은 자유와 민주주의를 요구하며 정부와 부딪혔다. 많은 작가들이 이러한 운동에 적극 나섰으며, 이러한 경향을 가리켜 문학사에서는 '3월혁명 이전 시기(Vormärz)' 라고 부르기도 한다. 이는 1848년 독일에서 3월혁명이 일어나기까지의 시기라는 의미이다. 이러한 경향의 대표적인 작가로는 뷔히너 외에 하이네(Heinrich Heine)가 있다.

당시 헤센공국의 봉건적인 절대주의 체제에 반대하여 혁명적 사상을 고취시키기 위한 활동을 하던 뷔히너 역시 『당통의 죽음』을 통해 프랑스혁명에 대해 나름의 해석을 가함으로써 독일에서의 혁명에 대해 성찰을 하고자 했던 것이다.

4. 작품 해설

『당통의 죽음』은 24세에 요절한 뷔히너의 생전에 출판된 유일한 문학작품으로, 4막 32장으로 구성된 희곡이다. 형식적인 측면에서는 극적이고 완결된 구성 대신 느슨한 장의 연결과 열린 형식으로 인해 현대 드라마의 선구적 작품으로 평가받는다.

『당통의 죽음』은 어떤 발단이나 전제도 없이 당통과 친구들이 카드놀이를 하는 장면으로 시작된다. 단지 에베르파의 처형에 대한 언급으로 시점이 1794년 3월 24일임을 짐작할 수 있을 뿐이다. 마치 프랑스혁명의 역사에서 한 단면만을 잘라내어 보여주는 듯, 희곡은 그 자체로 완결된 것이

당통(1759-1794)

로베스피에르(1758-1794)

아니라 앞으로는 에베르파의 처형, 뒤로는 로베스피에르의 처형과 같은 실제 역사적 현실로 연장된다는 인상을 준다.

『당통의 죽음』에 대한 해석은 서로 완전히 대립되는 입장이 나올 만큼 극단적으로 엇갈린다. 당통에 초점을 맞추어 혁명에 대한 허무주의 내지는 역사 비관주의로 보는 입장에서부터, 뷔히너가 당통의 부르주아적 자유주의에 대해 비판하면서 소시민 계급 및 노동자, 농민 계급이 중심이 되는 혁명으로의 발전을 요구하고 있다고 보는 입장까지, 특히 정치적 입장에 따라 서로 다른 해석이 이루어졌다. 그런데 이는 서로를 상대화시키는 인물들과 모순되는 발언들의 배치를 통해 일면적인 해석을 어렵게 만드는 작품 자체의 특성에서 비롯된 것이라고 할 수 있다.

그리고 제목에서도 알 수 있듯이 처음부터 당통의 '죽음'은 관객 및 독자에게 기정사실로 전제되어 있다. 즉 당통을 죽음으로 몰아가는 극적 사건이 다루어지는 것이 아니라 당통의 처형을 둘러싼 여러 인물들 간의 토론과 논쟁, 사유와 성찰들이 중심이 되고 있다. 또한 여기서는 혁명가 당통의 모습이 아니라 오히려 좌절한 혁명가의 모습이 그려진다.

당통은 혁명의 일선에서 물러나서 향락에 빠진 모습으로 등장하는데, 그 원인은 혁명이라는 이름 하에 피 흘리는 살육이 계속되는 현실에 대한 환멸 때문인 것으로 그려진다. 그러나 당통은 이러한 현실을 개선하고자 하는 대신 "우리가 혁명을 만든 것이 아니라 혁명이 우리를 만든 것"이라며 체념적인 태도를 보일뿐이다.

또한 혁명세력들마저 혁명의 완수라는 명분을 내세워 처단하는 로베스피에르에 대해 당통은 "정당방위가 중지되는 지점에서 살인이 시작되는 법"이라며 비판한다. 그러나 당통 역시 과거 9월 학살에서 수많은 사람들을 혁명의 이름으로 처단하는 데 앞장섰던 인물로서, 그러한 기억 때문에 괴로워하면서도 자신의 행동은 정당방위였다고 변명하는 이중적 태도를 보인다. 또한 당통의 숙명론적 입장은 "우리는 보이지 않는 힘에 의해 끈으로 조종되는 꼭두각시에 지나지 않는다"는 식으로 자신의 잘못에 대해 합리화하는 명분이 된다.

로베스피에르는 공화정 수립이라는 혁명의 완수를 위해 장애가 되는 세력들, 여기서는 특히 혁명 자체에 회의를 품고 혁명을 무로 되돌리려는 당통의 제거에 나선다. 그의 입장은 퇴폐와 안일에 빠져 더 이상 혁명의지를 보여주지 않는 반민중적 세력에 대한 비판이라는 점에서 타당한 면을 보이기도 한다. 그의 무기는 공화주의와 도덕이다. 그러나 로베스피에르의 공화주의는 민중들의 비참한 현실을 개선할 능력도 관심도 없는, 이념을 위한 이념으로 그려지며 오로지 정적들을 제거하기 위한 명분이 될 뿐이다. 오히려 이러한 살해 의식을 이용해 굶주림과 혁명에 지친 민중들의 불만을 자신들에게서 돌리려고 한다. 또한 그가 내세우는 도덕 역시 자신을 선과 동일시하면서 자신에게 반대하는 자를 모두 악, 즉 혁명의 적으로 간주함으로써 독재의 수단으로 전락하고 만다는 것을 보여준다. 심지어 그의 주변 인물들이 당통을 죽이기 위해 온갖 불법적인 방법을 동원하는 등 부도덕한 행위를 자행하는 모습을 보여줌으로써 그의 도덕성마저 허약하기 짝이 없는 것으로 드러난다.

그러나 혁명세력뿐 아니라 『당통의 죽음』에 등장하는 민중 역시 모순적인 모습으로 그려진다. 민중들에게서 더 이상 혁명적인 모습은 찾아볼 수 없고 난폭하고 공격적인 모습만 보일뿐이며, 이데올로기적 선동에 쉽게 흔들리는 주체적이지 못한 존재로 나타난다. 그러나 민중들의 이런 모습은 사실상 굶주림과 혁명지도층에 대한 배신감과 분노에서 비롯된 것이라는 점 또한 거듭 드러나면서, 로베스피에르와 당통 모두에 대한 대립점을 이룬다. 또한 이들이 이데올로기적 선동에 이용당하는 모습은 주체적이고 비판적인 의식을 갖지 못한 민중들에 대한 비판이자, 동시에 민중들과 유리된 채 자신들의 정치적 목적을 위한 수단으로 민중들을 이용하는 지도층에 대한 비판으로 볼 수 있다.

이처럼 『당통의 죽음』에서 로베스피에르의 전체주의는 당통의 개인주의와 인간적 면모를 통해 상대화되고, 반대로 당통의 허무주의와 부르주아적 태도는 로베스피에르의 공화주의에 의해 상대화되며, 또다시 이 둘의 입장은 민중들에 의해 상대화되고, 민중들 자신도 자기 모순적 태도를 통해 상대화된다. 뿐만 아니라 당통 자신도 죽음을 찬양하는 태도를 보이다가 바로 이어서 자신의 죽음을 인정하지 못하는 태도를 보이는 등 자가당착적인 모습을 보인다. 냉혹한 로베스피에르 역시 자기성찰적 모습을 보이는 등 각각의 인물들 자체도 모순적인 모습을 통해 상대화된다.

그밖에도 카미유와 에로 등의 이상적 혁명의 이념, 뤼실과 줄리 등 여성 인물들의 역할, 죽음과 자연의 필연에 관한 철학적 문제, 성적 쾌락과 인간 본성의 문제 등 수많은 등장인물들만큼이나 다양한 목소리를 통해 다양한 문제들을 제기하고 있다.

그런 점에서 『당통의 죽음』은 혁명에 관한 드라마이지만 혁명적 드라마는 아니라고 할 수 있다. 즉 현실을 비판하고 독자들로 하여금 혁명에 나서도록 하기 위한 드라마가 아니라, 프랑스혁명의 실패한 국면에 대한 성찰을 통해 뷔히너 당대의 현실과 혁명의 가능성에 대해 성찰하도록 하려는 작품이라고 할 수 있을 것이다.

뷔히너는 독일에서의 혁명을 위해 실천적인 활동을 하였지만, 문학실천과 정치활동을 구분하여 문학이 현실을 변혁시킬 수 있다는 생각은 잘못이라고 보았다. 그는 단지 문학을 통해 현실의 모순을 있는 그대로 드러내고 독자들로 하여금 스스로 성찰을 하도록 할 뿐이다. 그런 점에서 뷔히너는 진정한 리얼리스트로 불린다. 『당통의 죽음』은 오늘날의 독자들에게도 혁명과 역사, 그리고 인간에 대해 깊이 있는 문제의식을 제기하는 시의성 있는 작품으로 읽힌다.

5. 더 읽을거리

작가가 죽은 후 미완성으로 남아있다가 1879년에야 출간된 희곡 『보이체크』는 『당통의 죽음』과 더불어 뷔히너의 작품 중에서 가장 많이 공연되고 논의되는 작품이다. 『당통의 죽음』이 실제 역사적 사건과 인물들을 바탕으로 하고 있듯이 『보이체크』 역시 당시 살인사건을 저지른 보이체크의 실제 이야기를 바탕으로 하고 있다. 말단 직업군인인 보이체크는 당시 사회의 최하층 계급으로, 19세기 초반 빈부격차가 심화되어가는 불평등한 사회현실에서 소외당하고, 결국 그로인해 파멸해간다. 『당통의 죽음』에서도 부분적으로나마 드러났던, 억압 받고 소외된 민중과 사회적 대립에 대한 뷔히너의 관심이 여기서도 일관되게 반영되고 있으며 마찬가지로 사실주의적 접근 방식과 개방적 형식을 보여준다.

뷔히너의 희곡을 영화화한 것은 아니지만 당통과 로베스피에르의 갈등을 다루고 있는 점에서 제라르 드빠르디유 주연의 영화 〈당통〉(1983)과 비교해보는 것도 흥미로울 것이다.

✣ 작품 이해를 위해 생각해볼 문제들 ✣

1. 1막 2장에서 그려진 시몽 가족의 모습을 통해서 드러나는 민중의 현실은 어떠한가?

2. 1막 3장에서 "이 공화국의 무기는 공포요, 공화국의 힘은 미덕"이라는 로베스피에르의 주장에 대해 생각해보자.

3. 향락주의를 옹호하며 로베스피에르의 도덕을 비판하는 당통의 입장은 어떻게 이해할 수 있는가?

4. "가면을 벗으면 얼굴들도 함께 벗겨질 거야"라는 당통의 말은 무슨 뜻인가?

5. 2막 7장에 일파를 숙청하기 위한 로베스피에르와 생쥐스트의 논리를 요약해보자.

6. 작품에 드러난 당통과 로베스피에르의 입장을 각각 정리해보자. 서로 대립하는 것으로 등장하는 두 인물의 근본적인 차이점은 무엇인가?(학생들이 각자 하나의 입장을 택하여 그 인물의 입장에서 서로 토론을 해보자.)

7. 로베스피에르가 당통을 제거하기 위해 내세우는 근거와 실제 이유는 무엇인가?

8. 로베스피에르 일파가 당통을 제거하기 위해 보여주는 행동들은 어떠한가?

9. 3막 10장에서 드러나는 시민들의 태도에 대해 설명해보자. 혁명가들의 선

동에 좌지우지되는 주체적 의식을 갖지 못한 시민들의 모습에 대한 비판인가, 시민들과 거리가 멀어져버린 혁명 주동세력들에 대한 비판인가?

10. 혁명가들의 생각과 민중의 현실은 어떤 차이가 있는가?

11. 당통은 죽음에 대해 어떠한 입장인가? 또 자신의 죽음에 대해서는 어떠한 태도를 보이는가?

12. 단두대에서 처형 당하는 인물들에 대해 보이는 민중들의 무관심한, 심지어 즐기는 듯한 태도는 어떻게 설명할 수 있을 것인가?

13. 작품의 끝부분에서는 중심이 혁명가들에서 그 부인들에게로 옮겨가는데, 작품에서 그려진 여성들의 모습에 대해 생각해보자.

14. 창녀인 마리온은 몸을 파는 부도덕한 여성이지만, 자신의 욕망에 충실한 자연 그대로의 순수한 존재로 나타난다. 이 여성에 대한 묘사는 어떻게 이해할 수 있으며, 이러한 여성을 등장시킨 것은 무슨 의미인가?

15. 마지막에 뤼실이 "국왕 폐하 만세!"를 외치는 것은 무슨 의미인가?

16. 『당통의 죽음』에서 다루어지는 시기는 프랑스대혁명의 역사에서 어느 시기에 해당하는가? 작가가 하필 그 시기를 다루었던 이유는 무엇일까?

17. 고대 그리스 · 로마의 영웅이나 사건, 신화들에 대한 비유가 많이 사용되는데 이는 어떠한 의미를 지니는가?

18. 혁명과 공포정치의 경계는 어디인가? 혁명의 이상과 개인의 행복은 어떤 관계에 있는가? 민중이란 어떤 존재인가? 이와 같은 주제에 대해 우리의 현실을 두고 논의해보자.

Fontane

『마틸데 뫼링』

테오도르 폰타네
(1819-1898)

1. 작가 소개

폰타네(Theodor Fontane, 1819-1898)는 아버지처럼 약사였다. 그러나 1849년 약사를 그만두고 1859년까지 간간이 관청일을 도와주며 지냈다. 1855년부터 1859년까지 영국 통신원으로 활동하였으며, 1860년부터 10년 동안 베를린의 〈크로이츠 차이퉁〉지의 편집부에 근무하였다. 이후 거의 20여 년 동안 신문에 연극비평을 기고하였다.

만년에 그는 19세기 후반의 독일 사회를 분석적이고 객관적으로 성찰하는 많은 작품들을 창작하였다. 그는 18편의 소설을 썼는데 그 중 16편이 당시 사회를 배경으로 한 작품이었다. 귀족 출신의 장교와 세탁부의 양녀와의 사랑을 다룬 『얽힘과 설킴』(1888)은 결국은 신분의 차이를 극복하지 못하고 다른 귀족 출신의 여자와 결혼하는 것으로 끝난다. 명예를 중시하는 남작이 오래 전에 있었던 부인의 간통을 알게 되어 부인의 옛 정부를 죽이고 부인과도 이혼하게 되고, 그 부인은 비참하게 죽어간다는 내용의

『에피 브리스트』(1896), 간통사건을 다룬 또 다른 소설 『세실』(1886)과 『간통녀』(1882) 등도 "결혼은 질서다"라는 폰타네의 신념에 걸맞게 전통적인 인습과 규범의 벽을 넘어서지 못하고 그 제약 속에 순응하고 살아가는 상황을 묘사하고 있다. 마지막 소설인 『슈테힐린』(1898)에서도 보수주의와 새로운 사회주의 이념이 첨예하게 대립하고 있던 당시 상황에서 보수와 진보의 균형을 강조하고 있다. 폰타네는 전통적인 인습이 지배하고 있는 기존 사회와 그 사회질서 속에서 살아가는 개개인의 긴장을 묘사하는 데 초점을 둔 것이 아니라, 균형을 강조하여 그 긴장을 개인이 사회적 인습에 순응하는 식으로 조화를 추구한다.

2. '사실주의'에 대하여

사실주의라는 개념은 다층적이다. 문체 양식으로서의 사실주의는 이미 고대 이래로 지속적으로 존재하였다. 그러나 19세기에 들어오면서 정치적 · 사회적 변혁과 자연과학의 발전, 급속한 산업발전 등을 통하여 사회현실에 많은 관심을 가지게 되었고, 이를 비판적으로 묘사하려는 분위기가 고조되었다. 사실주의자들은 이상주의(고전주의와 낭만주의)에 등을 돌리고, 체험 가능한 것과 검증 가능한 것을 표현하려 하였다. 사실주의 문학에서 환상을 배제한 작가는 중립적인 시각을 가지고 등장인물들의 삶을 가능한 한 객관적으로 표현한다. 그러나 현실을 단순히 모사하는 데 그치는 것이 아니라 개인과 사회의 삶을 규정하는 여러 가지 힘들 사이의 갈등을 직시하고 이를 담아내는 데 주력하였다.

2.1. 시대적 배경

19세기 중반 무렵에는 산업화가 급진전되었고 자본주의가 확대됨으로써 이에 따른 여러 가지 사회문제들이 대두되었다. 변화된 사회에 대하여 다윈의 진화론, 포이어바흐와 마르크스의 유물론 등이 새로운 시각을 제시하였다. 시대 개념으로서의 사실주의는 이전의 전통, 문학 형식, 언어에 대한 특수한 인식이 전제적으로 요구되던 고전주의나 낭만주의와는 달리 일상적인 인간의 문제, 즉 특정하게 규정된 사회적 역사적 맥락 속에서의 개인을 쉬운 문체로 서술하였다.

2.2. 시적 사실주의

독일의 사실주의는 현실을 무자비하게 직접적으로 기술하는 프랑스의 사실주의와는 거리를 두었기 때문에, 사실주의라는 용어 앞에 '시민적', '시적'이라는 수식어가 붙는 특수한 형태를 띠었다. 물론 이러한 현상은 19세기 독일의 특수한 상황과 밀접한 관련이 있다. 고전주의와 낭만주의적 전통이 아직 커다란 영향력을 행사하고 있었고, 괴테와 쉴러는 여전히 당대 작가들의 전범이었으며, 또한 1871년 비스마르크가 독일을 통일하기 전까지 독일은 영방으로 분열되어 산업화가 더디게 진행되었고, 지역적 특수성과 목가적 상황이 비교적 오랫동안 유지되었기 때문이다.

또한 당시의 독자들은 척박한 현실에서 잠시나마 눈을 돌려 오락거리를 찾으려 했기 때문에 많은 출판사에서는 사회문제를 '사실적으로' 모사한 작품들을 거부하였다. 그리하여 이 시기의 많은 작품에서는 사회적 불평등에 대한 비판을 찾아보기가 쉽지 않다. 당대의 사실주의 작가들은 종종 평범한 일반 시민을 주인공으로 내세워 시민계층의 가치나 이상을 표현하고자 하였다.

2.3. 자연주의

19세기 말 사실주의가 극단화된 형태를 자연주의(1880~1900)라고 볼 수 있는데, 자연주의에 가서야 사실주의 본래의 이념이 철저하게 구현되었다. 졸라의 작품과 텐느의 환경결정론의 영향을 받은 자연주의 작가들은 시민의 의식에서 일반적으로 배제되었던 영역, 결정론이 잘 표현될 수 있는 영역, 즉 알콜 중독, 성병, 범죄, 가정의 파탄 등의 사회문제에 관심을 기울였다. 그러나 염세주의에 기반한 자연주의 작가들이 사회적 불평등이나 권위적 질서에 저항하기는 하였으나, 어떤 해결책이나 미래에 대한 희망(정치운동으로 연결시키거나 구체적인 목표나 전략)도 제시하지 못하였다.

3. 작품 해설

3.1. 19세기 어느 독일 여성의 삶의 방식

현실적인 셈이 빠르며 그다지 매력적이지 않은 마틸데는 어머니와 함께 베를린에서 살고 있다. 아버지가 돌아가신 이후 경제적인 이유로 세들어 사는 집의 방 하나를 비워 하숙을 친다. 이 방에 들어온 사람은 '후고' 라는 귀족 가문의 법학도인데, 그는 정작 학업보다는 연극과 문학에 관심이 많다. 마틸데는 후고를 신분상승의 도구로 생각하고 그와 결혼하게 된다. 후고 또한 그녀가 자신에게 필요한 존재라는 것을 인식한다. 그녀는 후고가 시험에 합격하도록 돕고, 열심히 신문광고를 조사하다가 볼덴슈타인의 시장 모집 공고를 보고 후고가 시장이 되도록 힘쓴다. 그가 시장으로 부임한 이후에도 그녀는 후고의 그림자가 되어 후고의 입지가 강화되도록 노력한다. 하지만 오래지 않아 후고는 심한 폐렴에 걸려 죽고 만다. 베를린으로 돌아온 그녀는 교사 시험에 우수한 성적으로 합격하고 홀로서기에 성공한다.

〈포츠담에 있던 폰타네의 작업실〉(마리 폰 분젠, (1898)

이 소설은 폰타네가 1890년에 완성(미완성이라는 견해도 있음)하고 사후인 1906년에 발표되었다. "전통적인 인습이 우리의 행동을 규정한다"는 생각이 관철된 폰타네의 다른 작품과는 달리, 이 작품은 셈이 빠른 여주인공이 홀로서기를 하는 모습을 그리고 있다.

3.2. 인물 간의 관계

* 마틸데와 어머니: 두 사람의 관계에서 마틸데가 주도적인 역할을 한다. 모든 일에 대한 판단과 집안일도 모두 그녀가 처리하기 때문에 어머니가 마틸데에게 어느 정도 종속되어 있는 듯 보인다. 마틸데는 어머니를 위해서 많은 것들을 포기한다. 두 사람의 대화에서 의견이 상충되는 경우를 많이 볼 수 있다. 마틸데는 자신이 하는 말에 대한 확신이 있으며, 매사에 긍정적이고, 자신의 판단을 굳게 믿는다. 반면 어머니는 매사에 걱정이 많고 마틸데의 의견에 대해 부정적인 견해를 많이 드러낸다. 어머니는 후고

가 죽은 다음 마틸데가 백작과 재혼하기를 바라지만 마틸데는 그 의견을 무시하고 홀로서기를 한다.

* 마틸데와 후고: 소설의 중심축을 이루고 있는 이 두 인물의 관계는 서로를 자신의 이익을 위한 목적으로 삼는 관계이다. 마틸데는 후고를 통하여 소시민에서 시장의 부인이라는 신분상승의 목적을 이룬다. 나약하고 우유부단한 성격이며 미학적 감수성이 풍부하여 법학보다는 연극에 관심이 많았던 후고는 마틸데의 도움으로 자신의 꿈을 포기하고 사법관 시보가 되기 위한 국가고시 준비에 몰두하여 마침내 작은 도시의 시장이 된다.

* 후고와 리빈스키: 리빈스키는 후고의 알터 에고(alter ego: 제2의 자기, 분신, 둘도 없는 친구)이다. 두 사람은 법학도이면서 문학과 연극을 좋아하는 공통점을 지녔다. 학업을 포기하고 연극배우가 되어, 예술가로서 인습에 얽매이지 않고 문화와 미를 향유하며 생활하는 리빈스키는, 후고가 꿈꾸었지만 감히 실행하지 못했던 이상적인 삶을 살아가고, 후고는 그런 그를 계속 동경한다.

* 마틸데와 리빈스키: 후고로 인해 맺어진 인간관계이지만 극단을 이룬다. 현실적이고 계산적인 마틸데에게 미학적인 세계로 후고를 유혹하는 리빈스키가 탐탁하게 보일 까닭이 없다. 그녀와 후고의 관계를 공고하게 만드는 데 있어서 리빈스키는 위험한 걸림돌임을 간파하고 있음에도 리빈스키와 좋은 관계를 유지하는 일이 필요하다고 판단한다. 후고와 결혼하고 그를 손아귀에 쥐기 위해서는, 그리고 후고를 리빈스키를 포함한 연극의 세계와 단절시키고 현실생활에 충실한 사람으로 만들기 위해서는, 그녀가 후고를 어떻게 '훈련' 시켜야 할지 분명히 알고 있기 때문이다.

3.3. 마틸데와 후고의 결혼생활

19세기의 독일사회는 가부장적인 사회였다. 그러한 사회에서 모든 일에서 주도권을 행사하는 마틸데와 같은 여성은 19세기 독일사회의 전형적인 여성상이라기보다는 오히려 도발적인 인물상이다. 폰타네가 이 작품을 생전에 발표하지 않은 이유도 이러한 여성상이 불러올 수 있는 사회적 파장을 고려했기 때문일 수도 있다.

후고가 방을 보러 왔을 때 마틸데는 그가 다시 올 것이라는 것과 그의 성격이 우유부단하다는 것을 확신에 차서 어머니께 이야기한다. 그 밖에도 여러 일들에서 마틸데는 예리하면서도 냉철한 추리력으로 사태가 앞으로 어떻게 진행되고 그 결과가 어떠하리라는 것을 정확히 예측해 낸다.

후고의 판단에 따르면 마틸데는 옆 얼굴을 제외하면 예쁜 구석이라고는 없는 아가씨지만, 임기응변에 능하고 실리적이며, 게다가 영리하고 대담하며, 흔들리지 않는 성격에다가 속이 깊고 이지적이고 도덕적이어서 누구나 행복하게 해 줄 수 있는 사람이라고 생각한다. 그래서 그는 마틸데에게 청혼하게 된다.

그러나 마틸데는 그의 청혼에 대하여 사랑의 증표로서 연극세계를 떠나 국가고시에 합격할 것을 전제로 승낙한다. 이 소식을 어머니께 전하는 과정에서 어머니가 그가 가진 것이 있느냐고 질문을 하자 그녀는 다음과 같이 말한다.

> "아직은 없어요, 어머니. *하지만 제가 먼저 그를 손 안에 넣기만 하면*, 그 말은 신과 사람들이 보는 앞에서 제대로 약혼을 하게 되면, 그러면 그렇게 될 거예요. 그는 마치 단상 위에 이미 올라가 있는 사람처럼 보이거든요. 그런 사람은 항상 목적지에

도착해요. *제가 그를 도착하게 할 거예요.*"(강조는 필자)

이 대목에서 마틸데는 후고의 모든 것을 이미 파악하고 있으며, 약혼이라는 관계로 그녀가 그에게 최소한의 권리를 행사할 수 있는 입장이 되기만 하면, 그를 그녀 자신의 의지대로 이끌어갈 것이라고 확신한다.

약혼을 한 다음 마틸데는 후고에게 일주일간의 크리스마스 휴가를 허락하고 그와 얼마간 즐겁게 지내주기로 결심한다. 이것은 후고에게 마틸데가 의무와 질서만 중시하는 것이 아니라 삶을 향유할 줄도 아는 훌륭한 배필감이라는 점을 확신시켜 주고, 휴가 이후 시험공부에 더욱 매진하도록 만들려는 의도가 철저하게 깔려있는 계획이었다. 이는 후고를 그녀의 배려와 사랑에 붙들어 매어두기 위한 미끼였던 셈이다. 이러한 마틸데의 행동에 대해 후고는 그녀가 이성뿐 아니라 "고상하고 행복에 대한 기대감"을 주는 사람으로 인식하고 그녀에게 감사하는 마음을 갖게 된다.

소위 '채찍과 당근'으로 마틸데는 후고를 세심하게 배려하여 마침내 시험에 합격하게 만든다. 현실적인 감각과 생활력이 결여된 후고는 자신을 적절하게 조종해주는 사람이 있다는 것에 대해 기쁨을 느낀다. 합격 후 그녀는 매일 독서실로 출근하다시피 하여 신문 광고에서 후고에게 걸맞는 소도시의 시장 자리 구인광고를 찾아내고 마침내 후고를 그 도시의 시장으로 만든다. 시장의 부인이 되어서도 마틸데는 후고 몰래 후고의 이름으로 신문에 기사를 내어 후고의 지위와 평판을 확고히 하는 데 기여하며, 여러 가지 업무나 사태를 정확하게 판단하여 조언해 줌으로써 후고에게 큰 도움을 준다.

한편 마틸데는 후고와 어머니의 방문에 관해 의논하는 도중에 자신들은 소위 '상류계급' 에 속하는 사람들이기 때문에 어머니가 찾아와서 웃음거리가 되기보다는 일 년 후에 어머니를 방문하자고 제안한다. 그녀의 이러한 생각에서 신분 상승과 신분의 유지를 위해 그녀가 얼마나 신경을 쓰고 있는지가 드러난다.

연말의 무도회에서 후고는 폐렴이 도지게 되고 마틸데는 정성을 다해 그를 간호한다. 이러한 정성어린 간호는 후고가 착한 사람이고 자신에게 신분상승을 가져다 준 사람이기에 하는 것이다. 물론 인습에 따른 아내로서의 의무와 사회적 질서에 충실을 기하기 위한 행동으로 볼 수도 있다. 병에서 회복된 후고는 금방 병이 도져 급성결핵으로 발전하여 죽게 된다. 그녀가 후고를 진정으로 사랑한 것은 아니었다는 사실은 후고의 죽음에 대해 그녀가 특별한 감정을 느끼지 못한 데서도 짐작할 수 있다.

후고의 사망으로 인해 마틸데의 신분상승 의지는 한풀 꺾이게 된다. 당시 빌헬름 시대의 사회적 분위기에서는 여성의 지위는 남자의 지위에 전적으로 예속되어 있었고, 이러한 사회적 경직성은 계층 이동을 불가능하게 하는 두터운 장벽이 된 것이다.

후고의 장례식이 있던 날 마틸데는 어머니께 보내는 편지에서, 어찌되었든 어머니를 먹여 살릴 테니 걱정 마시라고 안심시키는 강인한 생활력을 보여준다. 어머니는 사회적 신분과 경제력이 담보되는 노백작과 마틸데가 재혼하기를 바랐으나 마틸데는 교사자격 국가고시에 우수한 성적으로 합격을 하고 홀로서기를 한다.

작가는 중심인물인 23세의 마틸데가 후고를 만나 결혼하고 미망인이 되기까지의 과정을, 그녀의 장점을 부각시키거나 그녀의 행위를 정당화하는 것이 아니라, 중립적이고 객관적인 시각으로 담담하게 그려냄으로써 소시민의 생활 모습과 신분상승 의지 그리고 당시 사회적 분위기와 사회적 한계를 보여주고 있다. 19세기의 여성답지 않게 현대적인 여성상의 면모를 많이 지닌 마틸데는 오늘날의 시각으로 보더라도 공감할 수 있는 부분도 많고 또 시사점도 많이 제시해 준다.

3.4. 여성 해방

빌헬름시대 가정과 사회에서 여성의 가치는 자녀 양육, 남편과 자식 돌보기, 교회에서 규정한 도덕율 준수 등을 의미하는 소위 '세 개의 K' (Kinder 아이, Küche 부엌, Kirche 교회)로 규정되었고, 이러한 가치규정은 제2차세계대전 이전까지도 명맥을 유지하였다.

그러나 마틸데는 당시의 일반적인 여성과는 여러 가지 차이점을 보여준다. 마틸데는 성실, 근면, 청결, 질서, 교양, 의무 등과 같은 기준을 중시한다. 어머니를 돌보고, 모든 일을 주도권을 가지고 결정하며, 후고가 병이 나자 세심하게 돌보아 준 점 등을 고려할 때, 당시의 평균적인 여성상보다는 오히려 남성상에 더 가까운 인물이다. 그녀는 '잘 배웠고', '훌륭한 증명서' 도 있으며, 아버지가 더 오래 사셨다면 지금쯤 '여교사' 가 되어 있을 것이란 어머니의 말에서, 그녀는 19세기의 전형적인 여성과는 달리 어느 정도 교육을 받았고 교양도 갖추고 있음이 드러난다. 이러한 교양은 후고가 국가고시를 준비할 때 도우는 과정에서도 여실히 증명된다.

후고가 죽고 나서야 마틸네는 진정한 여성해방의 길을 걷게 된다. 당시 결혼한 여성은 남편 가정의 일원으로 귀속되기 때문에 후고가 살아있을 때 그녀의 자리는 가정이었다. 그러나 연금을 받는 시장의 미망인이라는 사회적 지위를 가진 그녀는 자식도 없고 사회적으로 책임을 져야 할 것이

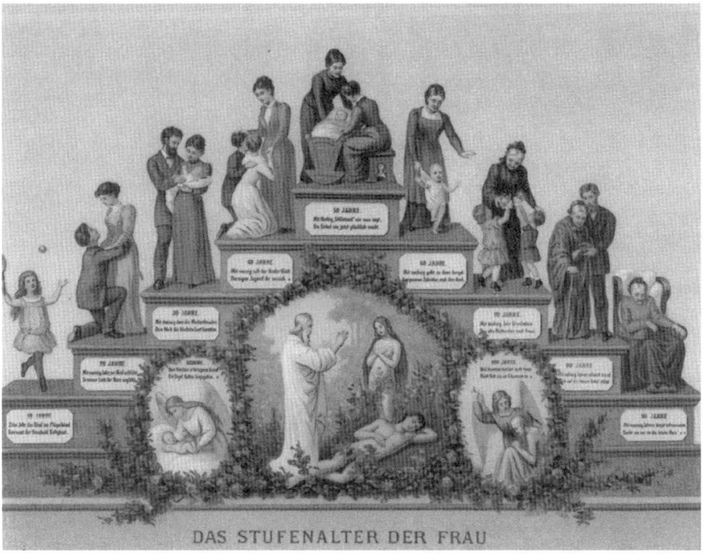

〈여자의 일생〉(라이프너, 1900년경)

없는 자유로운 존재가 된 것이다. 노모를 부양해야 하고, 두 사람이 생활하기에는 연금이 충분하지 않지만 그녀는 잘 해나갈 수 있으리라 확신한다. 그래서 어린 시절의 꿈이었던 교사가 되어 자아실현을 한다. 물론 결말 부분에서 마틸데가 새로운 생활에서 만족을 하고 탄탄한 기반을 확립했는지는 나타나지 않는다. 어쨌든 시장의 미망인이라는 신분과 연금 덕분으로 교사 자격증을 획득하였다. 어머니의 권유처럼 노백작과 결혼하여 남성의 지위와 경제력에 의지할 수도 있었으나 그 길을 가지 않았다. 또한 혼자의 힘으로 잘 해나갈 수 있으리라는 미래에 대한 확신을 가지고 있기 때문에, 당대 사회의 다른 여성들과는 달리 더 이상 남성의 지위와 경제력에 의존함이 없이 독자적인 삶을 영위할 수 있다는 의미에서, 여성 해방운동의 맹아를 보여주고 있다.

4. 더 읽을거리

위에서 언급한 폰타네의 다른 작품들뿐 아니라, 아달베르트 슈티프터의 『늦여름』(1857), 테오도르 슈토름의 『임멘호』(1850), 『백마의 기사』(1888), 고트프리트 켈러의 『젤트빌라 사람들』(1856-1974) 등도 읽어서 현대의 문턱인 당대 사회의 모습과 그 속에 살았던 인간들의 갈등을 살펴본다면 오늘날 우리 사회의 갈등과 모순을 이해하는 데도 도움이 될 것이다.

이 작품을 영화화한 것으로는 〈마틸데 뫼링〉(롤프 한젠, 1945), 〈마틸데 뫼링〉(클라우스페더 비트, 1969, 텔레비전 영화), 〈마틸데 뫼링〉(카린 헤르허, 1983, 텔레비전 영화)가 있다.

✣ 작품의 이해를 위해 생각해볼 문제들 ✣

1. 다음은 후고 그로스만이 마틸데에게 청혼하는 장면이다.

   1.1. 다음 글을 중심으로 후고와 마틸데의 성격을 비교해보자.

   1.2. 후고와 마틸데의 결혼관에 대해서 토론해보자.

   1.3. 후고와 마틸데의 성격을 보여주는 다른 부분들도 제시해보자.

> "틸데 양, 당신은 항상 한결같이 나에게 호의를 보여주는군요. (……) 우선 쟁반을 치워놓아요. 그리고 자, 나에게 당신의 사랑스런 작은 손을 줘봐요. 그것이 작은 손이기 때문이지요. 그리고 나와 함께 창가로 가서 거기서 나와 함께 구름을 봅시다. 구름이 달을 스쳐 지나가고 그렇게 스쳐 지나가면서 다시금 밝아지는 광경을 보도록 합시다. 그것이 무엇을 의미하는지를 생각해 볼 수 있겠지요. 하지만 그런 것이 없어도 됩니다. 당신 손은 작으니까 작은 손이라고 할게요. 내가 그 작은 손을 계속 잡고 있어도 되는지, 오래도록 평생을 그래도 되는지를 당신에게 묻겠습니다."
>
> "(……) 그리고 당신은 방금 달을 우리 대화에 끌어들였어요. 그로스만 씨, 달은 당신을 위해서 아무런 소용이 없어요. 당신에게는 태양이 필요해요. 태양이 더 많은 힘을 주거든요."
>
> "아마 그럴지도 모릅니다. 하지만 그 말은 대답이 아니지요, 틸데 양. 당신은 저에게 '예' 나 '아니오' 로 말해야 합니다."

"그렇다면 '예'에요. 앞으로 시간이 오래 걸릴 테지만요. 기나긴 약혼 기간이 되겠지요."

2. 마틸데의 신분상승 욕구가 드러나는 대목은 어느 부분인가?

3. 5장 연극공연 부분에서 살펴보자.

   3.1. 리빈스키는 후고에게 극장표를 세 장 준다. 그러나 나란히 붙은 옆 좌석이 아니다. 그런 표를 준 의도는 무엇인가?

   3.2. 후고는 공연 동안 그리고 공연 후 어떤 태도를 취하는가? 마틸데와 어머니는 늦은 시간까지 누굴 왜 기다리는가?

4. 후고가 볼덴슈타인의 시장으로 재임하고 있던 중 마틸데는 어머니의 방문에 관해 그와 의논을 하다가 결국은 어머니를 초대하지 않는 것으로 결정한다. 그 이유는 무엇인가?

5. 마틸데의 행동과 성격에는 가부장적인 당시 사회와는 어울리지 않은 측면도 있고 부합되는 측면도 있다. 각각에 대해 구체적인 사례를 제시해보자.

6. 마틸데를 오늘날 우리 사회에서의 여성과 비교해보자. 마틸데를 현대적인 여성이라고 볼 수 있는가?

7. 이 작품에는 여러 형태의 '계산 모티프'(주로 마틸데를 중심으로)가 등장하고 있다. 구체적인 사례를 있는 대로 제시해보자.

8. 위의 '계산 모티프'와 연관하여 오늘날 우리사회의 결혼관(남녀 결혼관의 차이)에 관하여 토론해보자.

9. 오늘날의 여성해방운동의 관점에서 마틸데의 삶을 살펴볼 때, 긍정적으로

평가할 수 있는 부분과 부정적으로 평가할 수 있는 부분은 무엇인가?

10. 이 작품이 당시 속물 시민을 묘사하고 있는 것이라고 볼 수 있는가? 그렇다면 등장인물 가운데서 소시민의 속물적 성격이 가장 부각되고 있는 인물은 누구이며, 어떠한 점에서 그러한가?

Mann

『토니오 크뢰거』

토마스 만
(1875-1955)

1. 작가 소개

토마스 만(Thomas Mann, 1875-1955)은 북독일의 항구도시 뤼벡(Lübeck)의 부유한 곡물무역상 집안에서 태어나 20대 초반부터 소설을 발표하기 시작했다. 가족사적 요소가 강하게 투영된 첫 장편소설 『부덴브로크 일가』(1901)는 토마스 만 초기소설의 핵심주제라 할 수 있는 시민정신과 예술정신의 갈등을 다루고 있다. 『마의 산』(1924)은 제1차세계대전 직전의 시기를 시대적 배경으로

1900년경의 토마스만(오른쪽)

몰락의 위기에 처한 유럽 정신사에 대한 비판적 진단을 시도한 대표작이다. 그밖에 구약성경의 설화를 소재로 선악의 대립과 갈등을 다룬 4부작 장편대하소설 『요셉과 그의 형제들』(1933-1943), 한 천재적인 음악가를 주인공으로 설정하여 히틀러의 파국을 초래한 독일정신의 비극을 다룬 『파우스트 박사』(1947) 등의 대작을 남겼으며, 1929년 노벨문학상을 수상하였다. 1933년 히틀러 집권 후 스위스로 피신해 있다가 1938년 미국으로 망명했고, 종전 후 스위스로 귀환하여 여생을 보냈다.

2. 작품 해설

2.1. 작품의 구성과 형식적 특징

토마스 만은 『토니오 크뢰거(*Tonio Kröger*)』를 중단편소설 장르의 한 갈래인 '노벨레(Novelle)'로 분류했다. 원래 노벨레는 괴테의 정의에 따르면 '전대미문의 진기한 사건'을 '극적인 방식'으로 구성하는 것을 기본 특징으로 한다. 『토니오 크뢰거』는 노벨레에 대한 그러한 전통적인 정의에서 크게 벗어나 있다. 기상천외한 사건도 등장하지 않고, 극적으로 구성되어 있지도 않기 때문이다. 훗날 토마스 만은 『토니오 크뢰거』에서 음악적 구성원리를 처음으로 도입했다고 밝힌 바 있는데, 그런 관점에서 작품의 형식을 보면 작가 나름의 방식으로 노벨레를 현대적으로 재해석한 작품이라 할 수 있다. 이 작품의 음악적 구성은 크게 두 측면으로 나누어볼 수 있다. 우선 작품 전체의 얼개는 소나타의 주(主)악장과 유사하게 다음과 같이 구성되어 있다.

1–2절: 발단부

3–5절: 전개부

6–8절: 재현부

9절: 결미

이러한 구성이 이 작품의 '씨줄'이라면 '날줄'에 해당되는 것은 '주도동기(主導動機, Leitmotiv)' 기법이다. 토마스 만은 바그너의 음악에 심취했는데, 바그너의 음악에서 주도동기라는 것은 특정한 멜로디나 화음 혹은 음상(音像)이 동일한 형태로 혹은 변주된 형태로 반복해서 등장하는 작곡기법을 가리킨다. 토마스 만이 즐겨 구사하는 주도동기의 기법은 특정한 대상이나 상황의 묘사, 사물상징, 인용구 등을 반복해서 서술하는 방식이다. 가령 1절에 나오는 고향도시에 대한 묘사는 13년 후 다시 토니오 크뢰거가 고향도시를 방문하는 장면(6절)에서도 거의 그대로 반복된다. 두 장면을 무심코 읽으면 토니오 크뢰거가 13년만에 찾아온 고향도시가 옛 모습 그대로 간직되어 있는 듯한 느낌을 주지만, 사실은 그 반대다. 1절에서는 고향도시에 대한 묘사가 사춘기 문학소년의 애틋한 동경을 감싸주는 아늑한 공간으로 설정되어 있는 반면, 6절에서 외관상 옛 모습을 그대로 간직하고 있는 듯한 고향도시는 막상 가까이 다가갈수록 낯설고 적막한 공간으로 드러난다. 토니오 크뢰거의 생가는 '시민 도서관'과 다세대 주택으로 변해 있고, 심지어 토니오 크뢰거를 알아보는 사람이 아무도 없는 것이다. 따라서 이 경우 유사한 공간 묘사는 과거와 현재를 선명하게 대비시켜주는 구실을 한다.

또한 소년시절 친구들과 함께 댄스 교습을 받는 장면(2절)이 해상여행

중의 댄스파티 장면(8절)으로 반복되는 것도 주도동기 기법에 해당된다. 이 경우에는 소년시절의 예감이 현실로 적중했다는 것을 보여준다. 소년시절 토니오 크뢰거가 동경해 마지 않았던 잉에보르크와 한스는 한 쌍의 연인으로 토니오의 눈앞에서 멋지게 춤을 추며, 반면 토니오와 막달레나는 여전히 잉에보르크와 한스의 세계로부터 소외되어 있는 것이다. 심지어 잉에보르크와 한스는 토니오를 알아보지 못하고, 토니오 자신은 막달레나를 못 알아볼 만큼 제각기 판이한 세계에 속해 있다. 그리고 슈토름(Storm)의 시에서 인용한 구절("난 잠이 오는데, 넌 춤을 춰야겠다는구나")이 반복되는 것도 주도동기 기법의 일종이다. 이 구절을 떠올리면서 토니오는 "사랑하는데 춤을 추지 않으면 안 된다는 굴욕적인 모순"(29면, 102면)을 느낀다. 잉에보르크와 한스를 사랑하지만, 그 둘이 어울려서 추는 '춤'은 토니오가 끼어들 수 없는 생활양식의 대명사인 것이다. 입장을 바꾸어서 보면, 잉에보르크와 한스가 토니오의 '언어'를 결코 이해하지 못하는 것과 동전의 양면을 이룬다. 그런데 잉에보르크와 한스는 토니오의 문학적 열정을 쓸데없는 몽상이라고 '경멸'하지만, 토니오는 그들의 세계를 선망하므로 토니오가 두 사람에 대해 느끼는 사랑의 감정은 '굴욕적 모순'을 동반한다.

2.2. 예술과 삶의 갈등 — '길 잃은 시민'

한스와 잉에보르크에 대한 토니오의 감정은 이중적이다. 한편으로는 '금발'과 '파란 눈'으로 상징되는 (토니오 자신에게는 결핍되어 있는) 그들의 건강한 생활감정을 선망한다. 그러나 다른 한편으로 토니오는 그런 세계가 생존의 욕구와 본능만으로 뭉쳐 있는 속물들의 세계라고 느낀다. 소년기의 토니오는 잉에보르크와 한스를 너무나 선망하기 때문에 그런 생각이 겉으로는 드러나지 않지만, 그 선망의 감정 이면에 숨겨져 있는 문학소년의 자의식은 우회적으로 묘사된다. 가령 토니오와 한스의 '취향'의 차이가 그렇다. 토니오는 한스에게 쉴러의 『돈 카를로스』에 대해 열심히 설명해주는데, 한스는 이머탈이라는 친구가 나타나자 본래의 취향대로 '승마' 이야기만 한다. 귀족적 생활양식의 환유인 '승마'는 토마스 만이 이 작품을 쓰던 시절에 비추어보면, 옛 귀족의 영화를 누리고 싶어하는 벼락부자들의 허황된 생활양식의 한 표본이다. 한스의 아버지가 '목재 적재소'의 사장으로 이 도시의 재력가라는 사실을 상기하면, 한스의 '승마' 취향은 귀족으로 대우받고 싶어하는 벼락부자의 속물근성을 드러내고 있는 것이다.

잉에보르크에 대한 묘사에서도 유사한 대목이 나온다. 한스의 '승마'와 짝을 이루는 '춤' 교습 장면이다. 이 '춤'은 그냥 춤이 아니라 상류층의 '사교 댄스'를 가리킨다. 그 댄스 교사의 이름은 '크나크(Knaak)'인데, 이 가공의 이름은 어떤 사물이 자체의 균형을 잃고 부러질 때 '우지끈' 하는 굉음을 연상케 한다. 그러니까 이 춤 선생이 가르치는 '사교춤'의 '예의범절'은 시대착오적이라는 말이다. 크나크의 스텐트 동작을 보고 토니오가 '원숭이 짓'이라고 생각하는 것도 그런 이유에서다.

이처럼 보통사람들이 '정상'으로 받아들이는 평범한 시민생활에 적응하지 못하는 토니오는 결국 철저한 아웃사이더의 고독을 감내하면서 작가의 길로 정진한다. 북독일의 고향도시를 등지고 남쪽의 도시 뮌헨으로 떠나는 그의 심정은 "자신을 그렇게 오랫동안 품안에 안고 지켜준 그 평범하고 저속한 생활방식에 대해 조소를 금할 수 없었다"(36면)는 말로 표현된다. 그후 13년 동안이나 고향을 찾아가지 않았다는 것은 평범한 시민생활을 그만큼 철저히 외면하고 오직 창작의 외길만 추구했다는 것을 시사

『토니오 크뢰거』 삽화(지몬 E.M. Simon, 1913)

한다.

그렇지만 작가의 길로 접어든 이후에도 토니오의 내면적 갈등이 극복된 것은 아니며 오히려 더더욱 심화된 상태이다. 보통 사람의 '평범하고 저속한 생활방식'을 혐오하면서도 그는 "육체의 모험에 빠져들게 되어 육욕과 뜨거운 죄의 구렁텅이로 깊숙이 추락"(37면)한 상태에서 괴로워한다. 그리고 '냉혹한 정신'과 '소모적인 관능'의 양극단 사이를 방황하면서 '양심의 가책'을 느낀다. 작가로서는 삶에 대해 냉정한 거리를 두고 지적 에너지를 오직 창작에만 쏟아붓지만, 평범한 사람과의 '정상적인 감정교류'를 거부하기 때문에 관능적 욕구는 건강한 사랑의 감정으로 해소되지 못하고 소모적인 육욕으로 발산되는 것이다. 이 양극단의 갈등은 토니오의 자아가 극단적인 분열에 시달리고 있다는 것을 뜻한다. 역설적이게도 삶의 활력을 소모시키고 삶을 피폐하게 하는 바로 이러한 갈등을 토니오 자신은 창작을 위한 창조적 긴장으로 받아들이고 있다.

아달베르트라는 동료 소설가가 '빌어먹을 봄'을 욕하는 이유에 대한 토니오의 설명에서 그 점은 분명히 드러난다. 자연만물을 소생시키는 따뜻한 봄기운은 따스한 인간적 감정을 일깨우기 때문에 냉정한 지적 작업인 창작에 방해가 된다고 보는 것이다. 그래서 토니오는 "예술가가 인간이 되고 느끼기 시작하면 그는 끝장입니다"(45면)라고 말하는 것이다. 그런 이유에서 토니오는 문학은 '소명'이 아니라 '저주'라고 단정한다. 창작을 위해서는 건강하고 인간적인 삶을 철저히 포기해야 하므로 고독과 불행을 숙명으로 감내해야 하는 '저주'인 것이다. 토니오의 이러한 생각은 19세기말의 데카당스 혹은 유미주의 예술관을 대변한다. 진정한 예술은 철저히 삶을 등진 채 오직 예술을 위한 예술이 되어야 한다는 것이다.

그러나 자세히 살펴보면 토니오의 생각은 아달베르트의 생각과는 미묘한 차이가 있다. 아달베르트는 '봄'을 '가장 추악한 계절'이라 욕하고 말지만, 토니오는 이렇게 말한다.

> 실은 봄에는 저 자신도 신경질적으로 됩니다. 저 자신도 봄이 일깨워주는 아름다운 비속성 때문에 혼란에 빠진답니다. 하지만 저는 그렇다고 해서 감히 봄을 욕하고 능멸하지는 못합니다. 왜냐하면 사실 저는 봄 앞에서 저 자신을 부끄럽게 느끼기 때문입니다. 봄이 지닌 순수한 자연성과 그 의기양양한 젊음 앞에서 저 자신을 부끄럽게 느낀단 말입니다.(43면 이하)

비록 창작을 위해 삶의 요구를 외면하고는 있지만, 토니오의 마음 속 깊은 곳에는 아직도 건강한 삶에 대한 동경이 꿈틀대고 있는 것이다. 그런 연유에서 토니오는 자신이 '허무주의자'는 아니라고 말하며, 화가인 여자친구 리자베타에게 '삶을 사랑한다'고 '고백'한다. 리자베타에게 이 '최초의 고백'을 '간직'해달라고 하는 토니오의 어조는 그의 말이 퇴폐적이고 허무주의적인 예술관과 결별하려는 의지의 표명인 동시에 리자베타에 대한 사랑의 고백임을 암시한다. 인간적인 감정을 창작의 방해물로만 보던 토니오가 인간의 감정 중에도 가장 인간적인 감정인 사랑을 고백한 것이다. 섬세하고도 건강한 감성을 지닌 리자베타 역시 이 '고백'의 이중적 의미를 알아들었을 것이다. 그래서 대화의 마지막에서 리자베타는 토니오를 일컬어 '길 잃은 시민'이라고 하는 것이다. 삶을 황폐화시켜서 그 대가로 문학작품을 얻는 '비정하고 냉혹한 탐미주의자'가 아니라 인간적인 삶에 대한 열망을 가슴에 품고 있고 그 열망을 건강한 삶과 창작의 원동력으로 승화시킬 수 있는 작가라는 말이다.

리자베타에 대한 사랑의 고백이 토니오의 새로운 창작의지와 삶의 자세를 행동으로 옮긴 최초의 사건이라면, 고향도시를 다시 찾아가는 행위는 그 두 번째 사건이라 할 수 있다. 그 대목의 디테일 묘사도 토니오와 리자베타의 이심전심을 섬세하게 표현하고 있다. 토니오는 애초에는 덴마크로 여행할 생각이라는 말만 하지만, 리자베타가 어떤 코스를 경유해서 갈 거냐고 묻자 토니오는 그제서야 얼굴을 붉히며 '고향'을 경유한다고 실토한다. 그러자 리자베타는 '바로 내가 듣고 싶었던 말'이라고 토니오의 고향방문 의지를 북돋아주는 것이다. 13년 동안이나 등지고 살았던 고향 즉 태생적 근원을 다시 찾아가는 행위는 토니오가 현실에 뿌리를 내리려는 의지의 표현이기 때문에 리자베타는 토니오의 창작관과 인생관에 모종의 변화가 실현될 수 있는 기대와 희망의 전조로 보는 것이다.

토니오가 막상 고향도시에서 겪는 생소함과 막막함은 아무도 알아보는 사람이 없을 만큼 (심지어 사기혐의 용의자로 오해를 살만큼) 낯설게 변해버린 토니오 자신의 모습을 비추는 거울이라 할 수 있다. 낯선 공간으로 변해버린 생가 역시 토니오가 자신의 태생적 근원으로부터 얼마나 동떨어진 곳으로 멀리 벗어나 있는가를 상기시키는 역할을 한다. 요컨대 자기 자신에게조차 너무나 낯설게 변해 강파른 인상만 남은 자신의 모습을 자각하는, 자기인식의 계기가 되는 것이다.

해상여행에서 잉에보르크와 한스, 그리고 막달레나를 다시 만나는 것도 자아인식을 심화시키는 계기가 된다. 잉에보르크와 한스조차 토니오를 알아보지 못할 정도로 그는 낯선 존재가 되어 있다. 뿐만 아니라 토니오 자신이 막달레나를 '한스의 누이동생'이 아닐까 하고 오인하는 것은, 작가 초년시절 "사람들의 영혼과 자기 자신의 영혼을 들여다볼 수 있게"(36면) 되었나고 오기에 들떠 있던 그의 '날카로운 눈'이, 소년시절 여학생 중에 유일하게 자신을 좋아하던 막달레나조차도 알아보지 못하는 당달봉사의 눈이라는 것을 말해준다. 이러한 계기들을 통해 토니오는 "길을 잃고 황폐화되어 곤비하고 병들어버린 자기 자신"(105면)을 제대로 보게 된다.

이러한 자기인식의 과정을 거쳐 토니오는 리자베타에게 보내는 편지에서 '인간적인 것, 생동하는 것, 일상적인 것에 대한 시민적 사랑'을 가슴에 품고 '더 나은 작품'을 써보겠다고 '약속'한다. '인간의 형상을 하고 있는 허깨비들'이 '마법'을 풀어달라고 애원하는 손짓에 응답하는 새로운 작품을 쓰겠다는 토니오의 '약속'은, 요지경 같은 인간세상의 희로애락을 외면하지 않고 창작의 원천으로 삼겠다는 의지의 표명이라 할 수 있다. 그리고 토니오 크뢰거의 이러한 의지표명은 20대 후반의 작가 토마스 만 자신이 향후 창작의 방향을 다잡는 출사표라 할 수 있다.

3. 더 읽을 거리

초기작 『토니오 크뢰거』는 토마스 만의 대표적인 노벨레로 꼽히는데, 이 작품의 핵심 주제라 할 수 있는 예술과 삶의 갈등은 토마스 만의 문학에서 지속적인 주제로 부각되며 작품마다 다양한 형태로 변주된다.

『토니오 크뢰거』와 거의 같은 시기에 쓴 『트리스탄』(1903)에서 예술과 삶의 갈등은 음악을 매개로 변주된다. 작가로 등장하는 주인공 슈피넬이 클뢰터얀 부인에게 느끼는 에로틱한 감정이 바그너의 오페라 〈트리스탄과 이졸데〉에 대한 열광적 도취의 정서와 병치되어 묘사되고 있다. 『베니스에서의 죽음』(1912)에서는 시인을 주인공으로 등장시켜서 예술가의 내면세계를 비판적으로 분석하고 있다. 다른 한편 『토니오 크뢰거』에서는 아주 짤막하게 언급되고 있는 가족사적 배경을, 장편소설 『부덴브로크 일가』(1901)에서는 작품의 전면에 부각시키고 있다.

⁜ 작품의 이해를 위해 생각해볼 문제들 ⁜

1. 친구 한스가 '토니오'라는 이름을 이상하게 여기는 까닭은 무엇일까?

2. 토니오 크뢰거가 한스와 잉에보르크를 좋아하는 이유는 무엇일까?

3. 무용교사 프랑소아 크나크가 프랑스어로 자기 소개를 하는 것은 어떤 의미를 갖는지 생각해보자.

4. 토니오 크뢰거는 어머니와 아버지의 성품을 어떻게 회상하고 있는가? 아울러 어머니와 아버지의 성품이 토니오 크뢰거의 성격과 인생관 그리고 예술관에 어떤 영향을 주고 있는지 생각해보자.

5. 토니오 크뢰거가 다음의 대사에서 말하려는 '예술가'는 어떤 존재일까?

"예술가가 도대체 남자일까요? 거기에 대해서는 '여자'한테 물어봐야겠지요! 내가 보기에는 우리 예술가들이란 모두들 약간은 교황청의 저 거세된 성가대원들의 운명을 띠고 있는 것 같아요."(45면)

6. 토니오 크뢰거가 "인식의 구토"(52면)라 일컫는 것은 어떤 의식상태를 가리키는 것일까?

7. "온 세계가 말로 표현되면 그것으로 세계가 '처리'된 것이고 구원된 것이며 그것으로 끝났다는 것이지요. 거 참 그럴듯한 생각이지요!"(54면) 토니오가 이렇게 비꼬는 예술관을 다음 구절을 참조하여 설명해보자. "중세가 텍스트를 곧 세계라고 보면서 방황했다면, 현대는 세계를 곧 텍스트라고 보면서

방황하고 있다.”(움베르토 에코)

8. “우리 예술가들은 누구보다도 딜레탕트를 가장 근원적으로 경멸합니다.”(57면) 라는 말에서 ‘딜레탕트’는 어떤 유형의 예술가를 가리키는 것일까?

9. 토니오 크뢰거가 자신의 처지를 ‘햄릿’에 견주는 까닭은 무엇일까?

10. 토니오 크뢰거가 13년만에 자신의 생가를 찾아갔을 때 접하는 장면들 중에 다음과 같은 묘사가 나오는데, 여기서 ‘호두나무’는 어떤 상징적 의미를 갖는지 생각해보자. “정원은 황폐해 있었다. 그러나 그 해묵은 호두나무는 바람을 맞아 힘겹게 우드득거리고 솰솰거리면서 제자리에 서 있었다.”(71면)

11. 토니오 크뢰거가 경찰에 의해 수배중인 사기꾼 혐의를 받으면서도 ‘크뢰거 영사의 아들’이라고 자기 신원을 밝히지 않는 까닭은 무엇일까?

12. 토마스 만은 반어적 스타일 즉 아이러니(Ironie)의 문체를 즐겨 구사하는 것으로 유명하다. 작가의 설명에 따르면 아이러니는 사물의 상반되는 두 측면을 다룰 때 어느 한쪽만 전적으로 부정하거나 긍정하지 않음으로써 양면을 모두 볼 수 있게 해주는 서술방식이다. 그러한 아이러니가 『토니오 크뢰거』에서 어떻게 나타나고 있는지 찾아보고, 그러한 문체적 특징이 토니오 크뢰거의 갈등과 어떤 상관성이 있는지 생각해보자.

13. 토마스 만은 이 작품을 ‘나의 베르테르’라고 하면서 괴테의 『젊은 베르테르의 슬픔』에 견준 적이 있다. 토니오 크뢰거의 성격과 베르테르의 성격이 서로 어떤 유사성 혹은 연관성이 있는지 생각해보자.

Kafka

『변신』

프란츠 카프카
(1883-1924)

1. 작가 소개

1883년 프라하에서 태어나 1924년 빈 근처 키를링 요양원에서 죽었다. 부유한 유대 상인의 집안에서 태어난 카프카는 프라하에서 독일 문학과 법학을 공부하였다. 1906년 법학 박사 학위를 받은 그는 프라하 지방법원에서 짧은 기간 동안 견습생활도 하였다. 1908년부터 1917년까지 보험회사에서 근무하였으며, 나중에는 노동자 산재보험에 관한 일을 하였다. 1917년 결핵에 걸려 결국 1922년 직장을 그만두게 되었다.

카프카는 스스로 이해받지 못하는 고독한 사람이라고 생각하였으며, 가까운 친구로는 사후에 전집을 발간한 막스 브로트와 프란츠 베르펠 정도를 들 수 있다. 여성과의 교제 또한 그에게는 쉬운 일이 아니었다. 1914년 펠리체 바우어와 약혼하였으나 결국 파혼하고 말았으며, 1920년부터 1922년 사이 밀레나 옌젠스카에 대한 이루어지지 못한 사랑이 그에게 많은 고통을 주었으며, 이에 관한 기록은 수많은 편지들에 남아있다. 1923년부터 도라 디아망트와 같이 베를린과 빈에서 살았다. 마지막에는 키를링 요양소에서 지냈으며, 결국 그곳에서 후두부 결핵으로 생을 마감하였다. 그는 유언에서 자신의 미발표 원고를 모두 불태우라고 하였으나 친구인 막스 브로트가 출판을 하여 세상의 빛을 보게 되었다.

2. 작품의 구성

『변신(*Die Verwandlung*, 1915)』은 카프카의 작품 중 비교적 긴 작품에 속한다. 이 작품은 길이가 비슷한 3개의 장으로 구분되어 있으며, 각 장은 주어진 환경(방 안에서의 고립)에서 벗어나려는 그레고르 잠자의 시도로 시작된다. 각 장의 마지막은 그러한 시도가 실패로 돌아가고 가족으로부터 거부당하거나 상처를 입든지 하여 가족과 분리되는 것으로 끝난다. 특히 마지막 장에서는 궁극적인 분리가 일어난다. 즉 그레고르 잠자는 죽게 되고 그의 시체를 치운 가족들은 "새로운 꿈과 좋은 계획"을 꿈꾸며 소풍을 떠난다.

제1장 : 변신된 또는 퇴화된 실존에 적응하는 과정(정체성의 혼란), 직업에 대한 많은

정보.

제2장 : 변신 이후 가족의 개별 구성원과의 관계(아버지, 어머니, 누이), 인간의 속성을 상실하고 점점 더 동물의 형태로 변해감(목소리, 음식 등), 아버지의 폭력.

제3장 : 가족으로부터 완전한 고립. 마지막 탈출 시도.

3. 작품 해설

어느 날 아침 잠을 깨어보니 그레고르 잠자는 해충이 되어 있었다. 프란츠 카프카의 작품 『변신』은 이런 이상한 사건을 별일 아닌 듯 건조하게 보고하면서 시작된다. 돌연한 변신에 부딪힌 주인공도 이를 서술하는 작가도 놀라지 않는다. 변신과 그 이후의 과정이 지나치게 사실적인 세부 묘사로 기록되어 있을 뿐이다.

가족을 부양해야 한다는 책임감이 몸에 배인 그레고르는 변신한 상황에서도 얼른 일어나서 출근을 해야 한다는 생각으로 다급하다. 하지만 가족들은 차츰 상황에 적응하여 자구책을 마련해가고, 변신한 그레고르는 가족의 짐이 되어버린다. 그러다가 아버지가 던진 사과가 등에 박혀 썩어가면서 그레고르는 어느 새벽 조용히 홀로 숨을 거두게 된다. 그레고르가 죽자 홀가분한 마음으로 나들이 가는 가족의 모습을 그리는 것으로 이 작품은 마무리된다.

3.1. 세계에 대한 깊고 새로운 인식

동물로 변하는 변신 모티프 자체는 새로운 것이 아니다. 그리스 신화에서부터 제우스는 늘 이런저런 동물로 변신하고 여러 환상적인 현대문학에서도 변신은 등장한다. 그렇지만 거기서 문제되는 것은 늘 초자연적인 것이 자연적인 차원으로 돌입한다는 점이다. 그러나 카프카의 『변신』은 이와 전혀 관계가 없다.

그레고르 잠자라는 인물이 어느 날 아침 한 마리의 흉측한 해충이 되어 불안한 꿈에서 깨어난다. 엄청남 사건과 간명한 서술방식의 대조는 독자에게 혼란을 준다. 왜 그레고르 잠자가 어느 날 아침 한 마리의 해충으로 변신한 것인지 그 이유는 작품의 끝까지 언급되지 않는다. 독자가 기대하게 되는 어떤 직접적인 해명도 전환도 나오지 않는다. 이러한 부정적인 긴장감은 작품에 대한 독자의 주목을 유지하게 하고 고조시킨다.

카프카가 그린 그림

그리하여 독자는 작품의 전개를 따라가면서 한 마리 해충이 될 수밖에 없던 참담한 상황을 스스로 짐작해 나가게 된다. 그레고르의 억압은 가리워져 있어도 오랜 내연을 가지고 있다. 그 내연을 짚어가면서 독자는 이 짧은 단편에서 무수한 해석의 가능성을 발견하게 된다. 그레고르 잠자는 빚을 지고 있는 가족을 부양하기 위해서 힘겹게 일만 하며 살아왔다. 여기서 변신은 일의 압박으로 가득 찬 일상에서 도피하려는 욕망의 발산일 수 있다. 한편 자동기계 속의 나사같이 되어버린 산업사회의 개인이 스스로를 벌레같이 느끼는 감정은, 카프카적인 서사 속에서 아예 벌레로 변해버린 인간을 등장시키는 것으로 나타난 것이기도 하다.

가족들의 관심과 애정은 그를 아마도 다시 인간으로 변신하게 할 유일한 것일 수 있겠지만, 가족은 그를 철저히 외면한다. 여기서 시민적 가족 이데올로기의 허상이 적나라하게 드러난다. 가족에게마저도 버림받는 산업사회의 개인 소외 상황이 극단적으로 형상화된다. 아버지와 아들의 문제에서는, 아버지에 대한 개인적인 억압의 경험과 위계질서와 익명의 힘에 근거한 사회 전체에 대한 통찰이 교차된다. 아버지와 아들 간의 문제 부각은 사회학적 해석과 함께 심리학적인 해석인 초자아와 자아의 문제로 확장될 수 있고, 그런 관점 하에서는 미약하나마 어머니와 누이의 관계에서의 에로틱의 문제도 도출된다.

무엇보다도 이 작품은 실존주의적으로 읽힌다. 어떤 선택의 여지도 없이 내던져진 인간의 실존이 조명되고 있다. 조용히 숨을 거두는 그레고르에게서는 그 조건들을 받아들이는 유일한 '자유'로서의 죽음을 읽을 수 있다. 누이가 켜는 바이올린 소리에 끌려 그레고르가 던지는, "이렇게 음악이 마음을 울리는데도 내가 한 마리 벌레란 말인가"라는 절실한 물음, 또 '미지의 양식'에 대한 그의 강한 이끌림은 근원적인 존재론적 추구와 맞닿아 있어 신학적 혹은 해석학적으로 이해되기도 한다.

그러나 이런 가능성을 주는 작품 자체에는 아무런 직접적인 해석도 담겨 있지 않다. 믿어지지 않는 어처구니 없는 현실을 지극히 담담하게 또 매우 리얼하게 그리고만 있다. 본문에서는 어떤 미약한 희망조차 제시되어 있지 않지만, 독자는 이 충격적이고 막막한 이야기에서 삶과 존재에 대한 깊고 새로운 인식을 획득하고, 나아가 결코 이러하지 않아야 하는 상황을 모색케 되는 기이한 힘을 얻게 된다.

3.2. 현대적 실존의 징후들

20세기 문학에 각인된 수많은 이미지가 카프카로부터 비롯하였다. 아침에 문득 잠을 깨니 해충으로 변한 그레고르 잠자뿐만 아니라 평생을 법의 문 앞에서 받아들여지기를 헛되이 기다리다 임종에 이르는 시골 사람(『법 앞에서』), 원숭이로서의 전력을 학술원에 보고하는 '빨간 페터'(『학술원에서의 보고』), 그 누구도 돕지 못한 채 끝없는 혹한을 헤매는 시골의사(『시골의사』), 죽었는데도 죽지 못한 채 끝없이 떠도는 사냥꾼 그라쿠스(『사냥꾼 그라쿠스』), 모습이 구경거리가 되는 단식광대(『단식광대』), 끝없이 굴을 파고 허물며 불안에 쫓기는 두더지(『굴과 건축』), 막막함의 불안을 뚫고 내달리다 마침내 쥐덫까지 닿았다가 돌아서서 고양이에게 먹히는 쥐(『작은 우화』) 등의 기이한 이미지들이 그러하다. 이런 이미지들에는 어떤 출구도 없는 삶의 막막함이 공통적으로 드러난다.

프라하에 있는 카프카의 무덤

무엇보다 모두 미완성인 카프카의 장편소설 세 편, 『성』, 『소송』, 『실종자』(혹은 『아메리카』)는 현대적 실존의 징후적 진단이 되고 있다. 『성』의 주인공 카는 성의 부름을 받고 왔으나 살아 있는 동안 끝내 성에 받아들여지지 않는다. 살아 있는 동안 그는 측량사이면서도 자신의 실존의 터를 측량해 내지 못한다. 죽고 나서야 성으로부터 부름이 온다는 구상이었다고 할 뿐 작품은 미완성으로, 끝없는 기다림으로 끝난다. 그러한 카는 무익한 헤매임으로 파악된 현대적 실존의 상징적 인물이다. 한편 『소송』의 요제프 카는 서른 번째 생일날 아침 이유없이 체포되어 불가해한 삶의 법정을 헤매다 끝내 개죽음을 당한다. 느닷없는 체포 이후 제대로 된 법심리조차 받지 못한 채 계속해서 방황하는 기이한 줄거리에서, 일상의 삶은 개죽음을 당하기까지의 불가해한 소송과정으로 인식된다. 끝없이 아메리카 대륙을 헤매다가 끝내 실종되고 마는 『실종자』의 카알 로스만 역시 현대적 실존 문제의 극한을 보여주는 인물이다.

4. 카프카의 글쓰기

카프카에게 글쓰기란 밥벌이의 수단이나 아름다운 정신적 유희 또는 청탁을 받은 일이 아니라, 자기파괴적인 동인을 내포하고 있는 필수불가결한 행동, 즉 실존적 행위였다. 글을 씀으로써 그는 자신의 가치를 확인할 수 있는 가능성을 보았고, 그것은 언제나 자기자신과의 비판적인 논쟁 과정이었다. 펠리체 바우어에게 보내는 어느 편지에서 그는 다음과 같이 말하였다. "저는 문학에 대해 흥미를 가지고 있는 것이 아닙니다. 오히려 저는 문학 밖에 모릅니다. 저는 문학 이외는 아무 것도 아니며, 다른 어떤 것이 될 수도 없습니다."(1913년 8월 14일) 그는 문학에 대해 의무감을 느끼고 있었으므로 일반적인 시민적 범주 안에서의 직업활동과 이 테두리를 벗어나고자 하는 필연성 사이에서 분열의 위협을 겪었다. "글쓰기는 나의 본질이 생산성을 가장 잘 발휘할 수 있는 방향"(『일기 1910-1923』)임을 그는 항상 인식하고 있었기에 그러한 분열은 당연한 것인지도 모른다. 부모도 인정해주지 않은 글쓰기는 그에게 가장 중요한 일이었으며, 평생에 걸친 해방을 위한 시도였다. 그는 문학을 통하여 "사회적 가정적 권력구조를 분석할 수 있었고, 자신을 그 구조의 희생자라고 간주하였다."(파이퍼) 글쓰기는 흥미(필수불가결한 것이며 만족을 가져다주는 것이기에)와 절망(자신을 고립시키는 외로운 작업이었기에)을 동시에 안겨다 주는 과정이었으며, 동시에 "내면적 삶의 몽환적 기록"이자 "죽음의 영원한 고통"에 비유되는 고독의 과정이었다.(『일기 1910-1923』) 카프카에게 있어 글쓰기는 자기파괴적인 과정인 동시에 고통을 객관화하는 수단이었고 이를 통해 구원을 얻는 과정이기도 하였다.

카프카는 부호 하나하나에까지 공을 들이며 치열하게 글을 썼다. 뒤집히고 뒤집혀지는 계속되는 역설의 문장들은 어떤 단일한 답도 제시하기 어렵게 한다. 그의 글에는 기존 사물의 질서를 해체하고 완전히 새롭게 보고자 하는 끝없는 진실에의 추구가 드러난다. 문체에서도 생에서도 독특하고 집요한 진실에의 추구가 카프카를 지배했다. 카프카는 그러한 치열함으로 쓴 작품을 결국 불태우라는 유언을 남기지만, 유언을 어긴 친구 막스 브로트 덕에 그의 작품들은 구조되었다. 사후 오래 지나서 1950년대 사르트르, 카뮈 등 프랑스 실존주의자들에 의해 처음으로 주목받았고, 뒤늦게 독일과 체코에서도 활발하게 수용되어 단시간에 세계적인 작가가 되었다.

그 어느 유파도 아니고 단지 '카프카', '카프카적'이라고 밖에 부를 수 없는 독특한 문학세계는 지금까지 무수한 해석을 낳았고 무수한 작가들에게 영향을 주어 왔다. 체코 프라하에서 태어나 거의 평생을 그곳에서 산 카프카는 언어적 인종적 종교적 이방인이었다. 그럼에도 불구하고 그의 문학은 프라하를 세계문학의 한 뚜렷한 지점으로 지도 위에 올려놓았다.

5.『아버지께 드리는 편지』에 대하여

사후에 출간된『아버지께 드리는 편지』는 카프카에 대한 정신분석적 연구나 전기적 연구의 중요한 자료로 사용되고 있다. 강인한 아버지와 섬세하고 예민한 성격을 가진 아들 사이의 갈등을 편지 형식으로 묘사한 이 작품에서 카프카의 전기적 사실은 매우 주요한 소재가 되고 있음에 틀림 없다. 그러나 이것이 순수한 사실만을 그려내고 있는지, 여기에 등장하는 '나'가 카프카의 전기를 토대로 하여 어느 정도 문학적으로 가공된 인물인지는 쉽게 판단하기 어렵다. 그럼에도 불구하고 문학에 대한 카

체코에서 발행된 카프카 기념우표

프카의 생각이나 그의 여러 작품에서 나타나는 아버지의 가부장적인 권위에 대한 불안감, 아버지로부터 도피하기 위한 수단으로서의 글쓰기 등을 이해하는 데는 중요한 자료가 된다. 다음은 『카프카, 아버지께 드리는 편지』(이재황 역, 문학과 지성사, 1999)에서 발췌하였다.

> 전에 언젠가 제게 물어보셨지요, 어째서 제가 아버지한테 두려움을 갖고 있다는 말을 하느냐구요. 그때 저는 여느 때처럼 아버지께 무슨 대답을 드려야 할지 몰랐습니다.(9쪽)

> 저는 제 모든 생각에서 아버지의 심한 압박을 받고 있었으니까요. (……) 아버지한테 매여 있는 것으로 보이는 이 모든 생각들은 아예 처음부터 아버지의 부정적인 판결이 내려질 것을 각오해야 하는 부담을 안고 있었던 거지요. 그러니 무슨 생각이든 그것을 온전하게 지속적으로 실행에 옮기기까지 내내 그런 부담을 견뎌낸다는 것은 거의 불가능했습니다.(32쪽 이하)

> 나아가 갈등이 쌓여감에 따라 아버지와 자식 간의 그런 대립은 계속 심화되어 나중엔 아버지가 일단 저와 같은 의견일 때에도 거의 습관적으로 나타나게 되었다는 것, 그리고 아이로서 제가 겪었던 그런 실망은 평범한 생활 속에서의 실망이 아니라 모든 일을 좌우하는 아버지의 권위적인 성품에 대한 것이었기 때문에 그 핵심을 겨냥한 것이었다는 것이 중요한 점이었습니다. 용기나 확신, 단호한 의지, 이러저러한 일에서의 기쁨은 아버지가 그것에 반대를 하시거나 아버지의 반대가 그저 예상되기만 해도 얼마 못 가서 그만 멈추어버리곤 했지요.(34쪽)

> 다시 조심스럽게 말씀드리지만 제가 그렇게 된 것은 오직 아버지로 인해서입니다. 아버지께서는 주어진 것을 더 강하게 만드신 것일 뿐이었지요. 하지만 너무 지나치

셨습니다. 왜냐하면 아버지는 저에 비하면 너무나 강력하셨고 더군다나 그 일을 위해 있는 힘을 다 기울이셨으니 말입니다.(50쪽)

아버지한테서 달아나기 위해서는 가족에게서도 달아나야 했고, 또한 어머니한테서까지 달아나야 했습니다. 우리는 어머니한테서 늘 보호를 받을 수 있었지만 그건 어디까지나 아버지와의 관계 속에서만이었지요.(78쪽)

여동생들은 부분적으로만 저와 뜻이 맞았습니다.(80쪽)

엘리(여동생)는 아버지의 울타리를 뚫고서 벗어나는 데 거의 완벽한 성공을 거둔 유일한 경우입니다.(82쪽)

저의 글쓰기 일과 아버지께서 모르시는 그와 연관된 일에 대해서는 아버지의 혐오가 비교적 합당했습니다. 그 일을 할 때 저는 아버지한테서 벗어나 실제로 어느 정도 독립을 누릴 수 있었지요. (……) 글을 쓸 때면 저는 어느 정도 안심이 되었고 안도의 숨을 내쉴 수 있었지요. 그래서 저의 글 쓰는 일에 대해 아버지께서 당연히 즉각적으로 가지셨던 혐오감이 이 경우에는 예외적으로 반가운 일이었습니다.(110쪽)

(……) 저는 글을 쓰고 또한 그와 연관된 일을 하면서 소박하나마 독립과 탈출을 위한 시도를 했고 너무나 하찮은 수준이지만 성공도 거두었지요. (……) 그럼에도 불구하고 글을 쓰는 일은 저의 의무입니다.(150쪽)

6. 더 읽을거리

카프카의 작품에서 인간실존의 문제와 소외의 문제는 지속적으로 강조되고 있는 주제이다. 부조리하며 출구 없는 미로와 같은 느낌을 주는 카프카의 작품들은 다양한 시각에서 다양한 방법으로 해석되고 있다. 관료주의가 표현되고 있는 『유형지에서』(1919), 『소송』(1925), 『성』(1926) 등은 마르크스주의적 시각에서 해석이 시도되기도 하고, 또는 반관료주의를 비판하고 있는 것으로 보아 아나키즘적 시각에서 해석되기도 한다. 또한 유대교적인 시각으로 해석되기도 하고, 그의 전기적 사실과 연관하여 해석되기도 한다. 단편과 짤막한 단장들을 모아 번역된 책도 쉽게 구할 수 있으니, 이러한 작품들을 다양한 관점에서 읽어보도록 하자.

✣ 작품의 이해를 위해 생각해볼 문제들 ✣

1. 그레고르와 직업

1.1. 그레고르의 직업은 무엇인가? 어떤 생활을 하여야 하는지 구체적으로 설명해보시오.

1.2. 그는 자신의 직업에 애착을 가지고 있는가? 그렇다면 또는 아니라면 왜 그런가? 무엇이 문제인가?

1.3. 그의 직업은 가족에게 또는 사회에서 어떤 기능을 하는가?

1.4. 그레고르와 지배인의 관계는 어떠한가? 친구인가 적인가? 왜 그렇게 생각하는지 작품에서 구체적으로 지적해보시오.

1.5. 그레고르가 가족을 부양하지 않아도 되는 상황이었다면, 그레고르는 스스로 직장을 그만뒀을까?

1.6. 이 작품에서 사회비판적인 측면(이를테면, 자본주의 사회 체제에서 생활하는 노동자의 문제)을 찾아볼 수 있는가? 있다면 구체적으로 설명을 해보고, 오늘날의 상황과도 비교를 해보시오.

2. 그레고르와 가족, 사회

2.1. 그레고르와 어머니의 관계, 그리고 그 변화과정을 생각해보시오.

2.2. 그레고르와 아버지의 관계, 그리고 그 변화과정을 생각해보시오. 취

직을 한 아버지의 외모를 묘사해보시오. 작가가 아버지를 이렇게 묘사한 까닭은 무엇일까? 가장의 역할은 무엇인가?

2.3. 그레고르와 누이의 관계, 그리고 그 변화과정을 생각해보시오. 누이의 바이올린 연주는 어떤 의미를 갖는가?

2.4. 가정은 무엇인가? 사회에서 어떤 기능을 하는가? 이 작품에 등장하는 그레고르 가정의 사회적 지위는 어떤 변모를 겪게 되는가? 바람직한 가정이란 어떤 것일까?

3. 변신

3.1. 사건의 경과에 따라 그레고르는 어떻게 변해가는가?

3.2. 그레고르의 변화에 따른 가족들의 반응은 어떻게 변해가는가?

3.3. "흉측한 해충"으로 변한 그레고르의 모습을 구체적으로 묘사해보시오. 그레고르는 왜 이러한 형태로 변신했을까?

3.4. 변신한 그레고르의 모습을 어린아이의 특징과 비교해보시오. 어떠한 공통점이 있는가? 이러한 퇴화의 원인은 무엇일까?

3.5. 그레고르는 동물인가? 또는 인간인가? 왜 그렇다고 생각하는가?

3.6. 그레고르가 죽은 직접적인 원인은 무엇인가? 자살인가 또는 타살인가? 왜 그렇다고 생각하는가?

3.7. 이 작품의 제목은 '변신'이다. 제목이 의미하는 것(심리적, 사회적 의미 등등)은 무엇일까? 변신은 (무엇에 대한) (형)벌인가? 또는 자유인가? 그렇다면 무엇에서 벗어나는 자유인가?

3.8. 개인적으로 무엇인가로 변신하고 싶은 욕망이 있는가? 왜?

4. 그레고르와 공간

4.1. 그레고르가 변신하기 이전과 이후의 공간이동의 동선을 비교해보시오.

4.2. 그레고르의 방을 구체적으로 묘사해보시오. 변신 이후 어떻게 변화되었는가?

4.3. 그레고르의 방에 있는 가구와 소품들 그리고 문과 창문 등은 어떤 의미를 지니는가?

4.4. 그레고르의 방을 '감옥'에 비유할 수 있는가? 그렇다면 그 근거는 무엇인가?

4.5. 그레고르의 방은 어떤 상징적인 의미를 지닌다고 볼 수 있는가?

5. 그레고르와 여성과의 관계

5.1. 변신 이전과 이후에 차이가 있는가?

5.2. 모피 코트를 입은 그림 속의 여자는 그레고르에게 어떤 의미를 갖는가? 변신 이후에도 그 의미가 지속되는가?

5.3. 그레고르를 가장 잘 이해해주던 누이 그레테의 태도가 어느 순간 돌변하게 된다. 그 이유가 무엇이라고 생각하는가?

6. 기타

6.1. 카프카의 작품에는 자전적 색채가 짙게 채색되어 있다. 『아버지께 드

리는 편지』를 『변신』과 연관시켜 작품 속에 나타난 부자 갈등을 여러 각도로 조명해보자. 오늘날 우리가 살고 있는 이 사회에서 바람직한 아버지상은 어떤 것일까? 바람직한 부자관계는 어떤 것일까?

6.2. '그로테스크' 는 어떤 의미인가? 이 작품에서 그로테스크한 요소를 찾아보자.

Schnitzler

『꿈의 노벨레』

아르투어 슈니츨러
(1862-1931)

1. 작가 소개

슈니츨러(Arthur Schnitzler 1862-1931)는 오스트리아의 수도 빈에서 태어났고 빈에서 한평생을 살았다. 유대 혈통으로 의사였던 아버지처럼 의학 공부를 하였고, 일찍이 정신분석학에 관심을 가졌으며, 정신과 의사 테오도르 마이네르트 아래에서 최면술과 암시요법 실험에 참여하였다. 나중에는 개업의가 되었으나 문학에 관심이 커져서 병원 일에 전념할 수 없을 정도였으나 의사직을 완전히 포기하진 않았다.

슈니츨러는 흔히 문학 분야에서 정신분석학의 대가인 프로이트와 비교되기도 한다. '내적 독백(Innerer Monolog)'이라는 혁신적인 서술기법을 사용하여 등상인물의 무의식이 직접적으로 드러나게 하였으며, 대상을 미화하지 않고 가차없이 표현하여 많은 비판을 받았다. 『윤무』(1900)는 포르노그라피라는 비난을 받았으며, 『구스틀 소위』(1899)는 군인의 명예를 조롱하고 실추시켰다는 비난을 받기도 하였다. 그는 약 50여 편의 장 단편 소설과 드라마를 창작하였다.

2. '빈 모더니즘' 에 대하여

2.1. 정의

세기 전환기(1890–1910/1925)에 오스트리아 빈에서 유행한 건축, 회화, 언론, 법률, 철학, 문학, 음악, 연극, 조각 등의 예술 문화 현상을 지칭한다. '빈 모더니즘(Wiener Moderne)' 이라는 명칭은 논란의 여지가 없지 않으나 가장 많이 사용되고 있는 명칭이다. 다른 명칭으로는 '청년 빈(Das Junge Wien)', '유겐트슈틸(Jugendstil)', '데카당스문학(Dekadenzliteratur)', '카페하우스문학(Kaffeehausliteratur)', '유미주의(Ästhetizismus)' 등이 있는데, 이 용어들이 부분적으로는 모두 당대의 문화적 현상을 이해하는 데 도움이 되는 중요 개념이긴 하지만, 당시 오스트리아의 문화현상의 본질적인 특징을 포괄할 수 있는 개념으로는 부족하다.

2.2. 역사적 · 문화적 배경

합스부르크 왕가가 중심이 된 오스트리아–헝가리 이중제국(1867–1918) 안에는 다양한 민족들이 18개의 국가로 나뉘어 공존하고 있었다. 따라서 다양한 민족적 · 경제적 · 사회적 긴장이 고조되었으며, 시간이 지남에 따라

위기를 낳게 되었다. 1866년 보·오전쟁에서 패전함으로써 이류국가로 전락한 오스트리아는 허약해질대로 허약해졌으며, 상징적인 인물인 황제 프란츠 요제프 1세와 전통적인 행정기구들, 그리고 장대하고 화려한 빈의 외관이 제국을 외형적으로 유지하고 있었다.

빈 사회의 귀족이나 부르주아지는 찬란했던 과거의 영광을 잊지 못하고 과거의 질서와 전통에 더욱 집착하였다. 또한 억압적이고 가부장적인 권위가 사회 전체를 지배하고 있었고, 상류층에서는 사치스러운 생활양식이 마치 절대적인 의무인 양 간주되었다. 세기말에 활동하였던 예술가들의 아버지 세대에게 예술(화려한 모조예술품, 장식적이고 복잡한 것 선호)은 자신들의 결핍을 메우기 위한 장식물에 지나지 않았다. 그러나 자식세대들은 독특한 탐미주의를 형성하게 되었고 '예술을 위한 예술' 을 추구하였다.

성적인 문제는 철저하게 무시되거나 공공연하게 금기시되었지만, 이러한 현상은 역설적으로 성적인 것들이 억압된 채 많은 문제를 야기하고 있음을 반증하는 것이다. 프로이트를 찾아온 환자들 가운데 부르주아 여성이 많았던 이유가 전혀 새삼스러울 것이 없다.

정치적으로는 홀로코스트라는 결과를 낳은 현대적인 반유대주의(Antisemitismus)와 더불어 시오니즘, 오스트리아 마르크시즘 등이 공존했다.

2.3. 빈 생활의 이중성과 카페문화

빈은 1900년 경 오스트리아-헝가리 이중왕국의 문화적 중심지였다. '꿈의 도시(무질)' 라고 불린 화려한 빈의 이면에는 암울한 현실이 자리하고 있었다. 당시 고상하고 활기찬 카페, 화려한 무도회와 요제프 라너와 요한 슈트라우스 부자의, 근심과 걱정을 잊게 하는 경쾌하고 아름다운 비엔나

왈츠가 유행했던 이면에는, 몰락해가는 제국의 어두운 그림자와 급격한 산업화와 인구증가(1857년 약 48만 명, 1910년경 2백만 명 이상)로 인하여 야기된 심각한 주택난, 프롤레타리아 계층의 열악한 생활환경과 가혹한 생존조건 등이 자리하고 있었다.

카페는 빈식 생활양식의 본질적인 부분이었다. 카페는 또한 대부분의 빈 시민이 겪고 있던 고달픈 현실적인 삶의 이중성을 보여주는 문화적 장소이기도 하였다. 대부분의 시민들은 심각한 주택난으로 인하여 열악한 주거환경에서 생활하고 있었지만, 카페에서는 커피를 마시며 여러 언어로 발간된 신문과 잡지들을 쉽게 읽을 수 있었으며 잠시나마 궁핍한 현실을 망각할 수 있었던 것이다. 대표적인 카페로는 '그린슈타이들'과 '센트랄'을 들 수 있다. 카페를 이용한 많은 학자, 예술가, 문인들이 특정 집단을 결성하지는 않았지만, 과학, 철학, 문학, 역사 등에 관한 문제들을 토론하였다. 빈의 다른 작가나 화가, 음악가, 지성인들처럼 슈니츨러도 커피하우스에서 몇 시간이고 동료들과 이야기를 나누며 소일하였다. 카페 그린슈타이들에서 그는 후고 폰 호프만스탈 등 시대를 선도하였던 많은 다른 지성인들과 교류하였다. 카페를 자주 이용했던 유명인사들로는 대표적으로 페터 알반베르크, 알프레트 폴가르, 카를 크라우스, 헤르만 브로흐, 프리드리히 토어베르크, 아르투어 슈니츨러, 슈테판 츠바이크, 에곤 쉴레, 구스타프 클림트, 아돌프 로스, 테오도어 헤르츨, 지그프리트 마르쿠스, 레오 트로츠키 등을 들 수 있다.

2.4. 문학

문학에서는 바로 이러한 상류층이 묘사되었고, 문화의 담지자는 대시민

계층과 지식인들이었다. 문인들은 어떠한 혁신도 불가능하게 보였던 제국의 말기 현상들로부터 상당한 영향력을 받았다. 시인들은 내적 연관성, 역사적 · 정신적 · 미학적 가치에 매우 민감하게 반응하였다. 당시 문학의 기본적인 모티프는 복잡한 내면 생활, 몰락, 죽음 등이었다. 대표적인 인물들로는 소위 '청년 빈파' 라고 불린 호프만스탈과 헤르만 바르, 아르투어 슈니츨러, 로베르트 무질 등을 손꼽을 수 있다.

2.5. 미술

보수적인 빈 예술원에서 분리를 주장하면서, 역사주의를 지향하고 있는 전통적인 예술계를 거부한 '분리파'(구스타프 클림트, 콜로만 모저, 요제프 호프만, 요제프 마리아 올브리히, 막스 쿠르츠바일 등)와 공예 영역의 예술개념을 혁신하기 위하여 조형예술가들이 생산공동체로 결성한 '빈 공작소(Wiener Werkstätte)' 가 주목할 만한 단체이다. 회화 분야에서는 세기말 빈의 분위기를 에로틱하게 화폭에 담아낸 클림트와 쉴레를 빼놓을 수 없다.

2.6. 기타

이 밖에도 빈 모더니즘을 대표할 수 있는 인물들로는 철학에서는 에른스트 마흐의 학문론, 비트겐슈타인의 언어비판과 학문비판, 문화학적으로는 프로이트의 정신분석이 유명하다. 의학 분야에서는 제멜바이스, 헤브라, 스코다, 크라프트-에빙, 빌로트, 언론 · 문화비판 분야에서는 카를 크라우스, 법철학 분야에서는 오스트리아 헌법을 기초한 한스 켈젠, 건축 분야에서는 오토 바그너, 아돌프 로스, 음악에서는 말러와 쇤베르크, 후고 볼프, 리하르트 슈트라우스 등이 유명하다.

3. 작품 해설

3.1. 작품의 구성과 내용

1) 1장: 감추어진 욕망

이 작품은 아이가 동화를 읽어주는 장면으로 시작된다. 이 아이의 부모는 프리돌린과 알베르티네이다. 프리돌린은 의사이며 알베르티네는 주부이다. 외견상 너무나 평온하고 하녀도 있고 직업이 의사인 것으로 보아 경제적으로도 문제가 없는 가정처럼 보인다. 그러나 "두 사람은 상대방이 마지막 속마음을 감추고 있다는 것을 훤히 꿰뚫어 알고" 있었으므로 "감추어진 욕망"을 서로에게 솔직하게 고백하는 것만이 두 사람을 긴장과 불신에서 해방시켜 줄 것이라고 생각하고, 알베르티네가 먼저 덴마크 휴양지에서 있었던 일을 이야기 한다.

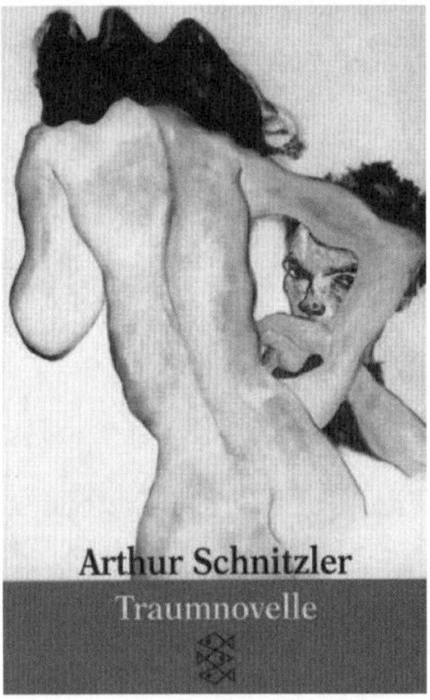

책 표지, 에공 쉴레의 그림

그녀는 휴양지에서 덴마크 장교에게 첫눈에 반해 "당신, 아이, 나의 미래, 모두 내던질 생각"을 하였다고 고백한다. 이러한 고백은 프리돌린에게 수치심을 유발하고 남성적 자존심을 심하게 훼손시켰다. 다시 말하자면 자신과 아이를 내팽개치고 다른 남자를 따라가고자 했다는 고백은 프리돌린이 그녀에게 성적으로 만족을 주지 못하였다는 말이고, 가장인 자신의 가정을 파괴할 수도 있다는 말이며, 당시 가부장적인 시민사회의 이상에 정면으로 도전하는 것이며, 남성으로서 가장으로서의 프리돌린의 지위와 권위를 무시하는 행위로 받아들여질 수 있는 것이다.

그는 '적개심'에 가득 차 해변의 소녀 이야기(로리타 콤플렉스)를 하지만 분은 풀리지 않고, 부부는 계속 신경전을 벌이게 된다. 프리돌린의 적개심과 분노는 알베르티네에게 복수를 하겠다는 공격욕구로 바뀌어 섹스모험을 추구하게 된다.

2) 2–4 장: 금기의 유혹과 섹스 오디세이

그는 궁중고문관의 딸 마리아네(2장)와 안색이 창백한 꽃순이(3장)를 만난 후, 카페에 들어갔다가 대학 동창인 나흐티갈을 만나게 된다. 그를 통해 비밀난교 파티에 관한 정보를 얻고, 가면 대여업자인 기저비의 가게에 가서 의상과 가면을 대여하는 과정에서 광대소녀를 만난다. 나흐티갈이 경고를 함에도 불구하고 그는 금기의 유혹을 뿌리치지 못하고 비밀집회장소로 간다. 거기에 모인 사람들은 수도승 복장과 수녀 복장을 하고 가면과 베일로 얼굴을 가리고 있었다. 미지의 여인이 도망가라고 계속 경고를 했으나 그는 결국 발각되어 가면을 벗기고 정체가 탄로날 위기에 처하게 된다. 그 순간 미지의 여인이 프리돌린을 풀어주는 대신 자신이 벌을 받겠다고 자청하여 나서서 그는 자유의 몸이 된다.(4장)

3) 5장: 억압된 소망충족으로서의 꿈과 현실과 꿈의 경계

집으로 돌아온 프리돌린은 알베르티네가 꿈속에서 웃음을 터뜨리는 것을 보고 깨워서 그녀의 꿈 이야기를 듣는다. 알베르티네의 꿈으로 구성된 5장은 전체 7장으로 이루어진 이 작품의 중심축 역할을 한다. 꿈은 외견상 인과관계도 없이 상당히 복잡하게 전개되는 듯하다. 꿈 이야기는 알베르티네의 부모님 댁에서 결혼식 전날 있었던 일부터 시작한다. 소설의 첫

머리에 등장했던 '천일야화' 속의 갈레선이 다시 등장하고, 그 배를 타고 온 왕자는 다름 아닌 프리돌린이었다. 갑자기 옷이 없어져 수치심을 느낀 알베르티네는, 이 사태의 책임이 프리돌린에게 있는 것처럼 격렬한 분노를 느꼈다. 프리돌린은 옷을 구하러 산 아래의 '가라앉은 도시'로 내려간다. 혼자 있음을 확인한 알베르티네는 마음이 가벼워지고 무한한 행복을 느끼며 가면무도회에서 들었던 춤곡을 부르며 뛰어다녔다. 그러다 나체로 누워있던 중 덴마크 장교와 비슷한 남자가 등장하여 암벽 앞에 서있다가 사라지곤 하였다. 알베르티네는 그를 유혹하였고 그와 정사를 벌인 듯하다. 사방이 화려한 꽃으로 뒤덮힌 초원에는 알베르티네 커플뿐만 아니라 수많은 남녀들이 나체의 홍수를 이루고 있었다. 그녀는 자신이 한 남자의 소유인지 여러 남자의 소유인지도 분명하게 인식할 수 없었다.

그녀는 프리돌린에게 꿈속에서 느꼈던 "느긋함, 자유, 행복"을 현실에서는 전혀 느끼지 못했노라고 고백한다. 한편 꿈속에서 프리돌린은 쫓기면서도 알베르티네를 위한 것이라면 무엇이든 사서 가방에 넣다가 결국은 성직자들이 끼어 있는 군인들에게 체포되어 여왕 앞으로 끌려갔다. 여왕은 그에게 애인이 되기를 요구하였으나 이를 거절하자 갖은 고문을 가했다. 여왕은 어느새 덴마크 해변의 소녀와 동일인이 되어 있었다. 끝내 여왕과 결혼하기를 거부하자 그는 십자가에 못 박혀 참혹한 죽음을 맞이하게 되었다. 알베르티네는 비웃어 주고싶은 충동을 느꼈으며, 이 모든 광경을 애인의 품에 안겨 보고 있었다. 꿈 이야기를 들은 프리돌린은 알베르티네를 "정조도 없고, 잔혹하고, 배신행위를 밥 먹듯 하는 그런 여자"로 간주하고 증오심에 불타올라 복수를 하기로 결심한다.

꿈속에서 알베르티네가 느낀 수치심과 증오, 분노는 현실에서 프리돌린이 그녀에게 느끼고 있는 감정과 유사하다. 정신분석학에서는 꿈을 무의식의 표현이라고 본다. 이렇게 꿈을 억눌린 욕망이 표출된 것이라고 볼 때, 알베르티네의 꿈은 그녀의 억눌린 욕망을 이해하는 데 많은 실마리를 제공할 수 있다. 외적으로는 안정되고 완벽한 결혼생활처럼 보일지라도, 자유와 성적인 모험을 포기하고 시민사회의 도덕적 규범에 맞추어서 책임감만으로 유지되는 결혼생활은, 개인의 욕망과 소망을 무의식 속으로 억압하는 결과를 낳게 되고 결국은 안정적인 결혼생활을 위협하는 권태만이 남게 된다. 권태로운 결혼생활을 타파하기 위하여 두 사람은 서로 억압되어 있는 욕망을 솔직하게 고백하기로 하지만, 알베르티네의 이야기를 들은 프리돌린은 적개심과 증오로 가득 차서 섹스 모험을 한 다음 그 이야기를 그녀에게 들려주어 복수하고자 한다. 프리돌린이 밤거리를 배회하던 중 가게된 비밀집회에서 겪은 사건은 알베르티네의 꿈과 상당히 유사하다. 이 사실을 놓고 남자는 현실에서 성적 욕망을 해소하고 여자는 수동적이기 때문에 꿈속에서 성적 욕망을 해소한다고 단정 지을 수 있을까? 프리돌린이 체험한 비밀집회 사건은 현실의 사건일까? 그렇다면 자신을 희생하며 그를 구해준 여인은 누구인가? 그 여인이 왜 아내라고 생각했을까? 알베르티네가 속내를 털어 놓은 사건이 일어났던 곳과 비밀집회의 암호가 '덴마크' 였던 것은 우연의 일치일까? 의혹은 꼬리에 꼬리를 물고 현실과 꿈의 경계는 모호하게 녹아들어 무엇이 꿈인지 무엇이 현실인지 가늠하기가 매우 어려워진다.

4) 6장 : 수포로 돌아간 조사

프리돌린은 나흐티갈이 묵는 호텔로 찾아갔으나 그는 이미 새벽에 누군가와 떠나고 없었다. 프리돌린은 수도승 복장을 돌려주러 가면대여 가게로 간다. 도중에 결혼 생활은 유지하더라도 알베르티네와의 관계는 끝났으며 심지어는 이혼하겠다는 결심까지 하기에 이른다. 비밀집회 장소를 찾아가지만 얻은 것은 뒷조사를 하지 말라는 경고장뿐이었다. 죽은 궁중 고문관의 집을 방문하여 마리아네를 만났고, 꽃순이를 방문하였지만 그녀는 병원에 입원하고 없었다. 그는 카페에서 신문을 보다가 새벽에 호텔에서 두비에스키 남작부인이 음독자살했다는 기사를 우연히 보고, 그 부인이 새벽에 자신을 도와준 여인이라고 생각해서 시체실까지 가서 확인을 해보지만 동일인물인지 확신을 하지는 못한다. 프리돌린은 어젯밤에 만났던 사람들을 다시 만나 비밀집회 사건의 전모를 파헤치려 노력했지만 결국은 실패하고 만다.

5) 7장: 화해 및 열린 결말

집으로 돌아온 프리돌린은 침대에서 잠들어 있는 알베르티네의 곁에 있는 자신의 베개 위에 비밀집회에서 썼던 가면이 놓여 있음을 발견한다. 그러고는 울음을 터뜨리며 아내에게 간밤에 있었던 모든 일을 털어 놓고, 두 사람은 화해를 한다. 여기에서 가면은 대단히 중요한 역할을 한다. 그리고 작품의 말미는 완전한 해피엔딩이 아니라 열린 채로 끝을 맺는다.

3.2. 슈니츨러와 프로이트

이 작품은 슈니츨러가 수년 동안 프로이트[11]의 정신분석학에 몰두한 결과물이라고 볼 수 있다. 프로이트는 슈니츨러에게 보낸 편지에서 "당신은 직관을 통하여 (……) 제가 임상실험을 통하여 발견하였던 모든 것을 알고 계시다는 인상을 받았습니다"라고 찬사를 보내기도 하였다. 슈니츨러는 무의식의 존재를 믿었으며, 당시에는 아직 알려지지 않았던 완전히 새로운 인식에 이르는 길을 개척하였다. 이 작품에서는 외견상 평온하고 행복한 생활을 영위하고 있는 부부의 문제가 중심에 있다.

3.3. 스탠리 큐브릭의 〈아이즈 와이드샷〉

스탠리 큐브릭 감독이 1999년 슈니츨러의 『꿈의 노벨레』를 각색하여 만든 영화로서, 니콜 키드먼(앨리스 역)과 톰 크루즈(빌 하포드 역)가 주연을 맡았다. 큐브릭 감독은 1900년대 초의 빈이 아니라 1990년대 말의 뉴욕으로

1 | 프로이트(Sigismund Schlomo Freud, 1856-1939): 오스트리아의 의사, 심층심리학자, 정신분석학의 창시자, 종교비판가로서 명성을 드높인 프로이트의 공적은 '무의식' 이란 개념을 처음 사용한 것이 아니라, 자유연상법을 이용하여 꿈해석을 시도함으로써 무의식을 연구하는 방법론의 토대를 최초로 정립한 사실이다. 정신분석학의 과학적인 검증 가능성에 관해서는 아직까지도 논란의 여지가 있으나, 그는 가장 커다란 영향력을 행사한 20세기의 사상가들 중의 하나로 손꼽힌다.

그의 주요 개념들

* 에로스/타나토스: 정신분석은 모든 정신현상을 자기보존 본능, 즉 자아본능과 성본능 두 가지로 나누었다. 성본능의 에너지를 '리비도' 라 불렀으나, 후기에는 삶의 본능, 즉 '에로스' 와 죽음의 본능 '타나토스' 둘로 나누었다. 삶의 본능은 영원한 결합을 찾는 본능으로서 생명을 유지하고 발전시키는 자기보존 본능과, 종족을 유지하고 번식시키는 성본능이 포함된다. 죽음의 본능은 삶을 파괴하려는 본능, 외부로 향하는 파괴적 본능, 생물체가 무생물체로 환원하려는 본능을 말한다.
* 트라우마: 정신적 외상, 외상후 스트레스장애, 외상성 스트레스장애라고도 한다. 생명을 위협하는 신체적 정신적 충격을 경험한 후 나타나는 전신적 질병으로서, 증세는 개인에 따라 수일에서 수년이 지난 후에 나타날 수도 있다.
* 프로이트의 심성모델: 자아(Ich, ego)는 현실원칙의 지배를 받으며, 현실생활에 적응하기 위하여 초자아와 원초아를 중재하고 통제한다.(비판적 이성, 욕망 충족을 연기하거나 포기) 초자아(Überich, superego)는 도덕적 심급을 담당하며, 자아에게 도덕적 요구를 한다.(주로 명령과 금지) 원초아(Es, id)는 자아를 욕망원칙에 따라 움직이도록 한다.(욕구의 발산, 리비도, 데스트루도) 자아는 초자아와 원초아를 적절하게 통제하며 외부세계의 가치나 규범, 자극 등에 반응을 하는데, 초자아를 통제하지 못할 경우 죄의식이나 열등감에 사로잡혀 불안이 생기게 된다. 자아가 초자아와 원초아를 적절하게 조율하지 못하는 개인은 신경증에 걸리게 된다.

무대를 옮겼다.

4. 더 읽을거리

최근 슈니츨러의 단편선집들이 많이 출판되고 있다. 슈니츨러의 다른 작품을 읽어보고, 사랑과 죽음이 중요 테마를 형성하고 있는 세기말 빈의 예술적인 분위기가 어떻게 표현되어 있으며, 작가가 인간의 무의식을 어떤 방식으로 조명하고 있는지 살펴보자.

⁜ 작품의 이해를 위해 생각해볼 문제들 ⁜

1. 다음 도표에 따라 내용을 정리해보시오.

	장소	시간	인물	사건의 경과	테마/소제목
제1장					
			(……)		
제7장					

2. 이 작품은 『천일야화』에 나오는 이야기로 시작된다. 이 동화는 어떤 의미를 가지는가?

3. 2장에서 마리아네는 아버지의 시체를 옆에 두고, 또한 약혼자가 있음에도 불구하고, 프리돌린에게 구애를 한다. 현실적으로 이러한 상황이 가능하다고 생각하는가? 그렇다면 그 이유는 무엇인가? 아니라면 그 이유는?

4. 프리돌린이 만난 여자들은 모두 일종의 '금기'를 가지고 있다. 마리안네는 약혼자가 있었고, 어린 창녀는 성병의 위험이 있었으며, 비밀집회도 발각되는 경우 목숨의 위협이 있었다. 만일 이러한 금기가 없었더라도 프리돌린은 유혹하고 싶은 또는 유혹 당하고 싶은 마음이 들었을까?

5. 알베르티네는 언제 결혼을 했으며 현재는 나이가 몇 살일까? 그 근거는?

6. 비밀집회에 들어가는 암호는 '덴마크'이다. 도입부에서 등장한 덴마크 여행과는 어떤 관계가 있는가?

7. 6장에는 다음과 같은 대목이 나온다. 프리돌린이 다음과 같이 생각한 까닭은 무엇인가?

> 그리고 집을 나서기 위해 계단에 이르렀을 때, 그의 머릿속에는, 이 모든 질서, 이 모든 균형, 자신의 삶에 관한 이 모든 안정감은 그저 허상과 거짓 이외에 그 어떤 것도 의미하지 않는다는 의식이 다시금 들었다.(131쪽)

8. 비밀집회에서 프리돌린을 구해준 여인은 누구일까? 왜 프리돌린은 그 여인에게서 아내의 얼굴을 떠올렸을까?

9. 프리돌린과 알베르티네의 결혼생활은 앞으로 어떠하리라고 예측할 수 있는가?

10. 이 작품을 프로이트의 심성모델(이드, 에고, 수퍼에고)에 따라 설명해보자.

11. 알베르티네의 꿈

    11.1. 결혼식 전날임에도 불구하고 부모님은 여행 중이고, 옷장에는 웨딩드레스 대신 화려한 의상들만 걸려 있었다. 이 대목을 어떻게 해석할 수 있을까?

    11.2. 꿈속에서 갑자기 옷이 사라져 알베르티네는 경악과 수치심에 사로잡히고 이런 사태에 대한 책임이 남편에게 있는 것처럼 그에게 분노를 느꼈다. 이러한 감정은 프리돌린이 현실에서 알베르티네에게 느끼는 감정과 유사하다.(1장 참조) 분노의 원인은 무엇이며 과연 누구의 책임일까?

11.3. 다음은 알베르티네가 꾼 꿈의 일부분이다. 이 대목에서 알베르티네는 왜 프리돌린이 우둔하고 바보같이 보였으며, 왜 비웃어주고 싶었을까? 이 대목과 연관하여 프리돌린이 체포될 때 그녀는 남편이 사형당하리란 것을 알고 있었음에도 하등의 동정심이나 전율도 생기지 않았다고 했다. 그 까닭은 무엇일까?

> "마치 내 소원을 모두 들어주었고, 내가 필요로 했던 모든 것들, 의상, 구두, 보석을 전부 가져왔다고 눈짓을 보내는 것 같았어요. 그러나 내게는 당신의 행동이 말로 다할 수 없을 만큼 우둔하고 바보같이 보였어요. 그래서 당신을 조롱하고, 당신 얼굴에 대고 웃어주고 싶은 유혹이 일더라구요."

11.4. 알베르티네의 꿈에서 등장하는 수많은 나체의 남녀들의 정사, 프리돌린이 수도사와 군인들에게 체포된 일 등은 4장에서 프리돌린이 체험한 비밀집회와 상당부분 유사하다. 이러한 사실을 어떻게 해석할 수 있을까?

12. 가면

이 작품에서 가면은 핵심적인 모티프 중의 하나이다. 1장의 무도회에서부터 가면이 등장하여 마지막 7장에서도 가면 때문에 알베르티네와 프리돌린은 화해하게 된다.

12.1. 가면은 일반적으로 어떤 기능을 하는가?

12.2. 비밀집회에서 집안에서의 암호를 몰라 잡힌 프리돌린은 가면 벗기를 거부한다. 그 이유는 무엇인가?

12.3. 마지막 7장에서 침실에서 자고 있는 알베르티네의 옆에 있던 가면은

두 사람이 화해하는 데 결정적인 역할을 한다. 그 이유는 무엇인가? 여기에서 가면은 무엇을 상징하는가?

13. 이 작품을 에로스와 타나토스 개념을 이용하여 설명해보시오.

14. 이 작품과 영화 〈아이즈 와이드 샷〉을 비교해보시오

14.1. 영화 제목 '아이즈 와이드 샷'은 어떤 뜻인가? 우리말로는 어떻게 번역할 수 있는가? 이 제목이 함축하고 있는 의미는 무엇일까? 소설의 4장에는 다음과 같은 대목이 나온다. 이 대목과 영화제목은 어떤 관계가 있을까?

> 프리돌린은 *두 눈을 가능한 한 크게 부릅떴다.* 이마와 뺨을 문지르고 맥박을 재어 보았다. 빨라지지는 않았다. 모든 것이 정상이었다. 그의 정신은 완전히 깨어 있었다.

14.2. 영화에서 두드러지는 색감은 어떤 색들이며, 그 효과는 무엇인가?

14.3. 〈아이즈 와이드 샷〉은 원작에 어느 정도나 충실한가? 다른 점은 어떤 부분인가?

14.4. 소설의 알베르티네의 꿈 부분은 영화에서는 배제되어 있다. 감독은 왜 그런 식으로 각색을 하였을까?

14.5. 이 작품과 연관하여 영화 매체의 장점과 소설 매체의 장단점을 토론해 보자.

14.6. 영화의 두 주인공의 갈등과 소설의 두 주인공의 갈등은 같은 것인가? 아니면 다른 것인가?

14.7. 영화에서 비밀집회에 들어가는 암호는 '피델리오(Fidelio)'이다. 이

이름은 베토벤의 2막으로 구성된 동명의 오페라에서 따온 것이다. 주인공인 레오노레는 남장을 하고 '피델리오' 라는 이름으로 간수의 조수가 되어 정치범 감옥에 있는 남편 플로레스탄을 죽음 직전에 구해준다는 내용이다. 피델리오라는 이름은 '신뢰, 성실, 충성, 정절' 이라는 의미이다. 큐브릭 감독은 왜 이런 단어를 암호로 선택하였을까?

14.8. 영화의 마지막 장면과 소설의 마지막 장면을 면밀히 비교해보자. 어떤 차이가 있는가? 이 차이를 감독과 작가의 의도와 연결시킬 수 있을까?

14.9. 큐브릭 감독과 슈니츨러는 결혼에 관하여 궁극적으로 어떤 말을 하려고 했을까?

Hesse

『데미안』

헤르만 헤세
(1877-1962)

1. 작가 소개

헤세는 1877년 칼브에서 선교사의 아들로 대어나 경긴하고 인문직인 분위기에서 성장했으며, 수도원 학교를 다녔다. 일찍부터 정신성과 동양의 정신에 대해 큰 관심을 가졌다. "시인 이외에는 아무 것도 되지 않고자 했기 때문에" 마울브론 수도원 학교에서 도망을 치기도 했고 자살기도를 한 적도, 신경과 치료를 받은 적도 있다. 방랑, 자아의 추구, 예술가의 삶은, 『수레바퀴 아래서』(1906), 『페터 카멘친트』(1904), 『크눌프』(1915), 『데미안』(1919), 『클링소어의 마지막 여름』(1920), 『싯다르타』(1922), 『황야의 이리』(1927), 『나르치스와 골드문트』(1930), 『동방순례』(1931) 같은 주요작품들에 두루 나타나는 헤세의 큰 주제이다. 1946년 『유리알 유희』로 노벨문학상을 수상하였다. 전쟁포로를 위한 잡지를 발간했고, 많은 수채화를 그리기도 했다. 그는 1962년 스위스의 몬타놀라에서 85세를 일기로 세상과 이별하였다.

2. 배경 지식

2.1. 시대적 배경

『데미안(*Demian*)』은 제1차세계대전 중인 1916년에 쓰여졌고 전쟁이 끝난 직후인 1919년에 출판되었다. 마지막 부분에 나오는 세계대전에 대한 묘사는 하나의 낡은 세계가 깨진 후의 새로운 세계에 대한 기대와 그 폭력에 대한 비판이 엇갈려 있다. 하지만 헤세의 신비적이고 환상적인 묘사 방식은, 전쟁에 대한 비판이 미약하다는 평가를 받기도 한다.(실제로 헤세는 전쟁포로들을 돕는 일에 종사했다.) 한편 제1차세계대전이 배경으로 되어 있는 소설의 마지막 부분에서 구도자 싱클레어의 모습이 등장하기는 하지만, 작품 전반적으로 그는 낭만주의 및 고대 신화세계와 연결될 수 있을 정도로 현실과 동떨어져 있다. 그 때문에 주인공이 시대착오적이라거나 현실과 실패한 결합이라고 평가되기도 한다. 그 밖에도 전반에 걸쳐 명료하지 못한 언어와 지나친 상징성 때문에 비판받기도 한다. 예민한 시대의 문제가 과도한 상징 속에서 상실되어 있다는 것이다.

그러나 『데미안』이 치열하게 '한 사람 한 사람의 삶'을 그려내고 있다는 점을 상기한다면, '자기 자신에게로 이르는 길'을 그리는 것 자체로,

헤세 박물관 입구 (몬타뇰라)

헤세가 사용했던 책상과 타자기

헤세는 시대를 극복하고자 했던 것은 아닐까. 여기서 사람은 결국 '길의 추구, 오솔길의 암시'다. 스스로에게 충실하고자 하는 주인공의 모습은 역설적으로, 누구나 나름의 목표를 향하여 노력하는 소중한 존재라는 면을 부각시킨다. 단 한번뿐인 인간의 목숨이 총칼 앞에서 무더기로 소멸되는 전쟁의 충격 속에서 쓴 것을 생각할 때, 헤세가 전하는 이 전언에는 더더욱 절실함이 배어 있다.

한편 성장과 자기구현의 문제는 독일문학에서 전통적으로 중요한 주제가 되어 왔다. 성장소설 혹은 발전소설(Bildungsroman)[2] 은 하나의 장르로

2 | 젊은이가 많은 방랑이나 방황을 통하여 (사회적) 인식에 이르는 과정을 그리는 작품들로, 세부적으로는 다시 다양한 예술가소설, 시대소설, 사회소설 등의 형태와 겹쳐서 나타나기도 한다. 대표적인 작품으로는 괴테의 『빌헬름 마이스터』가 있으며 헤세 자신의 작품 중에서는 『나르치스와 골드문트』를 꼽을 수 있다.

다루어지고 있다. 그런데 제1차세계대전 이후, 사회가 극도의 불안정을 겪으며 변화하는 가운데 성장소설의 문법 역시 변화가 필요했을 것이다. 『데미안』에서 주인공이 겪는(시대를 반영하는) 극심한 방황과, 종교나 신화 혹은 다른 시대의 사상이나 철학 같은 먼 곳에서 가치를 추구하고자 했던 것, 그리고 지극히 스스로 자기 안을 향하는 데에서 진정한 의미를 찾고자 했던 것은 당시 젊은이들을 뒤흔들었을 것이다. 실제로 『데미안』은 출판 당시 열광적인 반향을 일으킨 바 있다.

당시에 이미 작가로서 유명했던 헤르만 헤세는 이 작품 『데미안, 한 젊음의 이야기』를 에밀 싱클레어라는 가명으로 발표했다. 작품성만으로 평가 받고 싶어서였다. 그 결과 에밀 싱클레어라는 유령 작가가 당시 독일의 권위 있는 문학상인 폰타네상의 수상자로 지명되었다.(헤세는 이 상을 사양했다.) 그 사이 눈밝은 어느 독문학자가 문체 분석을 통하여 『데미안』이 헤세의 작품이라고 밝혀내기도 했다.

세계대전을 겪으면서 헤세는, 인간이 목표로 삼고 걸어가야 할 길은 내면의 길이라는 생각에 몰두했다. 그는 "세계의 개선까지도 인간이 내면의 길을 충실히 가는 것으로 가능하다"고 쓴 바 있다. 내면으로의 길이 개인 문제뿐만 아니라 사회 문제에 있어서도 열쇠가 된다고 생각한 것이다. 세계대전은 유럽 문화가 붕괴되고 재창조를 이룰 현상으로 해석한다. "유럽이 지쳐있다는 것, 유럽이 고향으로 돌아가 휴식하고, 개조되고, 다시 태어나길 바라고 있다는 것이 드러났다"고 서술한다. 유럽 사람들이 세계를 대립의 공간이 아니라 통합과 단일의 공간으로 보아야 한다는 헤세의 생각은 이 소설의 주제인 주인공의 자기구현과도 밀접하게 연관되어 있다. 헤세는 이 시대의 인간들은 자기 구현의 길을 걷기 이전에는 유럽적인 양극사상에 빠져서 한쪽만을 인정하고 다른 한쪽을 부인하려 한다고 보았기 때문이다.

인간은 불완전한 존재지만, 더 높은 단계를 향해 부단히 노력할 때 비로소 완전한 존재에 가까워질 수 있다는 니체적인 성찰은 헤세의 작품들의 바탕에 깔려 있다. 인간이 좀더 고양된 자기에 도달하기 위해서 부단히 노력하면서 양극성을 극복하고 단일성을 인식한다는 것은 또한 서구적인 이원론의 지양, 또는 기독교와 시민사회의 모럴로부터의 이탈을 의미한다는 면도 그러하다. 헤세는 상징을 통해 종종 내면세계의 변화를 드러낸다. 주인공들이 세상의 단일성을 인식하는 데에는 물, 불, 음악과 그림 등이 큰 역할을 하고 있다. 주인공들은 언제나 절망과 고통을 경험하지만 결국 거기서 벗어나 고양된 자아를 구현하고, 이 과정은 한결같이 정신세계에서 자연의 세계를 거쳐서 두 세계를 통합하는 방식을 택하고 있다. 『데미안』에서 『유리알 유희』까지 그의 거의 모든 소설의 공통점이다.

2.2. 그노시스파와 압락사스

압락사스는 2세기경 그노시스 종파가 숭배하였던 초월적 존재 또는 신을 의미한다. 그노시스파(Gnosis, 靈知)는 1–2세기 로마 · 그리스 · 소아시아 · 이집트 등지에서 널리 유행하였던 기독교사상과 동방사상이 혼재된 종파이다. 3세기경부터는 정통 기독교파로부터 이단이라고 배척되었으나, 중세를 거쳐 르네상스 시대에는 많은 신봉자가 있었고 오늘날에도 비록 소수이지만 압락사스 숭배자들이 있으나 악마주의와 연관하여 백안시되고 있다. 서구에서 질병이나 불행으로부터 보호받으려는 의도로 사용된 '아브라카다브라(Abracadabra)' 라는 주문도 그노시스파에서 유래하였다.

보석에 새겨진 압락사스

그노시스파는 세상이 불완전한 까닭을 인간이 내면에 잠재되어 있는 선신(善神)의 신성한 불씨를 의식하지 못하고 악신(惡神)이 창조한 불완전하고 사악한 물질세계에 사로잡혀 있기 때문이라고 해석한다. 따라서 이를 해결하기 위하여 인간은 선/악, 빛/암흑, 정신/육체의 이원론 사이에서 자신을 발견해야 한다고 주장한다. 이러한 사상은 기원전 6세기경의 조로아스터교 사상에서 유래하였다.

압락사스(αβραξασ =Abraxas)의 그리스 어의 자리값(α =1, β =2, ρ =100, ξ =60, σ =200)을 합하면 365로 '해(年)의 신' 으로도 나타난다. 중세에도 주문으로 쓰였다. 압락사스가 새겨진 돌은 부적이나 인장반지로 쓰였는데, 앞쪽에는 인간의 몸과 팔에 닭머리와 뱀다리가 달린 모습이 새겨져 있으며 뒤쪽에는 마적인 숫자가 적혀있다. 뱀다리는 정신과 언어를, 닭머리는 예지력을, 채찍은 권력을, 방패는 지혜를 의미한다.

2.3. 헤세와 융의 정신분석학

헤세는 1912년 가을 스위스의 베른으로 가족과 함께 이주하였다. 제1차 세계대전 당시 헤세는 독일, 스위스, 오스트리아의 신문과 잡지에 전쟁과

국수주의에 반대하는 글을 기고하였고, 그 때문에 조국으로부터 반역자와 매국노라는 비판을 받게 되었다. 제1차세계대전 동안 헤세는 전쟁포로를 위한 구호사업을 지속적으로 벌였다.

그러던 중 1916년 아내의 정신분열증 발작, 아버지의 죽음, 막내아들 마르틴의 발병 등으로 가정이 해체의 위기에 처하게 되자, 헤세는 심각한 정신적인 고통으로 인하여 위기에 직면하게 된다. 같은 해 5월부터 1년 반 동안 그는 심각한 우울증 때문에 루체른 근처의 존마트의 요양원에서 저명한 정신분석학자 칼 구스타프 융(분석심리학의 창시자)의 제자인 요제프 베른하르트 랑 박사의 치료를 받게 된다.

후일 융의 회고에 따르면 이 시기에 헤세는 융 자신이 랑 박사에게 전수하였던 그노시스파에 관한 내용을 랑 박사로부터 전해 들었으며, 『데미안』, 『싯다르타』, 『황야의 이리』 등에 직·간접적으로 나타나고 있다고 확인하였으며, 1917년 헤세와 개인적인 친분관계를 가졌다고 밝히고 있다.

이 시기 동안 헤세는 랑 박사를 통하여 그노시스파 등의 신비주의 사상이나 융의 정신분석에 관한 해박한 지식을 습득하였으며, 헤세 개인적으로도 융과 프로이트의 정신분석학에 관한 많은 서적들을 탐독하였다. 1921년에는 융에게서 직접 심리치료를 받았으며, 융의 정신분석학의 영향이 헤세 자신에게 큰 영향을 주었다.

또한 랑 박사는 헤세에게 치료의 한 가지 방편으로 그림 그리기를 권유하였고, 헤세는 이 조언을 받아들여 1919년 루가노 근처의 몬타놀라로 이사를 한 후 본격적이고 지속적으로 그림을 그리게 되었고 전문가 수준의 많은 유작을 남겼다.

헤세가 랑 박사에게 치료를 받은 시기의 직접적인 산물이 바로 새로운 인간상의 탄생을 그린 『데미안』이라고 볼 수 있으며, 이 시기 이후 헤세의 작품세계는 이전의 신낭만주의적 색채를 탈피하여 자신의 내면 또는 정신적 근원을 찾으려는 구도자 모티프가 강하게 나타난다.

3. 작품 해설

> 내 속에서 솟아 나오려는 것, 바로 그것을 나는 살아보려고 했다. 왜 그것이 그토록 어려웠을까.

이와 같은 『데미안』(1919)의 첫 구절에 나타나는 철학적인 성찰은 작품 속에서 계속 이어진다. 이 작품은 나로부터 시작하여 나를 향하는, 한 존재의 치열한 성장의 기록이다. 진정한 자아의 삶에 대한 추구의 과정이 성찰적으로 또 상징적으로 그려져 있다. 이를 통하여 헤세는 "한 사람 한 사람의 삶은 자기 자신에게로 이르는 길"이며 누구나 나름으로 목표를 향하여 노력하는 소중한 존재임을 상기시킨다.

'나를 찾아가는 길'은 기존 규범과 결별하는 데에서 시작한다. 주인공 에밀 싱클레어는 자기 자신에게 이르는 길에 접어들어 자기 자신으로부터 세계를 바라보기 시작하면서, 세계의 균열을 인식한다.

> 한 세계는 아버지의 집이었다. 그 세계는 협소해서 사실 그 안에는 내 부모님밖에 없었다. 그 세계는 나도 대부분 잘 알고 있었다. 그 세계의 이름은 어머니와 아버지였다. 그 세계의 이름은 사랑과 엄격함, 모범과 학교였다. 그 세계에 속하는 것은 온

> 화한 광채, 맑음과 깨끗함이었다. (……) 반면 또 하나의 세계가 이미 우리집 한가운데서 시작되고 있었는데 그것은 완전히 다른 세상이었다. 냄새도, 말도, 약속하고 요구하는 것도 달랐다. 그 두 번째 세계 속에는 하녀들과 직공들이 있고 유령이야기와 스캔들이 있었다.

두 세계를 가르는 균열을 보며 싱클레어는 이제 낡게 느껴지는 규범들(아버지 집, 종교, 도덕)을 거리를 두고 바라보게 되며 새로이 점검한다. 거기서 얻는 인식은 그를 유년의 맑고 밝은 세계에서 분리될 수밖에 없게 한다. 이 과정은 괴롭지만, 진정한 자기 자신을 향하는 길에서는 결국 투쟁하여 벗어나야 할 세계이다.

인식 안에 있던 분리는 현실에서도 일어나면서, 더욱 결정적인 것이 된다. 싱클레어는 또래와의 대화에서 부추겨져 저지르지도 않은 도둑질을 떠벌린 탓으로, 불량한 친구 크로머에게 혹독하게 시달린다. 그런데 그 돌파구 없는 고통스러운 상황에서 싱클레어는 데미안을 만난다. 데미안은 유년의 첫 시련, 악마같이 괴롭히던 크로머를 신비로운 혜안의 힘으로 쫓아 낸다. 아버지와 어머니의 세계와 다른 또 하나의 유년의 세계를 상징하던 크로머는 더 이상 싱클레어의 내면에 개입하지 못한다. 처음이자 마지막인 직접적인 이 도움은, 결국 싱클레어를 유년의 두 세계 어디에도 속하지 못하게 하면서, 다만 온전히 자신만의 길로 걸어가도록 이끈다.

데미안은 카인과 아벨의 이야기를, 또 예수와 함께 십자가에 매달린 도둑의 이야기를 새롭게 해석하여 다른 차원에서 이해하게 한다. 명백해 보이는 것들조차 "달리 볼 수도 있다, 그 점에 비판을 가할 수도 있다"는 깨달음은, 비판적 인식의 첫걸음이다.

"세계를 그냥 자기 속에 지니고 있느냐 아니면 그것을 알기도 하느냐, 이게 큰 차이지. 그러나 이런 인식의 첫 불꽃이 희미하게 밝혀질 때, 그때 그는 인간이 되지."

나아가 카인의 표식은 기존의 세계 규범에서 벗어나, 스스로 성찰하고 구도하는 새로운 인간형을 제시한다. 그 과정은 결코 쉽게 이루어지지 않는다. 낯선 도시에서 홀로 지내던 학창 시절 싱클레어는 다시금 더욱 방황한다. "한때 프란츠 크로머였던 것이 이제는 내 자신 속에 박혀 있다"고 생각한다. 싱클레어는 세상과 싸움을 벌이고 있었으며 '나름의 저항의 형식'은 오만하고 방탕한 생활로 이어지기도 한다. 그러면서 그는 스스로를 망가뜨렸다고 생각한다. "나는 세상의 오솔길들을 똑바로 걸으려고 했는데, 그 길들이 내게는 너무 미끄러웠던 것"이라고 생각하기도 한다. 그리하여 정신적 지주에 대한 동경이 극도로 고조되었을 무렵, 즉 그 동경을 비로소 의지로부터 강렬히 추구하던 때에 싱클레어는 책갈피에서 쪽지 하나를 발견한다.

"새는 투쟁하여 알에서 나온다. 알은 세계이다. 태어나려는 자는 하나의 세계를 깨뜨려야 한다. 새는 신에게로 날아간다. 신의 이름은 압락사스."

신성과 마성, 남성과 여성, 인성과 수성, 선과 악을 다 갖추고 있는 신비로운 신 압락사스가 암호처럼 등장한다(압락사스란 원래 그리스, 오리엔트의 영지주의에서 신의 비밀의 이름을 뜻했다. 이 작품에서는 새롭게 찾아져야 할 그 어떤 신성의, 미지의 신비로움으로 전용되고 있다) 우연히 만난 오르간 연주자 피스토리우스는 압락사스에 대해 여러 가르침을 주는데, 싱클레어가 그려내는 꿈의 영상, 문장에 그려진 그림, '먼' 연인 베아트리체, 구름의 모습 등에서 압락사스의 모습이 윤곽을 드러낸다. 그러나 피스토리우스의 종교적 열망, 즉 지극히 자기 자신의 길이 아닌 현실적인 제도를 향하던 열망은, 결국 싱클레어가 피스토리우스와 결별하는 계기가 된다.

싱클레어 역시 꿈속에 나타나는 자신의 열망에 갈등한다. 그러나 자신의 길을 향하는 구도와 무의식 속의 열망이 결합하면서, 하나의 온전한 이미지가 나타나고, 이어 그 이미지가 현실로 된 인물 데미안의 어머니 에바 부인을 만나게 된다. 싱클레어는 그녀를 연모하며, 또한 스스로의 길에 몰두하는 이들의 진징한 연대를 경험하게 된다. 그는 목표에 도달하지만, 그러면서도 도달하지 못한다. 어머니이자 애인인 영원의 여성, 에바 부인(독일어 'Eva'는 영어의 'Eve'이다)은 그를 이끌면서도 동시에 물리친다. 에바 부인 가운데서 싱클레어의 구도와 열망이, 상징과 현실이 결합한다. 무엇보다도, 싱클레어의 눈에 그녀는 더 깊이 자기 자신 속에 이르려는 '자신의 내면의 상징'처럼 비친다.

> 그녀는 바다였고, 그 안으로 나는 흘러들고 있었다. 그녀는 별이었고 나 자신도 별 하나로 그녀에게 날아가는 도중이었는데, 우리는 서로 만났고 우리가 서로를 끌어 당겼음을 느꼈다. 함께 머물렀고 희열에 차 영원히, 소리 울리는, 가까운 원을 서로 에워싸며 돌았다.

싱클레어가 자신을 찾아 걸어온 험한 길을 두고 에바 부인이 싱클레어에게 묻는다. "돌이켜 생각해 봐, 그 길이 그렇게 어렵기만 했나? 아름답지는 않았나? 혹시 더 아름답고 더 쉬운 길을 알았던가?" 자아로 향하는 구도의 과정은 운명처럼 힘겹게 놓여져 있지만, 그녀는 그 길 자체의 아름다움을 묻는다. 자기 자신으로 이르는 끝없는 길에서, 길 자체가 의미로 드러난다.

이 책의 마지막은 불협화음이 울리는듯 날카롭게, 환상적으로 묘사된다. 전쟁이 터진다. 뜨겁게 갈구하던 에바 부인이 아니라 뜨거운 총탄이 싱클레어를 맞추어 그는 치명적인 부상을 입는다. 야전병원에서 싱클레어는 다시 한번 데미안과 마주친다. 데미안의 입맞춤은 에바 부인의 입맞춤이기도 하다. 그리고 구도자들, 개혁자들의 동맹에 속하는 모든 사람들의 입맞춤이기도 하다. 데미안이 사라진 후 싱클레어는 말한다.

> "완전히 내 자신 속으로 내려가면 (……) 거기서 나는 검은 거울 위로 몸을 숙이기만 하면 되었다. 그러면 나 자신의 모습이 보였다. 이제 그와 완전히 닮아 있었다. 그와, 내 친구이자 나의 인도자인 그와."

이렇듯 데미안과 '나'가 거의 하나로 합쳐지면서 작품은 마무리된다. 데미안은 싱클레어가 오래 추구해 마지않았던 자아의 모습에 다름 아닌 것이다. 데미안이라는 이름의 어원은 데몬, 즉 신, 수호신, 지켜주는 강한 힘 등의 뜻을 가진 단어이다. 특히 마지막 부분에서는 그(Er)가 대문자로 쓰이면서 신격의 표현을 암시하고 있다. 한편 '싱클레어'라는 이름은 독일의 불우했던 천재 시인 프리드리히 횔덜린의 친구 이름으로, '친구'의 대명사처럼 쓰인다. 그렇게 한 존재의 구도의 여정은, 진정한 자아에의 신적인 합일로 마무리된다.

4. 더 읽을거리

헤세는 경건하고 인문학적인 분위기의 가정에서 태어나 자랐고 마울브론 신학교에 다녔다. 아버지는 발트해 연안 에스틀란트의 의사 가문 출신으로 남독일에서 선교 출판사를 운영했고, 외조부는 여러 해 인도에서 선교사 활동을 한 인도학자이다. 일찍부터 정신성과 동양에 대한 관심이 있었고 그 자신도 1911년 인도 여행을 결행했지만, 수마트라섬까지 갔고 인도에 닿지는 못했다. 그 대신 『동방순례』(1941)나 『싯다르타』(1922) 같은 작품을 남겼나.

『싯다르타』는 인도가 배경이지만, 『데미안』에서와 마찬가지로 주인공의 자기구현 과정을 담고 있다. 열반의 경지까지 가는, 필생의 목적에 가까이 이르는 모습이다. '고타마 싯다르타' 라는 부처의 한 이름이 작품 속에서는 '싯다르타' 와 '고타마라' 는 두 인물로 나누어져 있다. 유럽적인 이원론적 사고를 반영하면서, 동양적 일원론을 선명히 지향한 것이다.

헤세의 무덤(몬타뇰라)

『황야의 이리』(1927)는 예술가를 소재로 한 매우 실험적인 작품이다. '이리' 처럼 시민적인 삶에서 동떨어져 있는 주인공 할러는 예술가이고, 그의 문제는 '시대의 병' 으로 진단된다. 시민들은 중용의 사람들이다. "가능한 것을 희생하여 보전과 안정을 얻고, 법열 대신 양심의 평안을, 향락 대신 안주를, 자유 대신 편안함을, 몸을 불태우는 불꽃 대신 알맞게 따스한 빛을" 얻으려 하며 양처럼 약하고 겁이 많은 사람들이다. 반면 예술가는 이리처럼 시민세계에 대한 마지막 미련까지 잃고, 외로운 국외자로 남아 죽음에 이를 정도의 고독을 견뎌내는 존재다. 지적 우월감으로 시민들을 멸시하지만 고향이 없는 인간이다. 동시에 '이리' 라는 '이중성과 분열성' 때문에 두 세계 사이에서 방황할 수밖에 없는 존재로 그려진다. 이런 황야의 이리가 세상과 불화하지 않고 살아가는 길은 유머에 있다. 할러가 걷는 자기구현의 단계도 싯다르트타의 그것과 흡사하다. 헤세의 작품 중에서 현실에 대한 관심을 비교적 많이 보여주는 작품이다.

『나르치스와 골드문트』(1930)에서는 수도원을 뛰쳐나와 방황하는 예술가적 인물 '골드문트' ('황금 입' 이라는 뜻이다)와 수도원장이 되는 지적인 인물 '나르치스' 라는 대조적인 두 사람의 자기구현 과정이 이중창처럼 그려진다. 골드문트가 10년 동안 세속을 떠돌면서 예술가로 성숙하는 과정에 비중이 더 두어져 있다. 제목도 처음에는 '골드문트 혹은 죄악의 경배', '어머니에게로 가는 골드문트의 길', '골드문트와 나르치스' 등으로 골드문트가 중심에 놓여 있었다. 골드문트는 방황 끝에 수도원으로 돌아와 나르치스 곁에서 숨을 거둔다. 골드문트의 예술과 자기구현의 마지막 종착지는 '어머니' 이다. 작품의 뛰어난 자연 묘사는 삶과 죽음의 전환과 사랑의 무상함을 명암있게 드러낸다. 예술이야말로 무상성을 뛰어넘어 삶과 죽음 간의 딜레마를 해결하는 수단이란 생각이 바탕에 깔려 있다.

노년의 대작 『유리알 유희』(1943)는 '카스탈리엔' 이라는 이상향을 설정하여 미래를 보여주는 방대한 저작이다. 이 책은 나치 집권 시기에 집필되었다. 당시의 상황에 대해 헤세는 "공기는 온통 독에 차고, 삶은 또다시 불안한 것이 되었다. 내게는 두 가지가 중요했다. 첫 번째는 세계의 모든 독에서 벗어나 살 수 있는 정신적 공간을 만드는 일이고, 두 번째는 야만적 폭력에 맞서는 정신의 항거를 표현하는 것이었다"고 썼다.

『유리알 유희』의 무대인 카스탈리엔은 괴테의 『빌헬름 마이스터』의 교육주와 같이 이상적으로 설정된, 미래의 가상의 공간이다. 이곳에서 소명받은 사람들이 하는 유리알 유희는 음악, 문학 등 예술적, 지적 능력의 총합이 발현되는 최고의 정신적 게임이다. 이곳에서 최고의 명인이 된 주인공 크네히트는 그러나 다시 이 곳을 떠나 현실로 돌아오며, 고산지대의 호수에서 수영을 하다가 아침 햇볕 속에서 죽음을 맞는다. 공기가 희박한 고산지대, 차가운 빛을 발하는 별, 고독과 차가운 아침 공기, 차가운 호수와 같은 자연 묘사 속에서 크네히트가 죽음을 통하여 들어가는 불멸의 세계가 시사된다. 크네히트(하인, 봉사자란 의미)의 삶은 정신세계에서 현실세계에 대한 봉사로 이루어지며, 죽음을 통해 영원한 세계로 이어져 카스탈리엔도 그를 통해 거듭나고 있다.

헤세는 단조로울 만큼 치열하게 '자기 자신에 이르는 구도' 라는 하나의 주제에 집착했다. 헤세가 이렇게 단조롭고 집요할 만큼 가열한 정신성을 추구한 것은, '정신성' 이야말로 혼란하고 황폐하고 천박해져 버린 '잡문시대(feuilletonistische Zeitalter)' 에 대한 유일한 대안이라고 생각했기 때문이다. 이런 확신은 세계대전과 그것들을 전후한 혼란을 겪으면서 더욱 굳어졌다.

그런데 그렇게 한 시대를 반영하던 한 주제에서 비롯한 그의 저서들은 이후로도 계속하여 많은 독자들에게 큰 사랑을 받고 있다. 『데미안』은 헤세의 작품이 전반적으로 그러하듯이, 독일보다는 오히려 세계 각국에서, 특히 미국, 아시아권에서 활발하게 수용되어 왔다. 우리나라에서도 여전히 독일어권의 작품들 중 가장 많이 읽히는 작품으로 자리를 지키고 있다. 헤세의 대 주제인 '자신에 이르는 길'이 그만큼 시대를 초월하는 관심사이기 때문일 것이다. 개인의 치열한 구도와 성장의 과정을 담은 이 작품은, 시간과 공간을 넘어 어느 곳에서든, 방황하는 많은 이들에게 다시금 등불이 될 것이다.

⁜ 작품 이해를 위해 생각해볼 문제들 ⁜

1. 이 소설은 전체 8장으로 구분되어 있다. 1장의 제목인 '두 세계' 가 의미하는 바는 구체적으로 무엇인가?

2. 1장에 등장하는 크로머는 주인공인 에밀 싱클레어의 성장과정에 어떤 역할을 하였는가?

3. 2장에서는 에밀이 막스 데미안과 만나게 된다. 막스는 에밀에게 수업에서 다룬 '카인과 아벨' 에 관한 새로운 해석을 들려준다. 이 이야기에서 카인의 '표적' 은 어떤 의미를 갖는가? 반복되는 '표적' 은 데미안과 그의 어머니에게 왜 중요할까? 무엇이 싱클레어에게 이 '표적' 을 부여하였는가?

4. 이 작품은 "내 속에서 솟아 나오려는 것, 바로 그것을 나는 살아보려고 했다. 왜 그것이 그토록 어려웠을까" 라는 문장으로 시작된다. 싱클레어의 내면에서 "솟아 나오려는 것" 은 무엇이며, 그것에 따라 사는 일이 왜 "그토록 어려웠을까?"

5. 데미안은 두 세계와 어떠한 관계를 맺고 있는가? 어떤 식으로 그는 두 요소를 체현하고 있는가?

6. 싱클레어의 꿈은 어떤 기능을 하는가? 개별 꿈은 싱클레어의 인성발전 과정에서 각각 어떤 관련을 맺고 있는가?

7. 3장에서 싱클레어가 언급한 "잃어버린 낙원의 꿈" 이란 무엇인가? 왜 그는 이 꿈을 "모든 꿈 중에서 가장 나쁘고 가장 살인적인" 꿈이라고 했을까?

8. 싱클레어가 데미안에게 배운 중요한 교훈들은 무엇인가? 이러한 교훈들은 싱클레어의 성격과 삶에 어떤 영향을 끼쳤는가? 교훈들은 모두 유익한 것이었는가? 이 교훈이 오늘날 현대의 삶에는 어떤 의미를 지닐 수 있는가?

9. 싱클레어의 성장과정에서 피스토리우스는 어떤 의미를 지니는가? 데미안이 주인공에게 끼친 영향과 비교해 볼 때, 피스토리우스의 영향은 어떤 공통점과 차이점이 있는가? 데미안의 영향력은 지속되는데 반해 피스토리우스의 영향력은 왜 중단되었을까?

10. 4장 〈베아트리체〉에서 싱클레어는 한 장의 초상화와 한 장의 새 그림을 그렸다. 6장 〈야곱의 싸움〉에서도 싱클레어는 한 장의 초상화를 그렸다. 싱클레어가 그린 이 그림들의 차이점과 공통점은 무엇인가? 그림을 그릴 때 처음의 의도와 완성된 결과물은 어떤 차이를 보이는가? 이 그림들은 어떤 의미를 내포하고 있는가?

11. 데미안은 싱클레어에게 여러 가지 충고를 해주었다. 그 가운데서도 3장 〈예수 옆에 매달린 도둑〉에서는 다음과 같은 충고를 하였다.

> "그런 경우가 되기만 하면, *내면으로부터 너에게 명령되는 무엇인가를 네가 해보기만 하면*, 그럴 때는 좋은 말에 마구를 매듯 네 온 의지를 팽팽히 펼 수 있어."(강조는 필자)

6장 〈야곱의 싸움〉에서 피스토리우스는 싱클레어에게 다음과 같이 말하였다.

> "어쩌면 그 꿈들은, 자네가 무서워하는 그런 것이겠지. 무서워 말게! 그것들은 자네가 지닌 최상의 것이야. 나를 믿어도 되네. 나는 꿈을 많이 잃어버렸어. 자네 나이에 사랑의 꿈들을 능욕했지. 그래서는 안 되는데. 압락사스를 알면, 더 이상 그래서는 안 돼. *아무것도 무서워해선 안 되고 영혼이 우리들 마음속에서*

소망하는 그 무엇도 금지되었다고 해서는 안 되지."(강조는 필자)

데미안과 피스토리우스의 이러한 충고가 내포한 진정한 의미는 무엇인가? 이러한 충고는 오늘날 우리의 개인적인 일상에서 어느 정도의 타당성과 한계를 가질 수 있는가?

12. 프로이트의 『종교의 기원』에 포함되어 있는 논문 「토템과 터부」 가운데서 제2장 〈터부와 감정의 양가성〉을 읽고, 『데미안』의 제2장 〈카인〉에서 데미안이 성서의 '카인과 아벨' 이야기를 재해석한 것과 연관지어 토론해보자. 또한 "금지가 있는 곳에는 그 뒤에 그 대상에 대한 욕망이 있다"고 한 프로이트의 말을 위의 11)에 제시된 데미안과 피스토리우스의 충고와 연관지어 토론해보자.

13. '자기 자신에게로 가는 것' 이란 테마가 시종일관 다양한 형태로 변형되어 반복되면서 이 작품을 꿰뚫고 있다. '자기 자신' 을 찾는다는 것은 어떤 의미이며, 그 일을 성공할 경우 어떤 보상을 얻을 수 있을까? 또한 '자기 자신을 찾는 삶' 을 추구하며 살아간다면 어떤 희생이 따를 수 있는가?

14. 이 소설에서 에바 부인은 어떤 역할을 하고 있는가? 에바 부인은 작품 전체에 걸쳐 여러 번 언급되었음에도 불구하고 정작 작품의 말미에서야 등장하고 있다. 그 이유는 무엇일까? 에바 부인에게 이끌리는 싱클레어를 어떻게 설명할 수 있을까?

15. "붕대를 감을 때는 아팠다. (……) 거기서 나는 그 검은 거울 위로 몸을 숙이기만 하면 되었다. 그러면 나 자신의 모습이 보였다. 이제 그와 완전히 닮아 있었다. 그와, 내 친구이자 나의 인도자인 그와"라는 구절로 이 소설은 끝난다. 이 마지막 구절의 의미는 무엇일까?

16. 융의 정신분석학 개념 중에서 '개성화' 혹은 '자기실현', '원형', '집단무의식', '그림자', '아니마/아니무스 등의 의미를 알아보고, 이러한 개념들이 『데미안』에서 어떠한 형태로 구현되고 있는지 생각해보자.

Brecht

『사천의 선인』

베르톨트 브레히트
(1898-1956)

1. 작가 소개

베르톨트 브레히트(Bertolt Brecht)는 1898년 독일 아우크스부르크에서 태어났다. 뮌헨대학에서 의학과 문학을 전공하던 중 1918년 제1차세계대전이 발발하자 위생병으로 복무하기도 했다.

1924년에는 베를린으로 이주하여 연극 활동에 적극적으로 참여하였다. 1928년 뮤지컬 『서푼짜리 오페라』(쿠르트 바일 작곡)가 베를린에서 초연되어 엄청난 성공을 거두었다. 1929년에는 (드라마 『억척어멈과 그의 자식들』의 주인공 역으로 유명한) 여배우 헬레네 바이겔과 두 번째 결혼을 하였다. 이 시기에 마르크스주의의 영향을 받아 사회참여적인 작품을 쓰기 시작했다.

나치의 탄압을 피해 1933년에 덴마크로 망명을 떠나 스웨덴, 핀란드, 모스크바 등지를 거쳐 1941년 미국 할리우드에 정착하였다. 이 시기에 『갈릴레이의 생애』(1943), 『억척어멈과 그 자식들』(1941), 『사천의 선인』(1943) 등의 중요한 서사극 작품들이 씌어졌으며, 할리우드에서 시나리오 작업 등 영화작업에도 참여하였다.

1948년 동베를린으로 돌아와 베를린앙상블 극장을 설립하고 왕성한 활동을 하다 1956년 심장마비로 사망했다. 주요 작품으로는 위에 언급한 것 외에도 『마하고니 시의 번영과 몰락』(1927-29), 『조치』(1930), 『도살장의 성 요한나』(1929-31), 『예외와 관습』(1930), 『제3제국의 공포와 참상』(1935-38), 『푼틸라 나리와 그의 종 마티』(1940), 『아르투로 우이의 저지 가능한 상승』(1941), 『코카서스의 백묵원』(1944) 등의 희곡과 『스벤보르 시편』(1937), 『부코 비가』(1953) 등 수많은 서정시들이 있다.

2. 작품 해설

브레히트의 서사극을 대표하는 작품으로 평가되는 『사천의 선인(*Der gute Mensch von Sezuan*)』은 오랜 기간 동안 여러 차례의 개작을 거쳐, 망명 중이던 1941년에 완성되었다고 한다. 작품의 배경은 사천, 즉 중국의 쓰촨 지방으로 설정되어 있으며, 형식적으로는 총 10개의 장과 각 장 사이에 삽입된 7개의 막간극, 그리고 시작과 끝에 각각 서막과 에필로그가 붙어있는 형식으로 구성되어있다.

서막에서 이 작품의 핵심이 되는 전제가 주어진다. 그것은 “인간적인 삶을 영위할 수 있는 선한 인간들이 충분히 발견되면 이 세계는 현재 있는 그대로 존립할 수 있다”는 것이다. 이는 바꿔 말하면, 만약 그런 선한 인간이 하나도 발견되지 않는다면 이 세상은 현재 그대로 존립할 수 없다는 말이 된다. 그런데 그 결과는 이 세상에서 선한 인간이 살아갈 수 없는 것으로 드러난다. 그렇다면 결론은 세계가 지금 그대로 남아있을 수 없다는 것이고, 그렇다면 결국 세상이 달라져야 한다는 것이 된다. 그러나 어떻게 달라져야 하는가? 작품은 결론을 내리지 않은 채 끝난다. 세 신들은 나타난 결과를 인정하지 않으려 하며 무책임하게 도피하고, 에필로그를 통해 판단은 관객에게 맡겨진다.

관객이 찾아내야 할 답은 그 과정 속에 있다. 유일하게 찾아낸 선한 인간 셴테가 ‘선하면서 동시에 살아가라’는 계명을 지키지 못하고 실패해 가는 과정을 통해 ‘왜’ 그것이 불가능한가를 찾아내는 것이 중요한 것이다. 그 원인을 밝힐 수 있다면 세상이 ‘어떻게’ 변화되어야 할지도 알 수 있게 된다.

다시 한번 전제 부분을 살펴보자. 제일 먼저 물장수 왕이 등장하여 빈곤이 지배하고 있는 현실을 한탄하며 신들에게서 구원의 가능성을 기대한다. 그러나 세 신들은 빈곤을 구제하는 데에는 관심이 없고, 빈곤한 사회에서도 선함을 유지할 수 있는 사람을 찾고자 한다. 처음부터 신들의 요구와 사람들의 기대가 서로 어긋나 있는 것이다. 이는 신들의 요구가 얼마나 비인간적이며 현실과 거리가 먼 것인지를 비판적으로 보여준다. 신들의 관심사는 오직 현 상태를 유지하는 것뿐이다. 이는 이들의 전제 자체에 대해서도 거리를 두고 바라보게 한다. 그들이 요구하는 선, 혹은 도덕이라는 것이 결국 기존 체제를 유지하기 위한 이데올로기로 작용하는 것이 아닌가 하는 의혹을 갖게 한다. 결국 이러한 전제를 통해 이 작품에서 다루어지고 있는 것이 인간의 선악에 관한 도덕적인 문제가 아니라, 사회적 조건의 문제라는 것을 알 수 있다.

작품의 본 줄거리는 '사천의 선인' 센테가 계속해서 선행을 베풀면서 살아갈 수 있는가를 확인해가는 과정이다. 신들의 도움으로 창녀에서 담배가게 주인이 된 센테는 가게를 기반으로 이웃들에게 선행을 베풀고자 한다. 그러나 이웃들은 이기심만이 가득한 채 모두가 그녀를 이용하려고만 할 뿐이다. 결국 더 이상 살아갈 수 없게 된 센테는 '슈이타' 라는 사촌오빠의 모습으로 등장하여 문제를 해결하려 한다. 슈이타는 냉혹한 합리주의자로 자본주의적 원칙을 대변하는 인물로 그려진다. 이를 통해 선행을 위해서는 돈이 있어야 하고, 돈을 벌기 위해서는 악행을 저지를 수밖에 없는 자본주의적 현실에 대해 비판을 가한다. 센테는 마지막에 신들 앞에서 "선하고 그러면서도 살아가라는 지난날 당신들의 명령은 번개처럼 나를 두 조각으로 갈라놓았지요"라고 항변한다. 이렇게 두 인물로 분열되는 주인공의 모습은 자본주의 사회의 자기 소외 현상을 가시적으로 보여주는 것이라고 할 수 있다.

이 작품에는 다양한 계급의 인간들이 등장한다. 하층민들의 모습은 자신의 눈앞의 이익에만 관심이 있을 뿐 똑같이 어려움에 처한 다른 사람들조차 철저히 외면하는 뻔뻔스럽고 비열한 모습으로 그려진다. 자본가나 관료 계층 역시 자신의 이익만을 취하려 하며 하층민을 핍박하고 온갖 수단을 동원하여 기득권을 유지하려 한다. 그리고 지식인층을 대변하는 것으로 그려지는 양순은 자신의 출세를 위해 다른 사람들을 이용하는 데 서습지 않으며 자신의 지식을 자본가들을 위해 사용하는 기회주의적인 모습으로 그려진다. 즉 모두가 돈의 논리에 따라 움직인다. 사랑마저도 예외가 아니다.

그런데 이러한 인물들의 모습은 각 인물들의 모순적 태도를 드러내는 방법을 통해 그려진다. 예를 들어 물장수 왕을 무자비하게 폭행한 이발사 슈푸는 자선을 행하는 셴테를 높이 평가하며 스스로 자선가인 양 하지만 실제로는 셴테를 소유하기 위한 욕심에 불과한 것임이 폭로된다. 또 가난한 사람들을 위해 제공한 창고 역시 사람이 살만한 곳이 못된다는 사실이 드러난다. "사랑은 파는 법이 아니"라며 셴테의 창녀로서의 전력을 비난하던 경관은 곧이어 슈이타에게 "약간의 돈과 결혼"시켜 집세를 해결하라는 조언을 한다. 양순의 어머니가 양순이 정직하게 성공했다고 말하는 장면에 이어 양순이 동료를 모함하고 짓밟는 방식으로 출세하는 모습이 재현된다. 또 남의 돈을 가로채고 가난한 노동자들을 착취하는 슈이타에 대해 같은 자본가 계층이나 경관 등은 "법을 존중하는 시민"이라거나 "명망 있는 사업가"이자 "사회복지에도 힘쓰는 사람"으로 칭찬하는 모습 역시 이들의 태도를 비판적으로 바라보게 한다.

이러한 형상화 방법은 관객들로 하여금 무비판적으로 극에 몰입되는 것이 아니라 거리를 두고 바라보게 하려는 브레히트의 의도에서 나온 것으로, '생소화 효과'라고 한다. 이를 통해 관객은 무대 위에서 진행되는 사건에 대해 비판적으로 바라보고 현실에 대한 인식을 얻게 된다. '생소화 효과'는 브레히트의 서사극 이론의 핵심적 개념이다. 다음 절에서 이 서사극 이론을 살펴보고, 『사천의 선인』의 서사극적 특징에 대해 분석해 볼 것이다.

3. 서사극 이론

브레히트는 전통적인 연극이 관객으로 하여금 수동적으로 연극의 내용을 소비하도록 하는 데서 끝난다고 비판하고, 새로운 연극은 관객의 능동적이고 비판적인 인식을 끌어낼 수 있어야 한다고 보았다. 그는 그러한 새로운 형식의 연극을 '서사극(Episches Theater)' 이라고 지칭하였다.

서사극이란 개념은 극 장르에 서사 장르의 요소를 결합시킨 것을 의미한다. 즉 사건의 직접 재현을 특징으로 하는 연극에, 사건을 전달하는 역할을 하는 서술자의 요소를 도입한 것이다.[3] 사실 이러한 요소들은 이미

3 | 브레히트는 서사적 형식과 극적 형식을 대비시켜 도표로 나타냈다. 이때 두 형식이 서로 완전히 대립되는 것이라고 이해해서는 안 되고, 단지 중점의 변화일 뿐이라고 보아야 한다.

연극의 극적 형식	서사적 형식
무대가 사건을 구현해서 보여준다	무대가 사건을 이야기한다
관객을 행위 속에 끌어들임	관객을 관찰자로 만듬
관객의 능동성을 소모시킴	능동성을 일깨움
관객에게 느끼도록 함	결단을 강요함
체험을 전달함	지식을 전달함
관객이 사건진행 속으로 끌려들어감	사건진행에 대립됨
암시의 수단이 사용됨	논증의 수단이 사용됨
감정이 축적됨	인식에 이르기까지 몰아감
인간은 이미 알려진 존재로 전제됨	인간은 연구의 대상
고정불변의 인간	가변적이며 변화시키는 인간
결말에 대한 긴장	진행에 대한 긴장
한 장면은 다른 장면을 위해 존재	각 장면은 독자적으로 존재
사건들이 직선적으로 진행	굴곡을 이룸
진화적인 사건 진행의 필연성	진행의 도약성
현존하는 대로의 세계	생성하는 세계
인간의 의무	인간의 필연성
인간의 본능	인간의 동기
사유가 존재를 규정	사회적 존재가 사유를 규정

고대비극에도 존재했다. 고대 비극에서 무대의 사건에 대해 설명하는 역할을 했던 합창대가 바로 그러한 서술자의 역할이라고 할 수 있다.

베를린앙상블 앞에 있는 브레히트 동상

그러나 브레히트가 이러한 요소를 도입했던 것은 관객과 무대간의 관계를 변화시키려는 의도에서 나온 것이었다. 즉 관객이 연극에 몰입하는 것을 방해하여 비판적 거리를 유지하게 함으로써 스스로 판단하고 스스로 답을 찾아낼 수 있도록 하기 위한 것이다. 이를 위해 사용되는 수단이 바로 '생소화 효과(Verfremdungseffekt)'이다. 생소화 효과란 말 그대로 익숙한 것을 낯설게 보이게 만드는 것이다. 사람들은 일상생활에서 자동화된 인식을 통해 현실을 아무 생각 없이 바라보게 되는데, 이를 낯설게 보이게 만듦으로써 관객들로 하여금 현실에 대해 다시 한번 생각하고 비판적으로 사고할 수 있게 하려는 것이다. 브레히트는 생소화 효과를 위해 노래, 장면 제목, 해설자, 서막과 에필로그, 막간극 등 다양한 방법을 도입하였다. 이러한 구체적인 방법에 대해서는 뒤에서 『사천의 선인』의 예를 통해 자세히 살펴보겠다.

그런데 브레히트는 이처럼 생소화 효과를 가져오는 모든 가능성들 중에서 가장 뛰어난 것이 '비유극(Parabelstück)'이라고 평가했다. 그리고 바로 『사천의 선인』에는 비유극이라는 명칭이 붙어있다. '우화'라고 번역되기도 하는 비유(Parabel)란 원래 '이솝 우화'처럼 교훈적인 문학의 한 장르이다.[4] 우화에서 겉으로 드러나는 이야기는 그 안에 내포된 다른 의미의 차원을 가리키기 위한 것이다. 즉 추상적이고 형이상학적인 내용을 구체적인 상을 통해 보여주는 것이다.

브레히트는 이러한 우화의 특징을 높이 평가했다. 그는 "우화는 본질적인 것을 드러나 보이게 하며 추상 속에서도 구체적이다"라고 하면서, 서사극 역시 구체적인 사건의 묘사를 하되, 그 속에서 사회현실을 지배하는 법칙이 드러나도록 해야 한다고 생각했다. 그런 점에서 브레히트의 서사극은 그 자체가 하나의 우화(비유)라고 할 수 있다. 물론 여기서 드러내보이고자 하는 것은 어떤 철학적 이념이 아니라 사회적 구조이다. 따라서 브레히트의 서사극은 철학적 이념을 전달하기 위한 고전주의적 이념극과도, 사회현실을 있는 그대로 보여주는 자연주의적 사회극과도 구별된다.

이러한 비유극의 대표적인 작품이 바로 『사천의 선인』이다. 중국의 사천 지방으로 설정된 공간적 배경과 초기 자본주의 단계를 암시하는 시간적 배경부터 특정한 현실과는 동떨어진 우화적 성격을 보여주며, 세 신이 등장하여 인간 세상을 시험하는 설정 역시 우화의 전형적인 특징이다. 그리고 이러한 겉으로 드러난 이야기는 결국 자본주의 사회의 모순된 현실을 드러내기 위한 것이다. 그러나 그것이 뼈대만 남은 이념의 형태로 전달되거나 생경한 의도만이 직접적으로 강요되는 것이 아니라 구체적이고 흥미진진한 이야기의 전개 속에서 관객들의 판단을 촉발한다는 점이 바로 브레히트가 말한 비유극의 장점이다.

『사천의 선인』에서는 관객들이 극중의 사건에 몰입하는 것을 막고 거

4 | 그런 점에서 비유극은 우화극, 혹은 우의극으로 번역되기도 한다.

리를 두고서 비판적으로 바라볼 수 있게 하기 위해 다양한 생소화 기법들이 사용되는데, 그 중에서도 제8장은 생소화 효과를 보여주는 모범적인 예로 꼽힌다. 제8장 첫 부분에서 양 부인은 자신의 아들 양순이 슈이타의 공장에서 일하게 되기까지 3개월 간의 경과를 관객들에게 들려준다. 이러한 회상기법과 시간을 축약하여 보여주는 기법은 특징적인 서사적 기법이라고 할 수 있다.

또한 양 부인의 이야기(서사적 요소)는 과거의 상황을 재현해 보여주는 장면(극적 요소)과 번갈아 나타나는데, 이때 서사적 부분과 드라마적 부분의 내용이 뚜렷이 내비되어 나타남으로써 각각의 부분은 서로를 낯설게 만든다. 즉 양 부인은 자신의 아들이 정직한 노고로 성공했다고 말하지만, 드라마를 통해 그려지는 장면에서는 다른 사람들을 착취하고 모함해서 이익을 취하는 약삭빠른 모습으로 나타난다. 또 양순을 이용해 노동자들을 착취하는 슈이타의 모습에 대해 양 부인은 "엄격과 지혜로써 그분은 양순에게 숨어있던 모든 선한 것을 이끌어내셨다"고 존경을 표한다. 이러한 대비를 통해 관객들은 양 부인의 주관적인 평가에 대해 거리를 두고 바라보게 되며, 양순과 슈이타의 태도도 더욱 비판적으로 드러나게 된다.

8장에서 양순과 슈이타에 대한 이러한 비판적 시각을 더욱 확실하게 해주는 것이 '여덟 번째 코끼리의 노래'이다. 일반적으로 브레히트의 서사극에서 노래는 가장 중요하게 사용되는 서사적 기법으로, 무대 위의 사건에 대해 보다 넓은 관점에서 논평을 가하는 수단이다. '여덟 번째 코끼리의 노래' 역시 자본가의 편에서 노동자를 감독하고 착취하는 양순의 역할에 대한 비판적인 논평의 기능을 한다. 그런데 노동자들에 의해 비판적으로 불려지는 노래는 점차 양순에 의해 노동자들 자신을 착취하는 도구

공연 장면 (물장수 왕과 세명의 신)

로 변질된다. 이를 통해 전체 장면은 더욱 섬뜩하게 다가오며 생소화 효과가 더욱 커진다.

그밖에도 '연기의 노래', '빗속의 물장수 노래', '신들과 선량한 사람들의 무방비 상태에 관한 노래', '영원히 찾아오지 않을 날의 노래' 등 이 작품에 등장하는 노래들은 줄거리를 중단시키며 설명적 역할을 하는 비슷한 기능을 하고 있다.

생소화 효과는 막간극을 통해서도 이루어진다. 막간극에서는 주로 물장수 왕의 꿈속에 신들이 등장하여 대화를 나누는 상황이 벌어진다. 이는 줄거리를 중단시키며 사건의 몰입을 방해하는 역할을 하며, 무대에서 진행되고 있는 사건에 대한 평가를 내리고 사건의 내용에 대해 성찰을 하도록 한다.

셴테와 슈이타의 태도를 극단적으로 대비시키는 것도 이러한 생소화 효과에 기여한다. 예를 들어 진열장 값을 요구하는 목수 린토에 대한 두 인물의 태도라든가, 슈푸에게서 손을 다친 물장수 왕에게 보여주는 두 인물의 상반된 태도에서 이런 대비가 극명하게 드러나면서 각각의 태도에 대해 비판적으로 바라보게 한다. 그밖에도 에필로그, 인물들의 계급과 성격에 따른 특징적 언어라든가 무대배경 등 많은 요소들이 서로를 상대화시킴으로써 생소화 효과에 기여하고 있다.

4. 더 읽을거리

브레히트의 작품들은 시대와 국가를 초월한 메시지뿐만 아니라 오락성도 갖추고 있어 우리나라에서도 다양한 작품들이 꾸준히 무대에 올려졌다. 특히 서사적 특징으로 인해, 원작 그대로 공연되기도 하지만 우리 현실에 맞게 번안되기도 하는 등 다양한 방식의 공연이 시도되었다. 이 작품이 아니더라도 공연 중인 작품이 있으면 직접 연극을 관람하고 실제 서사극의 기법들이 어떻게 활용될 수 있는지 원작과 비교해보면 좋을 것이다.

또한 브레히트는 평생 동안 수많은 시들을 남겼다. 국내에 번역된 시집 『살아남은 자의 슬픔』은 그의 대표적인 시들을 발췌하여 수록해 놓은 책이다. 브레히트의 개인적인 고뇌와 생각들이 서정적인 감수성을 통해 잘 드러나고 있는 책으로, 희곡작품에서 느낄 수 없는 브레히트의 또 다른 면모를 볼 수 있을 것이다.

살아남은 자의 슬픔(1944)

물론 나는 알고 있다. 오직 운이 좋았던 덕택에
나는 그 많은 친구들보다 오래 살아남았다. 그러나 지난 밤 꿈속에서
이 친구들이 나에 대하여 이야기하는 소리가 들려 왔다.
"강한 자는 살아남는다."
그러자 나는 자신이 미워졌다.

✣ 작품 이해를 위해 생각해볼 문제들 ✣

1. 신들이 이 세상에 내려온 이유는 무엇인가?

2. '유용성의 환난' 이라는 우화는 『장자』의 내편(內篇)에 나오는 비유라고 한다. 『장자』에서 쓰인 본래의 의미와, 이 작품의 맥락에서 사용된 의미를 비교해보자. 또 양순이 연초공장에 취직한 뒤 "타락한 인간에서 유용한 인간으로" 변했다는 표현 등을 통해 '유용성' 의 의미에 대해 생각해보자.

3. "선한 인간은 어두운 땅 위에서도 올바른 길을 찾을 것이다"라는 신들의 말은 괴테의 『파우스트』에 등장하는 "선한 인간은 어두운 충동 속에서도 올바른 길을 잘 알고 있다"라는 유명한 문구를 브레히트가 차용한 것으로 보인다. 『파우스트』에서는 파우스트를 유혹하기로 한 악마 메피스토펠레스에게 신이 한 말인데, 이 말의 의미가 어떻게 변형되어 인용되고 있는가?

4. 셴테와 슈이타의 성격을 각각 설명해보자. 또한 이들에 대한 주변 사람들의 평가는 이해관계에 따라 어떻게 차이가 나는가?

5. 슈이타는 모두 몇 번 등장하며, 각각 어떤 어려움이 발생했을 때인가? 그리고 그가 등장함으로써 문제가 어떻게 해결되는가?

6. 슈이타를 개입시키지 않고서 선을 행할 수 있는 방법은 없었을까?

7. 물장수 왕은 어떤 역할을 하는가?

8. 양순이라는 인물에 대해 묘사해보자.

9. 등장인물들을 사회계급별로 분류하고 각각의 전형적인 특징을 도출할 수 있는지 정리해보자.
   슈푸 /양 부인 /신 부인 /8인 가족 /목수 린토 /건물주 미취 여사 /양탄자 상인 부부 /경관

10. 작품에서 묘사한 선인과 악인에 대해 생각해보자. 그리고 각자 생각하는 선인과 악인에 대해 토론해보자.

11. "선행을 베풀며 동시에 살아가라"는 신들의 명령은 과연 불가능한가? 불가능하다면 무엇 때문일까?

12. 마지막에 신들이 내린 결론은 무엇인가?

13. 어찌할 바를 모른 채 도움을 청하는 셴테를 내버려둔 채 신들이 도망가는 것으로 끝나는 결말은 어떻게 볼 수 있을까? 출구 없는 현실 앞에서 좌절할 수밖에 없는 인간의 모습을 보여주는 비극으로 다가오는가, 아니면 신들의 무책임함을 폭로함으로써 현실을 비판하는 것으로 보이는가?

14. 작품 속에서 서사극적 특징을 찾아보자. 그것은 브레히트가 의도한 것처럼 관객들에게 인식을 전달하는 기능을 하고 있는가?

15. 브레히트가 배경을 중국으로 한 것은 어떤 효과를 위한 것일까?

Grass

『양철북』

권터 그라스
(1927-2015)

1. 작가 소개

권터 그라스(Günter Grass)는 1927년 10월 16일 사유시 난치히(지금은 폴란드의 그다인스크)에서 독일인 아버지와 카슈브인 어머니 사이에서 태어났다. 제2차세계대전에 참전했다가 부상당한 후 서독에서 1946년까지 미군 포로생활을 하였다. 그 후 석공일을 배우다 뒤셀도르프 미술대학에 입학하여 조각과 그래픽을 전공하였고, 베를린 조형예술대학으로 옮겨 공부를 계속하였다. 1955년에 시집을 발표하며 작가로 데뷔를 하였고, 1959년 최초의 장편소설인 『양철북』의 출판으로 세계적인 명성을 얻었다. 1999년 노벨문학상을 수상하였다.

그의 문학은 한마디로 '망각에 맞선 글쓰기'라고 일컬어진다. 즉 그는 평생동안 작품을 통해 독일의 부끄러운 과거 역사에 대한 반성에 천착해 왔다. 뿐만 아니라 독일 통일에 있어서 서독에 의한 동독의 일방적인 흡수 통일 방식에 대해 격렬하게 비판하는 등 독일의 대표적인 비판적 지성으로서 적극적으로 사회참여 활동을 해왔다. 그러나 2006년에 출간된 회고록 『양파껍질을 벗기며』에서 나치의 무장친위대에 복무한 전력을 고백하면서 커다란 논란에 휩싸였다.

주요 작품으로 단치히 3부작으로 불리는 『양철북』(1959), 『고양이와 쥐』(1961), 『개들의 시절』(1963)과 『넙치』(1977), 『게걸음으로 가다』(2002) 등의 소설이 있다. 그밖에 희곡과 시뿐만 아니라 수많은 조각과 회화 작품도 발표했다.

2. 작품 해설

2.1. 형식

이 작품은 주인공이자 일인칭 서술자인 오스카 마체라트(Oskar Matzerath)가 1952년부터 1954년까지 정신병원에 머물면서 1899년부터 1952년까지의 자신의 가족사를 기록하는 식으로 구성되어 있다. 이에 따라 글 쓰는 과정과 자서전의 내용이 되는 두 가지의 시간 차원이 병행하여 서술된다. 이때 가족사의 내용은 1권에서는 1899년부터 1938년의 '수정의 밤'[5]까지, 2권에서는 폴란드 우체국 전투로 제2차세계대전이 시작되어 끝날 때까지, 그리고 3권에서는 종전에서부터 오스카가 30세가 되는 1954년까지의 이야기가 서술된다. 그리고 이러한 오스카의 소시민적, 사적 사건들은 거시적 차원의 역사적 사건들과 상징적으로 연관된다.

이처럼 『양철북』의 이야기는 연대기순으로 진행되기는 하지만 각 장은 어느 정도 독립성을 지닌 에피소드 형식으로 이루어져있다. 뿐만 아니라 각 장의 형식들도 다양하다. 기본적으로는 오스카가 일인칭 서술자로서 자신의 이야기를 서술하는 형식으로 이루어져있지만, 경우에 따라서는 정신병원의 간호사인 브루노가 아픈 오스카를 대신하여 오스카의 이야기를 기록하기도 하고, 법정 진술서의 형태로 친구인 비틀라르가 자신의 입장에서 오스카에 대해 이야기를 하기도 한다. 또한 회고록의 형식 속에 느닷없이 희곡 형식이 등장하기도 하고, "옛날 옛날 마인이라는 음악가가 살았다"는 식으로 동화 형식을 차용하기도 한다. 더구나 서술자 역시 일인칭 '나'에서 '오스카', 혹은 3인칭의 '그'로 수시로 변한다.

두 가지 차원으로 서술되는 형식 또한 작품의 서술과정 자체를 보여주면서 자신의 진술에 대해 스스로 회의를 함으로써 서술되는 내용을 상대화시킨다. 또한 서술자 오스카는 냉소적이고 역설적인 서술을 통해 독자로 하여금 주인공 오스카의 행동과 벌어지고 있는 사건에 대해 거리를 두고 바라보게 만든다. 이 모든 방법을 통해 독자는 오스카의 진술을 그대로 받아들이지 않고 사건에 대해 비판적으로 사고하게 된다.

5 | 1938년 11월 7일 파리에서 유대인 청년이 독일 외교관을 사살한 사건이 일어나자 나치에 의해 독일 전역에 걸쳐 대 유대인 보복이 가해졌다. 유대인 회당과 상점, 주택들이 파괴되고 유대인 91명이 사망, 2만여 명이 체포되었다 이때 깨진 유리조각들이 사방에 널려있었던 모습에 빗대어 '수정의 밤(Kristallnacht)' 이라고 불린다.

2.2. 주제

『양철북』은 나치즘이라는 독일의 현대사와 연관짓지 않고는 해석할 수 없다. 이 소설에서 그라스는 과거사에 대한 철저한 청산 없이 경제성장에만 매달리던 전후 서독 사회를 향해 날카로운 비판을 가하며 독일인들의 반성을 촉구하고자 하였다. 특히 나치를 악마시하여 대다수 국민들의 책임을 회피하고자 했던 당시의 흐름에 맞서 『양철북』은 당시 독일 소시민 계급에 내재한 파시즘적 성향과 정신적 타락을 적나라하게 파헤침으로써 독일인 대다수에게 역사적 책임이 있음을 보여주었다.

오스카는 세 살이 되던 1927년 생일에 지하실에서 추락하여 의도적으로 성장을 중단한다. 이는 역사의식과 정치적 책임감을 전적으로 결여함으로써 의식수준이 세살박이 수준에서 멈추어 버린 독일 소시민 계층의 모습을 비유하는 것이라고 볼 수 있다. 오스카는 1945년 나치 동조자의 전형이라고 할 수 있는 아버지 알프레트 마체라트가 매장될 때 다시 성장하기로 결심한다. 서서히 자라기 시작하는 그의 신체는 나치 붕괴 이후 점차 정상성을 회복하는 소시민의 의식을 가시적으로 보여준다. 그러나 오스카는 전후에도 정상인의 모습으로 성장하지는 못한다. 121센티미터에서 다시 성장이 멈추고 등에 혹이 달린 꼽추가 된다. 이 모습은 전후 독일이 나치 과거를 망각하고 억압하려고 하기 때문에 계몽된 의식의 상태에 도달하는 데 실패했음을 보여준다.

이처럼 오스카는 자신의 몸을 통해 나치 독일의 유아성과 전후 서독의 불구성을 암시하는 존재로 나타나기도 하지만, 어린 아이라는 시각을 통해 소시민 계급의 위선을 폭로하는 매개자의 역할을 하기도 한다. 오스카는 성인의 의식을 세 살짜리 어린아이의 몸속에 감춘 채 '아래로부터의 시선'을 통해 어른들의 일상을 관찰한다. 오스카의 시각을 통해 드러나는 소시민계급의 모습은 성적 타락과 파시즘적 공격성, 정신적 불모성 등으로 점철된 암울한 상태이다. 오스카는 이러한 기성세대와 소시민계급에 편입되기를 거부하는 극단적 조치로서 성장을 거부한다. 또한 오스카는 어른들이 저지르는 죄에 대한 저항의 의미로 양철북을 두드리고 목소리로 유리를 깨뜨린다.

귄터 그라스가 직접 그린 『양철북』 표지 그림

그런데 양철북을 두드리는 행위는 저항의 의미뿐만 아니라 극히 모순적인 복잡한 의미를 지니고 있다. 양철북을 쳐서 나치 집회를 망치는 장면에서 양철북을 치는 행위는 나치에 대한 저항의 행위로 해석될 수도 있지만, 오스카는 스스로 순전히 "개인적인 또한 미학적인 이유에서" 나온 행위임을 역설한다. 나중에는 나치 선전대에서 적극적으로 나치를 위해 봉사하는 역할을 하기도 한다.

무엇보다도 양철북은 주인공 오스카로 하여금 기억을 불러내어 소설의 서술을 가능하게 하는 핵심적인 도구이다. 이러한 기능은 전후에 과거의 죄책을 의식 속에서 의도적으로 배척함으로써 슬퍼할 능력을 상실한 독일인들에게 과거의 기억을 환기시킴으로써 카타르시스를 느낄 수 있도록 하는 데 사용되기도 한다. 그러나 이는 결국 오스카에게 돈을 버는 도구가 될 뿐이다.

유리를 깨뜨리는 행위도 마찬가지이다. 유리 파괴의 능력은 처음에는 순수한 자기방어의 수단으로 사용되다가 점차 분노의 표출로서 공격성을 나타내더니, 나중에는 "유희적 충동과 매너리즘"에 빠져들게 만든다. 즉 나치 선전대의 공연에 사용되거나 사람들을 도둑질로 유혹하는 데 사용되기도 한다. 또한 양철북을 치고 유리를 파괴하는 행위는 그 자체로 파괴적이고 공격적인 시대 분위기를 상징하는 것이기도 하다.

이러한 다층적인 의미에도 불구하고 결국 오스카가 북을 치고 유리를 깨뜨리는 것은 아무런 지향점도 없는 무의미한 파괴행위일 뿐이다. 이러한 태도는 흔히 사회현실을 외면하는 유미주의 예술가를 상징하는 것으로 해석된다. 나치의 집회를 북 연주로 망칠 때조차도 오스카에게 정치적 판단이나 도덕적 성찰은 전혀 보이지 않는다.

예술가로서 오스카는, 광기와 도취를 상징하는 라스푸틴과 조화와 균형을 상징하는 괴테를 자신의 모범으로 삼고 이 둘을 합치시키고자 한다. 오스카는 라스푸틴의 야만성만큼이나 괴테로 대변되는 독일의 이상주의적 예술에 대해서도 비판적이다. 그러나 오스카 자신은 이 둘을 합치시킬 방도를 찾지 못한 채 우스꽝스런 광대의 모습으로 배회할 뿐이다. 결국 그는 '검은 마녀' 에 대항할 방도를 찾지 못하고 정신병원의 침대로 도피하게 된다.

오스카를 현실로부터 도피하게 만드는 것은 바로 죄의식이다. 그는 부모님과 많은 사람들의 죽음에 대해 자신의 책임이라고 생각하며 이는 바로 검은 마녀에 대한 공포로 나타난다. 이러한 죄책감이 결국 '회상작업' , 바로 이 소설인 자서전의 기록으로 이끄는 것이다.

소설 『양철북』은 과거의 책임을 회피하고 역사를 망각 속에 묻어두려는 당시 독일 사회의 분위기에 맞서, 불행한 역사가 되풀이 되지 않도록 과거를 기억 속에 불러내어 생생하게 살아있는 것으로 만들려는 작업이라고 할 수 있다. 이를 위해 그라스는 소시민적 존재이자 예술가적 존재로서의 오스카라는 인물을 통해 나치의 발전을 가능케 했고 전후에도 나치의 극복을 어렵게 했던 독일의 정신사에 대해 비판을 가하고 있다.

3. 더 읽을거리

이 소설은 1979년에 폴커 슐렌도르프 감독에 의해 동명의 영화로 만들어졌다. 영화 작업에는 그라스도 직접 참여하였다. 영화는 소설의 내용을 충실히 그려내고 있지만 몇 가지 근본적인 차이점을 보인다.

영화 〈양철북〉 포스터

영화는 제2권의 내용까지, 즉 1945년 종전과 함께 오스카가 서독으로 떠나는 시점까지만 다루고 있으며, 정신병원에 있는 서술자가 과거를 회상하는 식으로 구성 되어있는 것이 아니라 시간순으로 서술된다.

이에 따라 영화는 소설보다 훨씬 낙관적인 결말을 암시한다. 영화와 소설의 특징들을 비교해보는 것도 작품을 이해하는 데 도움이 될 것이다.

그리고 그라스가 노벨문학상을 수상한 후 처음으로 내놓은 소설인 『게걸음으로 가다』(2002)는 다루고 있는 소재의 민감함으로 인해 독일 사회에서 커다란 반향을 불러일으킨 작품이다. 이 소설에서 다루어지고 있는 소재는 1945년 독일 피난민을 가득 태우고 가던 독일선박 구스틀로프 호가 발트해에서 소련 잠수함의 공격으로 침몰한 사건으로, 이때 독일 민간인 9천여 명이 죽었다고 한다. 그동안 독일인의 희생에 대해 언급하는 것 자체가 조심스러웠던 사회 분위기 속에서 이러한 사건에 대해 역사적인 평가가 제대로 이루어지지 못했고, 이러한 상황을 틈타 이 사건은 극우주의자들에 의해 악용되었다. 이 소설은 여태까지 다뤄온 소재와는 다른 소재를 택하고 있지만, 현재적 관점에서 침묵 속에 묻혀있던 과거 역사를 복원하고 있다는 점에서 '망각에 맞선 글쓰기'의 연장선상에 있다고 할 수 있다. 뿐만 아니라 인터넷이라는 첨단 매체를 통해 역사에 대해 무관심한 젊은 세대와의 소통을 시도하고 있는 점도 흥미로운 점이다.

⁜ 작품 이해를 위해 생각해볼 문제들 ⁜

1. 이 소설의 서술자가 글을 쓰는 시점은 몇 년도인가? 서술자의 가족사를 중요한 사건들을 중심으로 연도순으로 정리해보자. 그리고 그것이 독일의 역사와 어떻게 연관이 되는지 비교해보자.

2. 오스카의 가계도를 그려보자.

3. 소설의 배경이 되는 단치히라는 도시는 여러 문화가 공존하는 곳으로 나타난다. 어떤 문화들이 섞여있는가?

4. 오스카가 유리를 깨는 능력을 처음으로 발견하게 되는 것은 언제이며 또 언제 능력을 상실하게 되는가?

5. 유리를 깨는 행위는 어떤 의미를 지니는가? 사례를 들어 설명해보자.

6. 오스카가 학교에 다니기를 거부한 다음 누구를 통해서 어떤 방식으로 글자를 배우고 지식을 얻게 되는가?

7. 오스카의 어머니를 죽음으로 몰아간 원인은 무엇일까? 그리고 직접적인 계기가 된 사건은 무엇인가?

8. 마체라트는 파시즘적 특성을 가장 잘 대변하고 있는 인물로 평가된다. 그의 어떠한 특성이 이런 평가의 근거가 되는가?

9. 셰플러 부부, 그레프 부부, 트루진스키 가족, 트럼펫 연주자 마인 등 단치히

이웃들의 이야기를 따로따로 구성해보라.

10. 할머니의 네겹 치마가 의미하는 것은 무엇일까?

11. 트럼펫 연주자 마인과 장난감 가게 주인 지기스문트 마르쿠스에 관한 이야기를 동화 형식으로 서술하고 있는 〈믿음, 소망, 사랑〉이라는 장은 어떤 역사적 사건과 관련이 있는가?

12. 얀 브론스키의 죽음은 어떤 역사적 사건을 배경으로 하고 있는가?

13. 오스카의 두 아버지의 죽음에서 오스카는 어떤 역할을 하는가?

14. 오스카의 성장은 언제 어떤 방식으로 이루어지는가?

15. 제2차세계대전이 끝난 후 서독으로 온 오스카는 어떤 직업들을 가지는가?

16. 오스카가 전쟁 때 만났던 베브라와 랑케스는 전후에 어떤 일을 하는가?

17. 오스카가 정신병원에 수용되는 것은 어떤 사건을 통해서인가?

18. '무명지' 는 무슨 상징일까? 오스카에게 무명지는 헤어베르트 트루친스키의 등에 있는 상흔, 자스페 묘지에서 발견된 탄피, 북채, 성심교회의 소년 예수의 석고 고추 등과 동일시되며 오스카의 인생에 중요한 의미를 가진 것으로 이야기된다. 이것이 의미하는 바는 무엇일까?

19. '검은 마녀' 는 무엇을 상징하는가?

20. 양철북을 치는 행위는 어떤 의미를 지니는가?

21. 독일 소시민 계급과 파시즘의 연관관계에 대해 알아보자.

22. 불행한 역사의 반복을 막기 위해서는 어떠한 노력이 필요할지 토론해보자.

Bachmann

『동시에』

잉에보르크 바흐만
(1926-1973)

1. 작가 소개

잉에보르크 바흐만(Ingeborg Bachmann, 1926-1973)은 오스트리아를 대표하는 여성 작가의 한 사람이다. 오스트리아의 클라겐푸르트에서 태어나 제2차 세계대전 종전 직후 대학에 입학하여 철학, 심리학, 독문학을 공부하였으며, 비인 대학에서 마르틴 하이데거에 관한 논문으로 박사학위를 받았다.

1950년대 초반에 전후 독일 문단을 주도한 '47그룹'에 데뷔하면서 작품활동을 시작하였다. 대표작으로 시집 『유예된 시간』(1953), 방송극 『맨하탄의 선신(善神)』(1958), 단편소설집 『삼십세』(1961), 『동시에』(1972), 그리고 미완성 3부작 장편소설 『죽음의 방식들』의 제1부에 해당되는 『말리나』(1971) 등이 있다. 뷔히너 문학상, 오스트리아 국가문학상 등을 수상하였고, 1977년부터 바흐만의 문학을 기리는 잉에보르크 바흐만 문학상이 제정되었다.

2. 작품 해설

국내에 번역되어 있는 바흐만 중단편집 『동시에』(차경아 역, 문예출판사, 1996)에는 표제작을 포함하여 모두 다섯 편의 중단편 소설이 수록되어 있다. 표제작 『동시에』는 독일어, 영어, 프랑스 어, 이탈리아 어가 뒤섞여 있는 텍스트의 특성상 난해할 수 있으므로, 작품 해설은 『개 짖는 소리』에 대한 해설로 국한하고, 나머지 세 작품에 대해서는 작품의 이해를 돕기 위한 질문을 덧붙이기로 한다.

독일어권 국가에서 1900년을 전후해서 태어난 세대가 겪은 사회변동은 크게 세 측면으로 요약해서 말할 수 있다. 첫째는 전통적 가족주의에 기반을 둔 시민사회가 제1차세계대전을 계기로 급속히 붕괴된 것을 꼽을 수 있다. 그러나 가족제도의 형태는 바뀌어도 전통적 가족관계에서 형성된 가치관은 지속적으로 그 명맥을 유지했다. 이 세대는 또한 나치체제를 견디고 생존해야 했는데, 나치 지배는 바이마르 공화국 시기(1918-1933)에 급속히 해체되었던 전근대적 권위주의 가치관을 다양한 형태로 부활시켰다. 마지막으로는 바이마르 공화국 시기에 발양된 민주주의와 다원주의를 새로운 시대의 가치관으로 받아들여야 했는데, 사람들의 일상생활에서 그것은 갈수록 치열해지는 경쟁사회에서 살아남아야 한다는 것을 뜻했다.

바흐만의 『개 짖는 소리』(1972)는 85세의 요르단 노파와 그녀의 젊은 며느리 프란치스카, 그리고 아들 레오의 경우를 통해 바로 그러한 사회변동에 따른 가정 내 여성의 역할을 문제삼고 있다. 일찍 남편과 사별하고 오직 아들을 키우는 데만 평생을 바친 요르단 노파는 유명한 정신과 의사가 된 아들을 숭배하는 동시에 겁내는 이중감정을 드러낸다. 성장기의 아들을 짐짓 '효자'로 둔갑시켜 회상하는 것 역시 남처럼 멀어진 아들로 인한 상실감을 어떻게든 메워보려는 보상욕구가 그만큼 절실하다는 뜻도 되지만, 다른 한편 아들에 대한 맹목적 순종과 자기검열의 일단을 보여준다.

'개 짖는 소리'의 환청은 노파의 의식적 자기검열이 미치지 못하는 원망의 감정을 우회적으로 표현한 것이라 할 수 있다. 그런데 마지막에는 갑자기 엄청나게 큰 개가 나타나서 사자 같은 소리로 짖어대자 다른 동네개들은 모조리 꼬리를 감추고, 그 뒤로는 개 짖는 소리도 더 이상 들리지 않게 된다. 아들에 대한 서러운 감정이 솟구치다가도 결국 아들의 권위에 굴복하여 다시 평소대로 아들을 숭배하는 자세로 되돌아가는 암시로 읽을 수 있다. 가령 노인네 모르는 사이에 아들 레오가 프란치스카를 버리고 새 여자를 데려오겠다고 하자 노인네는 "너만 좋다면 좋은 거지"라고 할만큼, 친딸보다 더 잘해주던 프란치스카는 어찌 되었냐고 물어볼 엄두도 내지 못하는 것이다.

노파의 아들 레오 요르단은 자신을 키우는 데 평생을 바친 노모를 남처럼 대하는 냉혈한이다. 그의 못된 성격은 하늘에서 떨어진 게 아니라 자유주의 경쟁사회가 만들어낸 비정하고 추악한 인간형의 표본이다. 그는 학술적 업적 자체보다 학계에 대한 도발을 중시할 만큼 사회적 인정욕구와 권위욕 내지 지배욕에 매몰되어 있다. 집안에서는 심지어 부인의 살림주머니까지 감시한다. 레오가 정략 결혼을 했다가 헤어진 첫 부인을 회상하는 방식을 보면, 해괴한 궤변으로 전부인을 악녀로 만들고 자기 정당성을 강변하기에 바쁘다. 더 끔찍한 것은 노모가 그 사이에 며느리가 몇 번 바뀌었는지 모를 정도로 여자를 거의 스트레스 해소 수준으로 갈아치운다는 것이다. 사회적 권력욕에 눈이 멀어 도대체 누구한테도 정을 주지 않는

일 중독 성격을 보자면, 여성에 대한 그런 태도는 문자 그대로 스트레스 해소의 방편이다.

프란치스카 역시 남편의 권위에 무조건 순종하는 점에서는 시어머니의 희생자적 삶의 방식과 가치관을 오히려 더 순수한 형태로 구현한 인물이라 할 수 있다. 시어머니가 세상의 변화에 적응하지 못하듯이, 세상이 급변해도 이전 세대의 가치관은 유전되는 것이다. 물론 프란치스카는 남편과 시어머니의 관계에서 남편이 분명히 잘못하고 있다는 것을 깨닫는다. 그러나 감히 잘못을 고치려는 시도까지는 하지 못하며, 다만 남편 대신 자기가 나서서 몸으로 떼우는 궁여지책에 만족할 수밖에 없다. 그러나 프란치스카의 가상한 효부 역할도 남편에게 뉘우침의 계기가 되기는커녕 가부장적 독재를 더더욱 당연시하는 역작용을 가져올 뿐이다. 프란치스카는 결국 레오한테 새 애인이 생기자 남동생이 있는 고향으로 돌아가서 불과 몇 해만에 목숨을 거둔다. 천사처럼 심성이 고운 이 프란치스카의 죽음에 접하면 독자는 가슴이 울컥해지지만, 작가의 의도는 독자의 감상적 눈물을 자아내려는 것과는 거리가 멀다. 프란치스카의 죽음은 작품 마지막에서 "마틴 라너 박사는 누나 프란치스카가 죽은 지 두 해째 되던 어느 날"이라는 식으로 일체의 감상을 배제한 채 짤막하고 무미건조하게 서술되고 있거니와, 작가는 프란치스카의 비극적 희생을 보여줌으로써 여성들에게 각성을 촉구하고 있는 것이다.

이 작품의 서술방식도 그런 작가적 의도에 부합된다. 시어머니와 며느리의 생각을 인용부호 없는 직접화법으로 제시함으로써, 전통적인 희생자 역할을 하는 여성의 내면심리를 투명하게 드러내보이고 독자에게 비판적 사고를 촉발하는 것이다.

레오에 대한 묘사에서 특이한 것은 손위 사촌뻘 되는 요하네스 얘기만 나오면 펄쩍 뛰면서 화를 낸다는 것이다. 요하네스는 집은 부유했으나 젊은 시절 '성생활에 문제가 있었'다. 말하자면 동성애자였다. 그런 이유로 의대생인 레오에게 도움을 청하던 요하네스는 레오의 학비까지 대주었다. 그런데 요하네스는 나치 치하의 강제수용소에 감금된 적이 있다. 유대인이어서 감금되었다면 레오도 감금되었어야 앞뒤가 맞다. 따라서 요하네스가 감금된 이유는 동성애자였기 때문이다. 이상하게 들릴지 모르지만 동성애자까지 강제수용소에 수감한 것은 나치정권의 유대인 학살과 맥을 같이한다. 아리인족과 유대인을 인종시열의 꼭대기와 밑바닥에 배치시킨 나치정권의 우생학적 인종차별주의의 관점에서 보면 장애자와 동성애자 역시 인류의 '진화'를 위해 '제거'되어야 할 대상이었고, 실제로 장애자나 동성애자들의 상당수가 생체실험의 대상이 되었다. 그렇게 보면 레오가 요하네스 얘기만 나오면 펄쩍 뛰는 가장 결정적인 이유는, 만약 요하네스가 수용소에서 누구와 상대했느냐고 심문을 받다가 '레오'라는 이름을 불었으면 자기도 꼼짝없이 끌려갔을 거라는 아찔한 생각 때문이다.(작품을 자세히 읽어보면 요하네스의 '성기능'이 고쳐지지 않자 레오가 요하네스의 동성애 파트너 노릇을 해주고 그 대가로 학비를 지원받았을 거라는 추정이 가능하다.) 그리고 나아가서, 동성애자를 제거되어야 할 열등한 인간으로 취급했던 나치정권의 논리와 흡사하게, 자기는 요하네스 같은 동성애자 부류와는 다른 인간이라는 걸 차별화하려고 짐짓 화를 내는 것이다. 레오의 가부장적 권위주의와 권력욕은 나치시대의 치부를 숨기고 그 극악한 죄상을 암묵적으로 승인하는 이데올로기와 표리관계에 있다.

⁘ 작품의 이해를 위해 생각해볼 문제들 ⁘

『개 짖는 소리』

1. 작품의 제목인 '개 짖는 소리'는 요르단 노파의 심리상태와 관련하여 어떤 상징적 의미를 갖는가?
2. 요르단 노파는 아들에 대해 어떤 복합적인 감정을 갖고 있는가?
3. 요르단 노파가 '대학을 나온 집안 출신'을 중시하는 이유는 무엇인가?
4. 프란치스카가 요르단 노파의 무릎 염증을 치료하기 위해 의사를 부르면서 그녀 자신과 노파의 신원을 숨기는 까닭은 무엇인가?
5. 프란치스카가 요르단 노파의 집에 발을 끊고 고향으로 돌아간 이유는 무엇인가?
6. 프란치스카와 요르단 노파의 성격을 서로 비교하여 설명해보자.
7. 레오가 요하네스의 동성애 파트너 역할을 해주었을 거라고 추정할 수 있는 근거는 무엇인가?
8. 레오의 성격 형성에 영향을 미친 가정환경과 시대적 배경을 서로 연관지어 설명해보자.

『그녀의 행복한 눈』

1. 미란다가 '난시'임에도 불구하고 안경 쓰기를 꺼리는 까닭은 무엇인가?

2. 미란다가 자신의 정체성에 혼란을 느끼는 이유는 무엇인가?

3. 요제프에 대한 미란다의 감정상태를 설명해보자.

4. 미란다에 대한 요제프의 감정상태를 설명해보자.

『문제들, 문제들』

1. 베아트릭스가 오로지 '잠을 자는 일' 만 중시하는 이유는 무엇인가?

2. 베아트릭스는 어떤 상황에서 '지겹다' 는 말을 애용하며 그 까닭은 무엇인가?

3. 베아트릭스에게 에리히는 어떤 존재인가?

4. 베아트릭스가 남자와의 성적 접촉을 혐오하는 이유는 무엇인가?

5 에리히가 베아트릭스를 '드미 비에르쥬(demi-vierge)' 라고 할 때 베아트릭스의 어떤 성격을 가리키는 말이며, 그녀의 그런 성격을 좋아하는 이유는 무엇인가?

6. 베아트릭스가 직업활동을 하는 여성들을 혐오하는 이유는 무엇인가?

7. 베아트릭스가 엘리자베트를 기피하는 이유는 무엇인가?

8. 베아트릭스는 미장원에서 자기 자신에 대해 어떤 상상을 하는지 작품 속의 심리묘사에 근거하여 설명해보자.

『호수로 가는 세 갈래 길』

1. 작품의 표제인 '호수로 가는 세 갈래 길' 이 엘리자베트의 실패한 인생행로를 암시한다고 볼 수 있다면 그 근거는 무엇인가?

2. 엘리자베트와 그녀의 아버지 사이의 소통을 가로막는 요인들은 무엇인가?

3. 엘리자베트의 심리적 불안정 상태가 그녀의 생활환경에 기인하는 것이라면 그 이유는 무엇인가?

4. 엘리자베트가 프란츠 요제프 트로타에게 매료된 까닭은 무엇인가?

5. 프란츠 요제프 트로타가 침략전쟁의 참상을 고발하는 르포 사진이나 기사를 비판하는 까닭은 무엇인가? 그의 비판은 엘리자베트의 직업활동에 대해 어떤 비판적 의미를 갖는가?

6. 엘리자베트가 양성애자인 미국인 휴즈와 결혼에 이르게 된 배경은 어떻게 설명될 수 있는가?

7. 필립이라는 인물의 가치관 내지 여성관(결혼관)이 68혁명의 영향을 받았다면 어떤 측면에서 그렇게 설명될 수 있는가?

8. 엘리자베트를 신자유주의가 표방하는 이른바 '유연한 자본주의(flexible capitalism)' 체제의 희생자라고 볼 수 있다면 어떤 측면에서 그렇게 설명될 수 있는가? 『신자유주의와 인간성의 파괴』(리처드 세넷 저, 문예출판사, 2002)를 참조할 것.

Wolf

『메데아. 목소리들』

크리스타 볼프
(1929-2011)

1. 작가 소개

동독 출신의 대표적 여성 작가 크리스타 볼프(Christa Wolf, 1929–2011)는 지금의 폴란드 지역에 해당되는 동부독일 접경지역에서 태어나 제2차세계대전 후 동독에서 성장하였다. 예나 대학과 라이프치히 대학에서 독문학을 공부하였고 1962년부터 전업 작가로 활동하였다. 동서독 분단 문제를 다룬 『나누어진 하늘』(1963)로 동서독의 독자들에게 크게 주목받기 시작했다.

옛 동독시절에 쓴 대표작으로 『크리스타 T에 대한 추념』(1968), 『어린시질의 문양(紋樣)』(1976), 『어디에도 없는 곳』(1979), 『카산드라』(1983) 등이 있고, 통일 후의 문제작으로 『남아 있는 것』(1990), 『메데아. 목소리들』(1996), 『몸앓이』(2002) 등이 있다. 통일 후 크리스타 볼프는 젊은 시절 잠시 과거 동독의 국가정보기관에 '협조'를 했다는 이유로 서독의 보수적인 언론에 의해 집중성토의 대상이 되었는데, 『메데아. 목소리들』은 작가가 겪은 '여론 재판'에 대한 응답의 성격도 띤다.

2. 메데이아 신화의 재구성

고대 그리스 신화에 나오는 메데이아가 주인공으로 등장하는 첫 번째 문학작품은 에우리피데스의 비극 『메데이아』(BC 431)다. 그후 메데이아 소재의 정전(正典)으로 통하는 이 작품에서 코르키스의 왕녀 메데이아는 이올코스에서 건너온 영웅 이아손에게 반해서 부왕 아이에테스를 배반하고 나라의 보물인 금양(金羊) 모피를 훔치게 도와준다. 그리고 이아손과 함께 도피하는 과정에서 동생 압시르토스를 죽이기까지 한다. 이아손을 따라 이올코스로 건너간 메데이아는 이아손의 아버지를 몰아내고 왕위를 찬탈한 숙부 펠리아스를 교묘한 술수로 죽게 한다. 다시 이아손과 함께 코린토스로 도망친 메데이아는 이아손이 코린토스 왕의 공주를 좋아하자 공주를 독살할뿐 아니라, 이아손에 대한 복수심에 눈이 멀어 이아손과의 사이에 낳은 친아들을 살해하기에 이른다. 요컨대 정욕과 질투심에 눈이 멀어 보복살인을 일삼고 심지어 친자식까지 죽이는 천하의 독부로 묘사되어 있다.

크리스타 볼프의 소설 『메데아. 목소리들(*Medea. Stimmen*)』은 서양문학사에서 에우리피데스 이래 복수의 화신 혹은 사악한 마녀의 원형으로 각인된 메데아를 근본적으로 재해석한 작품이다. 작가는 고대 헬레니즘 문화 이전 시대의 신화 속에 흩어져 있는 메데아의 전혀 다른 면모에서 재해석의 결정적 실마리를 발견한다. 그에 따르면 원래 메데아는 뭇생명의 삶과 죽음을 관장하는 여신으로, 생명의 탄생과 병의 치유를 도와주는 신통력과 아울러 생로병사의 인간운명을 꿰뚫어보는 예언적 투시력을 지닌 신적 존재였다.(희랍어 'Medeia' 혹은 'Metaia' 라는 이름 자체도 '치료술' 을 뜻하는, 오늘날 'Medizin' 의 어원인 'Metis' 와 같은 어원에서 나왔다고 한다. 희랍어 발음은 '메데이아' 이고, 독일어 발음은 '메데아' 이다.) 그런 메데아가 하필이면 서양문화의 찬란한 기원으로 후세에 칭송되는 헬레니즘 문화의 전성기에 천하의 독부로 돌변한 것이다.

원래 생명을 축성하는 여신이었던 메데아가 어떻게 친자식 살해범이라는 죽임의 화신으로 기억되고 있을까. 이 의문에서 새로운 해석의 실마리를 찾는 작가는 메데아라는 '전능한 여신/여인' 을 용인할 수 없었던 고대 폴리스의 가부장적 질서와 가치체계를 문제삼는다. 다시 말해 메데아의 원래 모습은 원시 모계사회의 신화적 전승인데, 이미 가부장적 질서가 확립되어 있던 에우리피데스 시대의 고대 그리스에서 가부장적 통치이념을 더욱 공고히 하기 위해 메데아를 악녀의 원형으로 둔갑시켰을 거라는 추정이다. 그리하여 메데아의 천인공노할 악행을 여성의 원죄로 끊임없이 상기시킴으로써 여성들에게 순종의 미덕을 내면화하려 했다는 것이다. 작가는 이것을 "세계사에서 가장 기발한 트릭의 하나"라고 일컫는다.

또 한 가지 작가가 주목하는 역사적 사실은 고대 그리스의 도시국가들이 거의 예외 없이 이민족을 몰아내거나 약소민족을 짓밟은 폭력의 기반

위에 세워졌고, 권력이 위기에 처할 때마다 신의 노여움에 속죄한다는 명분으로 약자를 속죄양으로 희생시켰다는 것이다. 이처럼 여성의 원죄를 상기시키는 동시에 속죄양의 제물로 가장 적합한 형태로 '재창조' 된 것이 곧 에우리피데스의 『메데이아』라는 것이 작가의 기본 가설이다.

3. 작품 해설

이 소설의 형식에서 가장 눈에 띄는 것은 처음부터 끝까지 등장인물들의 1인칭 독백으로 일관되고 있다는 사실이다. 작품의 부제 '목소리들' 이 말해주듯이, 이 소설은 메데아 자신을 포함한 여러 사람들의 발언을 모자이크한 형식을 취하고 있는 것이다. 그리고 이 '목소리들' 은 모두 1인칭 독백으로 구술되고 있기 때문에 메데아와 그녀를 둘러싼 사태를 각자의 입장에 따라 저마다 다르게 보고 있다. 이러한 서술방식을 통해 작가는 메데아 신화의 문학적 전승방식을 해체적으로 재구성하고 그 이면에 작동하는 이데올로기의 실상을 파헤친다.

소설에서 메데아가 조국 코르키스를 떠나는 이유부터가 에우리피데스의 각본과 달리 이아손에게 반해서가 아니라 왕실 즉 자기 집안에서 벌어진 끔찍한 살인사건 때문이다. 메데아의 아버지 아에이테스 왕은 무능한 통치로 백성들의 원성을 사고 있었고, 왕에 반대하는 세력은 '옛 율법' 을 되살려서 왕의 임기가 다하면 왕좌에서 물러나기를 진언한다. 왕은 진언을 다 듣기도 전에 때가 되면 자진해서 물러날 것이고 아들 압시르토스에게 왕위를 물려줄 것이라고 선선히 수락하며, 실제로 약속을 이행한다. 그러나 '옛 율법' 중에는 선왕과 후계자가 함께 공존할 수 없다는 조목도 들어 있다는 것을 악용하여 아에이테스는 '옛 율법'의 부활에 혈안이 되어 있는 광신자들을 사주하여 아들을 죽이게 한다. 이 사건을 계기로 메데아는 이아손이 금양 모피를 훔치게 도와주는 대가로 자신을 다른 세상으로 데려가 달라고 하는 것이다. 코린토스에 와서 동생의 죽음을 돌아보는 메데아는 "과거의 편린들을 우리에게 편리한 대로 짜맞추거나 임의로 떼어내어서는 안 된다"는 뼈저린 교훈을 되새기는 한편, 자신이 그런 사태를 저지하는 대신 오히려 조장하는 데 일조했다는 깊은 자책감에 빠져 있다. 코르키스에서 메데아는 옛 신화의 메데아처럼 영험한 치유력과 악을 퇴치하는 마법의 힘을 지닌 사제장이기도 했는데, 그 막강한 사제장의 권능으로도 집안에서 벌어지는 살인음모를 간파하지 못했던 것이다. 게다가 왕에게 반대하던 세력은 그녀가 관리하는 신전에서 비밀집회를 가졌고, 왕의 퇴위를 진언하는 명분으로 '옛 율법'의 권위를 끌어댄 만큼, 메데아 자신의 선의와 무관하게 동생을 죽이는 음모의 도구로 이용당한 꼴이 되는 것이다.

동생의 죽음을 계기로 메데아는 신에 대한 믿음을 버리고 '망명지' 코린토스의 새로운 현실에 맨몸으로 맞선다. 가장 개명한 문명국가의 국민임을 자처하는 코린토스인들은 흑해 너머의 변방에서 도망쳐온 코르키스인들의 낯선 풍습과 행동거지를 '야만족'의 징표로 간주하여 경멸한다. 이러한 묘사는 실제로 고대 그리스인들이 이방인을 곧 '야만인'과 동일시했던 배타적 그리스 중심주의를 역사적 사실대로 재현한 것이다. 그런데 코르키스와 코린토스의 문화적 차이에서 가장 두드러진 것은 여성을 대하는 태도이다. 코르키스에서는 여성인 메데아가 사제장을 맡을 만큼 여성이 존중받는 사회였다. 반면 메데아가 보기에 코린토스에서 여성은 '가축처럼 길들여진' 존재이며, 심지어 자연스러운 감정표현도 '여성답지 못한' 발칙함 내지 '동물적 야만성'의 잔재로 간주된다. 그러나 메데아는 코린토스의 이 '퇴락한' 문화에 동화되기를 거부하고 자신의 본래 모습대로 거침없이 처신한다. 코린토스의 크레온 왕은 처음에는 메데아를 왕족으로 예우하여 이아손과 함께 궁궐에 머물게 하지만 메데아의 그런 모습에 점차 심기가 불편해지는데, 메데아의 본래 능력이 발휘되면서부터 그녀는 경계의 대상이 된다. 그 첫 번째 계기는 메데아가 코린토스의 극심한 기근을 퇴치한 사건이다. 메데아는 단지 '치유사'의 본분대로 식용가능한 야생식물들과 흔한 말고기를 먹게 함으로써 코린토스인들이 굶어죽지 않게 했을 뿐이다. 그런데 이 선행의 보답으로 메데아는 '사악한 여자'라는 오명을 얻는다. 코린토스의 위정자들도 해결하지 못한 대기근을 '야만적 풍습'으로 금기시하던 터부를 깨뜨려서 해결한 것은 코린토스의 왕권에 흠집을 낸 셈이기 때문에 그런 악선전이 유포된 것이다.

왕을 배후조종하는 권력실세인 아카마스는 말고기 사건 이후 메데아를 위협적인 존재로 여겨서 갖가지 권모술수로 메데아를 옭아맨다. 그는 메데아의 제자인 아가메다를 매수하여 메데아가 동생 압시르토스의 살해자라는 낭설을 유포하여 메데아를 위협하는데, 메데아가 코린토스 최고의 국가기밀을 알고 있기 때문이다. 그 기밀은 크레온 왕이 20여 년 전 왕권을 유지하기 위하여 이피노에 공주를 살해한 사건이다. 코린토스에서 자행된 왕자 살해는 이 문명국가에서 공주 살해로 반복되고 있는 것이다. 공주의 살해자들은 이웃나라 왕자를 사랑한 공주가 몰래 코린토스를 떠났다는 '전설'을 유포시켜 믿게 만들며, 그 전설을 믿지 않는 사람은 죽임을 당한다. 코린토스에 지진이 일어나고, 지진에 이어 페스트가 번지자 메데아에게 본격적인 시련이 닥친다. 아카마스는 이 모든 재앙이 사악한 마녀 메데아 때문이라는 악선전을 유포하는데, 시민들은 지진으로 바다 밑에 가라앉은 크레타의 멸망을 떠올리며 죽음의 공포에 휩싸여서 그 악선전을 당연한 사실로 믿는다. 이런 상황에서 아카마스는 아르테미스 신을 기리는 제사에 메데아를 '초대'하는데, 메데아는 친구 리사의 만류에도 불구하고 이 초대에 응한다. 아카마스의 초대를 '화해의 제스처'로 받아들이고, 이를 계기로 화해가 성사되면 지금까지 천대받아온 코르키스인들의 처지도 나아질 거라고 생각하는 것이다. 제사에서 황소를 잡아서 제물로 바치면서 피를 본 군중들은 광란의 살인충동에 휩쓸려서 신전에서 잡일을 하는 죄수들을 '속죄'의 제물로 바쳐야 한다며 몰려간다. 메데아는 이들을 제지하기 위해 과감히 앞으로 나서지만, 이 집단적 살인충동을 완전히 누를 수는 없다는 것을 직감한다. 그리하여 굳이 산사람의 제물을 원한다면 한 명만 뽑아서 제물로 바치라고 하면서, 더 이상 죽이는 것은 '신전 내에서의 살인'이기 때문에 '중벌감'이라고 위협하여 간신히 폭도들을 제지한다. 메데아의 이러한 제안은 사실상 죄수들을 죽이느니 자신을 제물로 삼으라는 도발이나 다름없지만, 폭도들도 한때 코르키스의 사제장을 지낸 메데아의 이 당당하고 섬뜩한 모습에 기가 질려서 메데아의 말에 따른다.

광란의 제사가 있던 날 밤 귀가길에서 메데아는 코르키스 여인네들이 따로 벌이는 제의 현장을 지나게 되는데, 코르키스의 여인네들은 광란의 상태에서 아카마스의 심복인 투론의 성기를 절단하여 꼬챙이에 꽂고 다닌다. 이 해괴한 장면은 코린토스인들이 아르테미스 제사에서 황소 불알을 제물로 바치는 것에 상응하는데, 평소에 핍박받은 것에 대한 보복으로 이런 일을 저지른 것이다. 메데아는 투론을 치료해주지만, 그 다음날 코르키스인 거주지역은 토벌대에 의해 초토화되고, 메데아 자신은 세 가지 죄목으로 재판을 받는다. 코린토스의 국민제전인 아르테미스 제사를 방해했고, 코르키스 여자들을 선동하여 투론을 거세시켰으며, 일찍이 코르키스에서는 동생을 살해했다는 죄목이다. 세 가지 죄목 모두 유죄판결을 받은 메데아는 추방선고를 받고 코린토스에서 쫓겨나는데, 크레온 왕은 메데아의 두 아들은 두고 가라는 엄명을 내린다.

그런데 이 재판에서 유일하게 메데아를 옹호하는 발언으로 두 아들을 메데아가 데려가게 해달라고 탄원한 사람은 크레온 왕의 딸 글라우케 공주다. 어린 시절 언니가 병사들에게 끌려가는 장면을 목격한 이후 그 끔찍한 트라우마 때문에 아직까지 정상생활을 하지 못하는 그녀는 메데아의 도움으로 간신히 마음을 추스르고 있는 상태였다. 그런 메데아가 두 아들을 남겨둔 채 도시 밖으로 추방된 직후 글라우케는 우물에 뛰어들어 자살을 한다. 유일하게 의지할 사람을 잃은 감당할 수 없는 슬픔과, 다시 생지옥 같은 궁정생활을 견뎌야 한다는 공포심을 견디지 못한 것이다. 그런데 아카마스는 글라우케의 죽음도 '마녀' 메데아의 소행으로 둔갑시킨다. 메데아는 작별시에 글라우케에게 나중에 결혼식 드레스로 입으라며 코르키스의 전통의상을 지어주었는데, 그 옷에 온몸이 타들어 가는 독을 발라서 글라우케가 우물 속으로 뛰어들었다는 소문을 퍼뜨린 것이다.(실제로 에우리피데스의 비극에서는 메데아가 크레온 왕의 딸을 그렇게 죽게 한다.) 이 독살설을 그대로 믿는, 혹은 믿고 싶어하는, 군중들은 다시 피에 굶주린 폭도가 되어 메데아의 두 아들을 신전으로 끌고 가서 돌로 쳐죽인다. 아카마스가 메데아를 글라우케 공주를 독살한 '마녀'로 몰아부치면서 계산한 각본대로 사태는 종결된 것이다. 메데아의 이 비극적 운명을 통해 작가는 권력이 위기에 처할 때마다 '속죄양'을 희생의 제물로 바치는 폭력의 근원과, 낯설고 이질적인 존재를 배척하고 억압하는 차별의식의 근원을 되새겨보게 한다.

4. 더 읽을거리

크리스타 볼프의 소설에서 신화적 소재를 새롭게 가공한 대표적인 작품으로 옛 동독 시절에 발표한 『카산드라』(1983)를 꼽을 수 있다. 카산드라는 아이스퀼로스의 비극 『오레스테이아』에 나오는 트로이 왕의 딸이다. 그녀는 아폴로 신에게서 예언의 신통력을 얻었으나 아폴로 신의 사랑에 응하지 않는다는 이유로 벌을 받는데, 누구도 그녀의 예언을 믿어서는 안 된다는 금령이 그것이다. 카산드라는 그리스 군대가 트로이를 침공해올 거라고 계속 경고를 하지만, 아폴로의 명에 따라 이 예언을 믿지 않는 트로이인들은 결국 그리스 연합군의 침공을 받고 트로이는 패망한다. 트로이 멸망 후 카산드라는 그리스군 총사령관 아가멤논 왕의 '전리품'으로 그리스의 미케네로 끌려오는데, 고대 그리스의 비극들은 아가멤논의 아내가 정부(情夫)와 짜고 아가멤논 왕을 살해하는 동기의 하나로 카산드라에 대한 질투심을 꼽고 있다.

크리스타 볼프의 『카산드라』는 카산드라가 미케네로 끌려온 시점에서 시작된다. 예언의 능력을 지닌 카산드라는 아가멤논 왕이 왕비에게 살해될 거라는 것과 자신이 죽음을 면하지 못하리라는 것도 알고 있다. 전쟁의 참상과 조국 트로이의 패망을 회상하는 카산드라는 파리스 왕자가 헬레나를 트로이로 데려오지도 않았는데 그 모든 재앙이 내렸다는 사실에 깊은 절망감을 느낀다.(가령 에우리피데스의 작품에 나오는 헬레나는 도중에 이집트로 납치되었다고 묘사되고 있기 때문에 카산드라의 회상이 결코 사실무근은 아니다.)

카산드라가 여성으로서 남성 권력자의 '전리품' 즉 '노예'로 끌려다니는 처지에 초점을 맞추어 보면 『카산드라』의 상황 설정은 『메데아. 목소리들』의 경우와 마찬가지로 페미니즘 담론과 결부된다. 다른 한편 카산드라가 '예언자'로서 현실을 꿰뚫어보고 있음에도 불구하고 정작 권력자들은 그녀의 예언을 무시하고 자멸을 자초하는 경위는 옛 동독체제에 대한 비판적 경고로 읽을 수 있다. 카산드라의 무기력함 역시 동독체제의 모순은 직시하고 있지만 현실을 변화시킬 힘은 없는 반체제 작가들의 처지를 상기시키는데, 이런 측면 역시 『메데아. 목소리들』에서 메데아가 떠나온 조국 코르키스 시절을 안타까움과 자책감으로 회상하는 대목과 일맥상통한다. 이 두 가지 주제에 초점을 맞추어 크리스타 볼프의 『카산드라』를 읽고 『메데아. 목소리들』와 비교해보기 바란다.

✣ 작품의 이해를 위해 생각해볼 문제들 ✣

1. 작품의 서두에 제사(題辭)로 인용하고 있는 글에서 '비연대기적 서술(Achronie)'은 작품에서 어떤 양상으로 구현되고 있으며, 작가가 이런 서술방식을 택한 이유는 무엇인가?

2. 에우리피데스의 비극 『메데이아』에서 묘사되는 메데이아와 크리스타 볼프의 소설 『메데아. 목소리들』에서 묘사되는 메데아의 모습에서 가장 결정적인 차이점은 무엇인지 두 작품을 비교하여 서술해보자.

3. 이올코스의 이아손이 코르키스의 '금양(金羊) 모피'를 얻기 위해 모험을 감행한 이유는 무엇인가?

4. 코르키스의 왕이 자신의 아들 즉 왕자를 살해하는 정치적 상황을 모계사회와 부계사회의 갈등이라는 관점에서 설명해보자.

5. 메데아는 코르키스의 장례풍속을 이아손에게 어떻게 설명하고 있으며, 이에 대해 이아손은 어떤 반응을 보이는가? 이 에피소드에서 메데아와 이아손의 성격은 어떻게 대비되며, 그 바탕이 되는 문화적 차이는 어떻게 설명될 수 있는가?

6. 메데아는 이아손의 배를 타고 항해하는 도중에 호머의 『오디세이』에서 선원들을 돼지로 둔갑시키는 '마녀' 키르케를 만난다. 호머의 작품에서 묘사되는 키르케와 이 작품에서 묘사되는 키르케는 어떻게 다르며, 작가는 어떤 의도에서 키르케를 다르게 묘사하고 있는가?

7. 도피중의 메데아는 이아손과 혼례를 치르고 '보통 여자' 가 되었다고 말한다. 이 말은 이아손과의 관계에서, 그리고 메데아의 운명에서 어떤 의미를 갖는가?

8. 코린토스에서 이아손은 어떻게 변신하며 변신의 이유는 무엇인지 작품 전체를 통해 이아손의 성격을 분석해보자.

9. 코린토스 왕이 이아손을 가까이하고 메데아를 배척하는 이유는 무엇인가?

10. 아카마스는 권력을 어떤 방식으로 창출하고 유지하는가? 역사적 경험에 비추어볼 때 아카마스는 어떤 유형의 체제와 권력을 떠받치는 정치가의 유형으로 볼 수 있는가?

11. 코르키스에서 원래 메데아의 제자였던 아가메다가 코린토스에서는 메데아를 옭아매는 음모에 앞장서는 이유는 무엇인가?

12. 제6장에 나오는 글라우케 공주의 독백을 그녀의 환경과 관련지어 분석해보자. 이 독백에서 글라우케는 메데아를 어떻게 생각하고 있는가?

13. 코린토스의 왕은 메데아에 대한 재판에서 두 아들을 두고 떠나라는 판결을 내리면서 두 아들을 '입궐' 시키기 위해서라고 그 이유를 댄다. 코린토스 왕이 내세운 이 '명분' 과 아카마스가 궁리한 '속셈' 은 어떻게 다른가?

14. 글라우케 공주가 자살한 다음 아카마스가 '마녀' 메데아의 '독살설' 을 퍼뜨리는 심층적 이유는 무엇인가?

15. 아카마스의 유언비어에 현혹되어 피에 굶주려 하는 코린토스 시민들의 군중심리를 근대의 역사적 경험과 결부지어 설명해보자.

16. 메데아의 두 아들이 살해된 이후 코린토스에서는 7년마다 두 아들을 '제

물' 로 바친 것을 기념하여 새로운 '제의' 가 시작된다. 고대 그리스에서 이런 '제의' 는 어떤 세속적 의미를 지녔는지 이 작품을 통해 생각해보자.

17. 두 아들의 살해 소식을 뒤늦게 전해들은 메데아는 코린토스의 권력자들을 저주하면서 '나는 자유롭다' 고 말한다. 이 마지막 말은 어떤 의미로 해석될 수 있는가?

18. 작가 크리스타 볼프는 이 작품의 메데아가 '여러 시대의 경계선에 있는 인물' 이라고 말한 적이 있다. 다시 말해 시대와 상황을 바꾸어 여러 의미로 해석할 수 있다는 뜻이다. 이와 관련하여 다음의 문제들을 생각해보자.

18-1. 이 소설의 영역본 역자는 메데아를 비롯하여 코르키스인들에 대한 코린토스인들의 차별과 학대에서 서구 제국의 식민 지배를 연상한다. 이 작품을 그런 관점에서 분석해보자.

18-2. 이 소설에서 코르키스와 코린토스의 대비는 과거의 동독과 서독을 연상케 하는 면이 있고, 특히 코르키스를 떠나 코린토스에 '난민' 으로 정착한 사람들의 처지는 통일 후 동독인들의 처지와 유사한 면이 있다. 그런 관점에서 이 작품을 분석해보자.

18-3. 작품의 주인공 메데아는 통일 후 젊은 시절 잠시 국가정보기관에 협력했다는 이유로 여론재판을 받은 작가 자신을 떠올리게 하며, 작가 자신도 그런 연관성을 부인하지는 않았다. 그런 관점에서 이 작품을 분석해보자.

18-4. 이 작품은 무엇보다 동서독 역사와 관련된 페미니즘 소설로 읽을 수 있다. 한 인터뷰에서 작가는 "모계사회가 도래하기를 바라느냐?"는 질문에 "천만에!"라고 단호히 부정하면서 그런 사회는 가능하지도 않고 바람직하지도 않다고 대답했다. 작가의 이러한 발언에 비추어

볼 때 이 작품에서 문제되는 진정한 '여성성'은 어떻게 해석될 수 있는지 생각해보자.

19. 이 작품은 에우리피데스 이래 악녀의 이미지로 고착된 메데아를 전복시켰다는 점에서는 탁월한 재해석이지만, 메데아를 소설의 주인공으로 보면 작품의 취약점이 드러난다. 어떤 측면에서 그런지 생각해보자.

Jelinek

『피아노 치는 여자』

엘프리데 옐리네크
(1946-)

1. 작가 소개

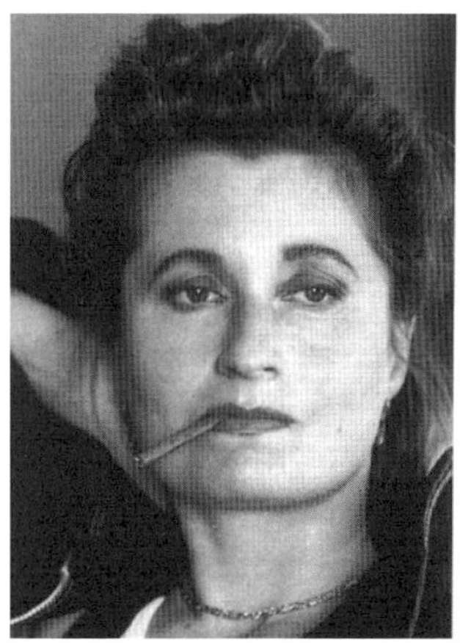

엘프리데 옐리네크(Elfriede Jelinek)는 1946년 오스트리아의 슈타이어마르크 주에 있는 뮈르츠추슐락에서 태어나서 빈에서 자랐다. 빈 음악원에서 오르간을 전공하였으며, 빈 대학에서 연극학과 미술사를 공부했다. 1975년 발표한 소설 『연인들』로 알려지기 시작했으며, 소설뿐만 아니라 시, 방송극, 희곡 등 다양한 장르에서 활발한 활동을 펼쳐왔다. 그녀의 문학세계는 마르크스주의와 페미니즘이 결합된 시각에서, 자본주의 사회에서의 여성의 문제에 대해 도발적으로 문제제기를 하는 것으로 평가된다.

대표작으로 『피아노 치는 여자』(1983), 포르노그라피를 비판하기 위해 의도적으로 포르노적 글쓰기를 시도함으로써 외설 논란을 불러일으켰던 『욕망』(1989) 등의 장편소설과 『노라가 남편을 떠난 후 일어난 일 혹은 사회의 지주』(1977), 『질병 혹은 현대 여성들』(1987) 등의 희곡작품이 있다.

독일어권에서 가장 주목받는 여성작가로서, 대표적인 수상경력만 나열해도 하인리히뵐 상(1986), 페터바이스 상(1994), 게오르크뷔히너 상(1996), 하인리히하이네 상(2002), 프란츠카프카 상(2004) 등에 이어, 2004년 노벨문학상을 수상하였다.

2. 작품 해설

『피아노 치는 여자(*Die Klavierspielerin*)』를 처음 읽고 났을 때는 우선 충격적이고 난해하다는 인상을 받을 것이다. 내용을 간추리자면 빈 음악원의 피아노 선생으로 일하는 에리카 코후트라는 30대 후반 여성의 일상과 가족, 그리고 사랑 혹은 사랑의 좌절을 다룬 이야기라고 할 수 있다. 그러나 이 소설은 그러한 이야기에서 기대되는 모든 사회적 통념들을 철저하게 깨뜨리고 조롱한다. 거기에는 남편 없이 혼자 힘으로 딸을 훌륭한 피아니스트로 키워낸 헌신적인 어머니도, 우아하고 고상한 피아니스트도, 모녀간의 따뜻한 정도, 젊고 잘생긴 제자와의 낭만적인 로맨스도 없다. 오히려 자식을 이용해 대리만족과 경제적 보상을 얻고자 딸의 모든 행동을 통제하고 이용하는 이기적이고 속물적인 어머니와, 자신의 억눌린 욕망을 사도마조히즘적 행위와 관음증적 행동으로 표출하는 여성, 여성을 정복의 대상으로 생각할 뿐인 남성, 그리고 이들의 폭력적인 관계가 있을 뿐이다.

이처럼 잔뜩 비틀린 인물들의 비정상적으로 보이는 행동들이 독자들을 불편하게 만들고 이 소설을 이해하기 힘들게 만드는 요인일 것이다. 실제로 이 소설은 출간 이후 찬사와 비난을 동시에 받으며 수많은 논란의 대상이 되어왔다.

2.1. 어머니와 딸

이 소설은 크게 어머니와 딸의 관계, 선생과 제자(남녀)의 관계로 나누어 살펴볼 수 있다. 먼저 에리카와 에리카의 어머니의 관계를 보면, 이들은 마치 한 몸과도 같다. 어머니는 딸이 어렸을 때부터 사랑이라는 이름으로 자기 뜻대로 딸을 조종해왔으며 성인이 된 현재까지도 딸의 일거수일투족을 감시하고 통제한다. 에리카는 자신의 방에 자물쇠를 채울 수 없고 물건 하나도 마음대로 사지 못한다. 어머니에게 에리카는 독립된 인격체가 아니라 자신의 소유물이면서 동시에 남편을 대신하는 존재이기도 하다. 에리카는 어머니의 눈을 피해 자기만의 시간을 가져보려 하지만 결국 어머니의 뜻에 굴복하게 되고, 또 스스로도 어머니와 함께 있을 때 제일 안정감을 느낀다. 이들 모녀관계는 두 사람의 자아가 분리되지 못한 채 서로에게 의존하고 있는 '공생관계(Symbiose)' 라고 할 수 있다.

정신분석학에 따르면, 남자 아이의 경우 자신에게 먹을 것을 주고 보살펴주는 어머니에게 밀착되어 있다가 소위 '오이디푸스 콤플렉스' 를 겪으면서 비로소 어머니에게서 떨어져 나와 자아와 성적 정체성이 확립된다고 한다. 즉 아이가 자라 일정한 나이가 되면 자신의 애정의 대상인 어머니가 자신이 아닌 제3자, 아버지를 욕망하는 것을 알게 되고 그것이 어머니에게는 없는 남근(생물학적 성기인 페니스가 아닌 상징적 의미의 팔루스) 때문이라고 생각한다. 이때 남자 아이는 아버지를 경쟁자로 느끼면서 적대감을 갖는 동시에, 어머니의 사랑을 차지하는 아버지와 자신을 동일화하게 된다. 그러다 여성과 남성의 성적 차이를 발견하는 시기가 되면 어머니가 거세된 존재라고 생각하고, 어머니를 계속 사랑하게 되면 아버지로부터 그에 대한 처벌로서 자신도 거세를 당할지도 모른다는 공포 때문에 어머니에 대한 사랑을 포기하게 된다.(물론 거세위협이라는 것은 사실상 아이의 상상에 불과하다.)

이에 반해 여자 아이의 경우에는 스스로 남근을 갖기 위해 아버지와 동일화하거나, 그것이 불가능함을 알고서 자신의 결여에 책임이 있는 어머니 대신 자신에게 남근을 줄 수 있는 아버지에게로 사랑의 대상을 바꾸게 된다. 그러다 여자아이 역시 아버지에 대한 사랑을 포기하게 되는데, 여자아이의 경우는 이미 거세된 존재이므로 거세에 대한 공포가 아니라 사랑 상실에 대한 공포 때문이라고 한다. 그리하여 정상적인 여성성을 획득하게 되면 아버지 대신 가족 외부에서 남성을 선택하게 된다.

결국 성적 정체성이란 생물학적 기관에 의해 태어나면서부터 주어지는 것이 아니라 '오이디푸스 콤플렉스' 라는 복잡한 과정을 거치면서 비로소 확립되는 것이며, 이 단계를 잘 극복하게 될 때 '정상적' 인 여성성/남성성을 획득할 수 있게 된다는 것이다. 그런데 아이가 원초적인 성적 충동을 억제하고 사회적 금기를 내면화함으로써 상징적 질서(초자아)를 받아들이는 과정은 필연적으로 심리적 억압을 동반할 수밖에 없다. 이러한 자아 발달에 관한 정신분석학의 이론은 바로 가부장적 권위에 의해 지배되는 현 사회를 전제로 하고 있다고 볼 수 있다. 즉 인간은 오이디푸스 콤플렉스를 거치면서 가부장적 사회질서 속으로 편입되고 사회에서 요구하는 여성/남성으로서의 정체성을 받아들이게 된다. 그런데 이것은 억압적으로 진행되기 때문에 그 질서에 편입되지 못하는 많은 부분들이 존재하게 되고, 사회적으로 이러한 현상들은 비정상적, 혹은 병리적이라고 간주된다. 즉 여성성, 남성성이라는 것은 타고날 때부터 주어져 있는 것이 아니라 근대 가부장제 사회의 틀 속에서 획득되는 것이며, 정상적인 것과 병리적인 것의 경계는 매우 유동적이라고 할 수 있다.

이 소설에서 아버지는 에리카가 태어나면서 에리카에게 자신의 역할을 넘겨주고 사라져버린다. 즉 에리카에게는 아버지의 개입을 통한 분리의 과정이 이루어질 기회가 없었다. 따라서 에리카는 어머니로부터 독립하지 못하고 '정상적인' 여성 정체성도 확립하지 못한다. 그러면서 동시에 에리카는 아버지를 대신하는 존재이다. 에리카는 딸이자 아버지이다.

또한 전능한 존재인 '남근을 가진 어머니(phallische Mutter)' 로 남아있는 에리카의 어머니는 딸이 여성적 주체로 독립하는 것을 막는다. 에리카는 남편을 대신하는, 팔루스의 대체물이기 때문이다. 어머니는 에리카가 여성스럽게 몸을 치장하는 것조차 못하게 하는 등 여성성을 철저하게 억압한다. 또한 어려서부터 딸에게 음악이라는 명분을 내세워 정신적인 영역만을 강조하고 성적 욕망이나 육체적 쾌락의 추구는 엄격하게 금지한다.

따라서 에리카는 여성성을 자연스럽게 체득하지 못했으며 에리카의 육체는 "마분지 조각처럼 무감각하게" 아무것도 느끼지 못한다. 에리카는 여성으로서의 자신의 존재를 외적으로 확인하지 않을 수 없다. 그리하여 에리카는 면도칼로 자신의 몸을 베고 핍쇼장에서 여성의 몸을 바라보는 등 끊임없이 여성의 육체를 확인하려 한다.

에리카가 어렸을 때 사촌의 성기를 바라보고 이어서 면도칼로 자신의 손등을 베는 장면은 앞서 말한 오이디푸스 콤플렉스의 장면을 재현하는 것이면서 동시에 프로이트의 이론을 비트는 것이라고 할 수 있다. 다시 말해 에리카는 사촌을 통해 남근을 발견하고 '남근 선망'을 갖게 되며, 아버지에 의해 이루어지지 못한 '거세'를 아버지의 면도칼을 통해 스스로 행한다. 정신분석학에 따르면 이러한 거세는 어머니로부터 분리되기 위한 필수적인 과정이자 성적 정체성을 확립하는 과정이다. 이러한 상징적인 의미의 거세와 남근선망이 여기서는 실제로 칼로 베는 행위와 실제 남성 성기에 대한 과장된 찬미로 나타난다. 그러나 여기서도 에리카는 자신의 성적 정체성을 확립할 수가 없다. 에리카는 거세당하는 대상이자 스스로 거세를 하는 존재이기 때문이다. 그리고 자해를 하면서도 에리카는 자신의 몸에서 아무것도, 통증조차도 느끼지 못한다.

에리카는 자신의 여성성을 알 수 없기에 끊임없이 여성성을 탐구하지만, 이분법적 성별 질서 속에서는 이처럼 남근을 통해서 확인하는 방법 밖에는 주어져있지 않다. 그리하여 에리카는 자신의 성기를 칼로 베고 핍쇼장이나 포르노극장에서 여성의 몸을 바라보며 자신의 여성성을 확인하려는 시도를 계속한다. 그러나 여성성/남성성은 팔루스의 유무로 환원될 수 있는 것이 아니기에 에리카의 시도는 번번이 실패하고 만다. 에리카는 자신에게서 '구멍'만을 볼 뿐이지만, 자신의 구멍 속에 마치 '나무토막'이 들어있는 것처럼 아무것도 느낄 수가 없다. 그녀는 여성의 몸에서 여성성을 확인하지 못하고, 여성성이란 욕망의 대상으로서만 알뿐이다. 에리카는 가부장적 사회의 이분법적 성 질서 속에 편입되지 못한, 여성도 남성도 아닌 히스테리적 존재가 된다.

영화 〈피아니스트〉 중에서

2.2. 선생과 제자

에리카에 반하는 클레머는 금발의 잘생긴 공학도로서 스포츠를 즐기며 늘 자신감에 넘치는 인물이다. 그는 이 사회 속에서 정상적인 남성성을 획득한 남성 주체를 대표하는 인물이라고 할 수 있다. 그런데 그 '정상적' 남성성이란 정복욕에 다름 아니라는 사실이 드러난다. 그는 여자들과의 관계를 "소유했다가 헐값에 떨쳐버리는 식"으로 생각한다. 클레머가 나이도 많고 예쁘지도 않은 에리카에게 관심을 갖는 것도 정복의 대상으로서일 뿐이다. 에리카가 피아노 선생으로서 권력을 가진 존재이기 때문에 그녀를 정복하려는 욕망이 생기게 된 것이다. 그리고 클레머는 확신에 찬 남성 주체로서, 가부장제 자본주의 사회에서 상품가치가 떨어지기 시작한 한물간 여선생을 어떻게 다루면 되는지 알고 있다고 생각한다. 사랑에 있어서만큼은 그가 그녀의 '선생'이 되어 에리카에게 사랑에 대해 가르쳐주려 한다.

그러나 클레머의 기대는 번번이 좌절된다. 그는 가부장제 질서 속에서 구성된 여성의 몸으로서 에리카를 바라보지만 에리카는 이러한 질서를 벗어나 있는 존재이기 때문이다. 클레머가 에리카를 '정복' 하려는 순간 관계가 역전되어 어느덧 에리카가 명령하는 위치에 가 있다. 심지어 에리카는 편지를 통해 온갖 마조히즘적 행위들을 클레머에게 요구하기까지 한다. 클레머는 사랑이란 이름으로 에리카를 지배하려 하지만, 에리카는 '지배당함' 을 자신이 주도하려 하는 것이다. 거세당하는 동시에 거세를 수행하는 존재, 딸이자 아버지인 존재인 에리카는 이 경우에도 복종을 당하는 동시에 복종을 명령하는 모순에 빠진다.

남자는 지배하고 여자는 복종하는 구조로 이루어진 사회의 규범적 젠더 질서에 맞춰, 에리카는 기꺼이 복종하는 역할을 연기하려 한다. 그런데 불행하게도 에리카가 아는 여성의 역할은 핍쇼나 포르노극장에서 본, 남성의 시각에 의해 대상화된 역할뿐이다. 그러기에 그녀는 클레머에게 마조히즘적인 소망으로 자신의 사랑을 전달한다. 이러한 요구들은 사랑받고 싶다는 욕망의 표현으로, 그녀에게는 그저 하나의 역할 '연기' 일 뿐이다. 그러기에 에리카는 마음속으로는 클레머가 실제로 자신을 때릴까봐 두려워하며 자신의 요구에 따르지 않기를 바란다. 그녀는 클레머가 성 역할에 관한 규범적 틀을 넘어서서 자신을 이해하고 진정으로 사랑해주기를 바라는 것이다.

그러나 철저한 남성성의 구현인 클레머는 그녀를 전혀 이해하지 못한다. 그는 자신의 욕망에 따라 그 여자를 지배할 수 없다는 사실에 당황하고 분노한다. 그리하여 그는 에리카의 의지에 반하여 에리카를 폭행하고 강간한다. 이때 그가 "창세기의 천지창조 대목을 새로 고쳐 쓰려는 여자처럼 역겨운 것도 없다"고 내뱉는 말에서, 그가 용납할 수 없었던 것이 아담의 갈비뼈로 이브가 만들어졌다는, 창세기 이래로 확고하게 유지되어 온 질서에 대한 도전이었다는 사실을 알 수 있다. 그는 결국 자신의 뜻대로 에리카를 정복한 후 이 질서 속으로 안전하게 돌아간다.

어머니에 의해 여성성과 욕망을 철저하게 억압당해온 에리카는 클레머의 구애를 받고 서서히 자신의 욕망을 표현하기 시작한다. 그러나 자신의 욕망을 사회 규범에 맞게 표현하는 방법을 알지 못하는 에리카는 사랑하는 사람에 의해 폭력적으로 짓밟히며 자신을 "사기극의 희생제물"이라고 느낀다. 그녀는 창세기 이래로 강요되어온 젠더질서의 규범이라는 사기극에서 주어진 역할을 해보려 시도하였지만 규범을 벗어난 그녀의 시도는 결국 그녀를 희생제물로 만들고 만다. 에리카는 자신에게 모든 문이 닫혀있는 것을 또 다시 확인할 뿐이다.

에리카는 관습적인 사회 규범의 틀에 따르자면 '비정상적' 인 여성이라고 할 수 있을 것이다. 그녀의 사도마조히즘적이고 관음증적 행동들은 고상한 피아니스트이자 음악원 선생이라는 겉모습과 대비되어 더욱 역겹고 섬뜩하게 보인다. 그러나 소설은 이러한 문제적 인물을 통해 사회에서 용인되는 '정상적' 인 여성성과 남녀관계라는 것이 얼마나 억압적으로 강요된 것인지를 보여준다. 여성 혹은 남성으로서의 육체라는 것도 사실은 사회적으로 구성된 것으로, 아무리 몸을 파헤쳐 봐도 여성성이 무엇인지에 대한 답은 주어지지 않는다. 거세 혹은 결핍된 존재라거나 아담의 일부로 만들어진 존재, 또는 (남성의) 욕망의 대상으로 파악된 여성의 육체와 여성성이 있을 뿐이다. 사회의 지배적인 '정상적' 남녀관계 역시 지배와 복종의 관계로, 극단적으로 보면 사도마조히즘적 관계와 다를 바 없다. 그리고 이러한 틀에서 벗어난 존재가 사회 속에 받아들여질 여지라고는 없다.

영화 〈피아니스트〉 포스터

이 소설은 남녀 관계에 관한 여성주의적 해석으로, 모녀관계와 성정체성에 관한 정신분석적 해석으로, 가학과 피학, 지배와 복종의 메커니즘에 관한 심리학적 해석으로, 현대 사회에서의 인간 소외 및 사랑과 소통에 관한 문제, 자본주의 사회에서의 욕망과 몸의 문제 등등으로 다양하게 해석될 수 있을 것이다.

이를 통해 작가는 여성과 사랑에 관한 일상적 담론들이 사실상 가부장제 자본주의 사회의 이데올로기임을 폭로한다. 가장 고귀한 것으로 미화되곤 하는 모성애도 나르시시즘, 즉 자기애일 뿐이며, 남녀의 사랑 역시 지배와 피지배의 관계일 뿐이라는 것이다. 이는 폭력적인 사도마조히즘적 관계에 다름 아니다. 그러나 독자들에게 익숙한 사회적 통념들은 몇 겹으로 은폐되고 다양한 방식으로 '신화화' 되어 있기 때문에 그것을 깨트리는 작업은 쉬운 일이 아니다. 따라서 작가는 기존의 현실을 영속화하는 학문적, 예술적 담론들을 '탈신화화' 하며, 충격적이고 전복적인 글쓰기를 통해 독자들의 익숙해진 시각에 문제제기를 하고자 하는 것이다.

3. 더 읽을거리

이 소설은 2001년 '피아니스트'(미하엘 하네케 감독)라는 제목의 영화로 만들어져 전세계적으로 유명해졌다. 영화 역시 그 해 칸 영화제 대상과 남녀 주연상을 휩쓴 화제작이다. 그러나 영화라는 장르의 특성상 여주인공의 성장배경에 대한 묘사는 생략되었다. 원작에 대한 지식과 별개로, 남녀관계에 초점을 맞춘 영화가 어떻게 해석될 수 있는지 비교해보면 좋을 것이다.

✣ 작품의 이해를 위해 생각해볼 문제들 ✣

1. 주인공 에리카 코후트의 나이와 직업, 그리고 가족 관계는 어떻게 되는가? 에리카의 아버지는 어떤 상태에 있는가?

2. 에리카의 일상에 대해 묘사해보자.

3. 에리카의 어머니는 딸을 어떻게 교육시켰는가? 두 사람의 관계는 어떻게 설명할 수 있는가?

4. 에리카의 사도마조히즘과 관음증적 행동들을 어떤 것이 있는지 열거해보라. 에리카의 그런 '비정상적' 인 행동들은 어떻게 해석될 수 있는가?

5. 이 소설에서 그려지는 음악, 혹은 음악가의 모습은 어떠한가?

6. 발터 클레머는 어떤 특성을 가졌는가? 그리고 클레머가 피아노 선생인 에리카에게 느끼는 사랑의 성격은 어떠한 것인가?

7. 에리카가 클레머에게 보낸 편지의 내용은 어떻게 이해할 수 있는가?

8. 에리카가 마지막에 칼로 자신의 어깨를 찌르고 다시 집으로 돌아가는 행동은 어떻게 설명할 수 있는가?

9. 이 소설이 여성주의 문학으로 읽히는 근거는 무엇일까?

Schlink

『책 읽어주는 남자』

베른하르트 슐링크
(1944-)

1. 작가 소개

베른하르트 슐링크(Bernhard Schlink)는 1944년 독일 빌레펠트에서 태어났으며, 베를린 훔볼트 대학에서 법학 교수로 일했다. 작품으로는 추리소설 『젤프의 정의』(1987), 『고르디우스의 매듭』(1988), 『젤프의 사기』(1992), 『젤프의 살해』(2001)와, 장편소설 『책 읽어주는 남자』(1995), 단편집 『사랑의 도피』(2000), 『귀향』(2006)이 있다.

특히 『책 읽어주는 남자』는 35개 국어로 번역되었으며, 귄터 그라스의 『양철북』, 파트리크 쥐스킨트의 『향수』와 더불어 전후 독일문학 중 세계적으로 가장 성공을 거둔 작품으로 꼽힌다. 또한 홀로코스트라는 주제를 직접적으로 다룬 대표적 작품으로서 독일 학교에서 필독서로 읽히고 있다.

2. 작품 해설

1995년에 『책 읽어주는 남자(*Der Vorleser*)』가 나왔을 때 이 소설은 홀로코스트를 성공적으로 묘사한 최초의 독일문학작품이라고 평가되며 대단한 호응을 얻었다. 그러나 일부에서는 이 소설이 가해자에 대해 공감을 불러일으킴으로써 독일이 저지른 범죄를 정당화시킨다는 비판이 제기되기도 했다. 이 소설이 강제수용소라는 민감한 소재를 직접적으로 다루었다는 점, 그리고 피해자가 아닌 가해자의 관점과 전후 세대의 관점에서 독일의 과거사를 접근하고 있다는 점에서 독일문학사에서 매우 의미있는 시도라는 것은 분명하다. 그러나 또한 한나의 개인적 '불행'에 대해 동정심을 갖게 만듦으로써 자칫 수용소에서의 대량학살이라는 끔찍한 범죄를 상대화시킬 위험성이 존재하는 것도 사실이다.

이 소설은 50세의 미하엘 베르크라는 법학교수가 1인칭 서술자로서 자신의 과거를 회상하는 형식으로 서술된다. 소설 속에서 서술되는 시간은 서술자가 15세이던 1965년부터 1983년까지이며, 서술자가 서술하는 시간은 그로부터 10년이 지난 1993년으로 되어있다. 따라서 서술자는 과거의 사건에 대해 성찰적 태도로 서술하지만, 동시에 서술과정에서 그 당시의 시점에서 알 수 있는 정보만을 제시함으로써 추리소설작가답게 긴장감과 극적 반전의 재미 또한 제공한다. 1부에서는 열다섯 살의 소년과 한나 슈미츠라는 서른 여섯 살의 여성과의 평범하지 않은 사랑의 이야기가 전개된다. 2부에서는 대학생이 된 서술자가 나치 강제수용소 간수들에 대한 재판에서 한나를 다시 보게 되면서, 1부의 개인적인 사랑이야기 속에 숨겨진 나치 과거라는 역사적 차원이 드러나게 된다. 마지막 3부는 한나가 수감된 후 비로소 글을 배우고 자신의 죄에 대해 깨달아가는 과정으로서, 일종의 화해와 극복이 시도된다고 볼 수 있다.

서술자인 미하엘은 1943년생으로 1960년대에 대학을 다닌, 전후 세대를 대표하는 인물이다. 따라서 미하엘이 한나의 재판을 바라보고 서술하는 태도는 어떻게 이 세대가 부모 세대의 죄를 극복하고자 시도했는지 살펴볼 수 있게 해준다.

『책 읽어주는 남자』 독어판 표지

나치 역사에 직접적인 책임이 있는 부모 세대는 전후에 자신들의 잘못에 대해 침묵하고 과거 청산에 적극적으로 나서지 않았다. 따라서 전후 세대는 부모 세대와의 대결을 통해 잘못된 과거 역사를 극복하고 스스로의 정체성을 새롭게 정립해야 할 필요성을 절실히 느꼈다. 이때 슐링크는 부모 대신 연인을 내세움으로써 부모 세대의 죄로부터 자유로울 수 없는 동조자의 위치에 '나'를 위치시킨다.

그런데 '나'와 한나와의 관계는 처음부터 '병적인' 것으로 그려진다. 이들의 관계가 병적이라고 하는 것은 단순히 어머니와 자식 사이라고 할 정도의 나이차라든가 교양시민 가정 출신의 김나지움 학생과 아무런 학식이 없는 차장이라는 사회적 배경의 차이 때문만은 아니다. 이들의 관계는 순전히 육체적인 것이며 "함께 공유하는 생활세계를 갖고 있지 못한", 사회적 관계들로부터 철저히 고립된 것으로 나타나기 때문이다. 뿐만 아니라 이들의 관계는 심지어 폭력적이고 종속적인 것으로 나타난다. 즉 두 사람의 만남은 한나의 일방적인 주도로 이루어지며 한나는 자신의 마음에 들지 않을 경우 미하엘에게 폭력적으로 행동한다. 그리고 미하엘은 한나의 폭력적인 행동에도 그녀가 떠날까봐 무조건 복종한다. 그러면서 다른 한편으로 미하엘은 이 관계를 통해 자신의 가족으로부터 독립감을, 그리고 친구들에 대한 우월감을 느낀다. 그러나 동시에 미하엘에게 이 관계는 다른 사람들에게 숨기고 싶은 치부이자, 평생토록 다른 여성과의 원만한 관계를 가로막는 트라우마와도 같은 기억이다.

어느 날 갑자기 아무 말도 없이 사라져버린 후 망각 속에 묻혀있던 그녀가 '나'의 삶에 다시 나타난 것은 나치즘이라는 역사와 함께였다. 전후 서독에서는 경제 재건과 냉전 논리 속에서 과거사 청산이 제대로 이루어지지 못한 채 사람들의 기억 속에서도 잊혀져가는 듯했다. 그러다 1961년 유대인 대량학살 책임자 아돌프 아이히만이 체포되어 예루살렘에서 전범재판이 열리게 되었고, 1963년부터 프랑크푸르트에서 아우슈비츠 강제수용소 경비대원들에 대한 일명 '아우슈비츠 재판'이 열리게 되면서 나치 역사에 대한 논의가 본격적으로 이루어지기 시작했다. 이 재판들은 나치의 범죄에 대한 포괄적인 정보를 제공했을 뿐만 아니라 가해자의 정신상태에 대해서도 시사점을 던져주었다. 특히 유대인 철학자 한나 아렌트는 『예루살렘의 아이히만. 악의 평범성에 대한 보고서』(1964)란 저서에서 이를 자세히 분석하였는데, 대량학살을 조직한 사람들이 결코 정신병자나 괴물이 아니라 대부분 아주 평범한 관료들이었다는 것이다. 나치 범죄를 일부 극단적인 악마적 존재에 의해 저질러진 것으로 보는 입장에 대해, 한나 아렌트의 글은 대다수 '평범한' 독일인들에 의해 나치의 범죄가 저질러졌음을 밝히고 그 원인을 규명함으로써 같은 불행이 되풀이 되는 것을 막고자 한다. 이 소설 속에 등장하는 재판장면은 바로 이러한 역사적 사건들을 바탕으로 하고 있다.

재판정에 선 한나는 다른 동료들에게는 극악무도한 범죄를 저지른 수용소 간수일 뿐이지만 '나' 에게는 평범하게 살아가며 '나' 와 사랑을 나누었던 여성이다. 더구나 그녀가 '문맹' 이라는 사실을 깨닫게 되면서, 그녀가 자신의 약점을 숨기기 위해 나치에 가담하게 되고 또 재판과정에서 자신의 책임을 넘어서는 행위에 대해서까지도 처벌을 감수하는 것으로 생각하며 이를 바로잡고자 고민한다. 이는 그녀가 자신의 불행한 처지로 인해 파멸하게 되는 '피해자' 라는 인상을 주어 공감과 동정을 불러일으킬 소지가 있다. 그러나 이는 서술자인 미하엘의 짐작일 뿐 소설 속에서는 어떤 식으로도 이에 대한 확실한 정황은 드러나 있지 않다. 그녀가 나치에 들어가게 된 것이 정말로 자신의 문맹을 감추기 위해서였는지, 글을 모르는 사람이 어떻게 수많은 수감자들을 관리하는 간수의 일을 할 수 있는지, 책 읽어주던 소녀들을 죽음의 길로 보낸 것이 어차피 죽을 수밖에 없는 그녀들에게 잠시나마 혜택을 준 것이었는지, 그 어떤 것도 그녀 자신에 의해 밝혀진 사실들은 아닌 것이다.

마이다네크 수용소 전범 재판 장면

오히려 재판과정에서 나타나는 한나의 모습은 자신의 잘못이 무엇인지를 판단할 능력도, 따라서 그에 대한 반성도 모르는 모습이다. 그녀는 오로지 상부의 명령과 규칙에 따라 행동할 뿐으로, 그녀에게서는 자율적인 사고나 판단은 찾아볼 수 없다. 재판을 받는 당시에도 자신이 수용소에서 어떻게 행동했어야 했는지 알지 못하기에 "재판장님 같았으면 어떻게 했겠습니까?"라고 또 다른 권위인 재판장에게 답을 구하지 않을 수 없다.

이 소설에서는 자율적인 사고능력이 결여된 한나의 상태를 문맹과 결부시킨다. 즉 문맹은 동정 받아야할 그녀의 불행이 아니라 자신에게 책임이 있는 '미성년 상태'라는 것이다. 칸트는 '계몽'이란 미성년 상태에서 벗어나는 것이라고 하면서, 그러한 미성년 상태는 스스로에게 책임이 있는 것이라고 하였다. 그러한 상태의 원인이 오성의 결여에 있는 것이 아니라 타인의 지도 없이 스스로의 오성을 사용하려는 결단과 용기가 없는 데 있기 때문이라는 것이다. 한나 역시 '결단과 용기'가 있었다면 얼마든지 자신의 문맹을 벗어날 기회가 있었을 텐데도 계속해서 숨기려고만 함으로써 '타인의 지도 없이 스스로의 오성을 사용할 능력'을 갖지 못하게 되었고, 따라서 그녀의 죄와 불행은 스스로에게 책임이 있는 것이다.

그런데 무비판적이고 무책임한 모습은 문맹인 한나에게만 국한된 것이 아니다. 한나와 같은 혐의로 기소된 당시 나치대원들 역시 의무와 질서를 맹종하는 인간형으로, 재판 과정에서 오히려 한나의 약점을 이용하여 자신의 책임을 전가하기에 급급하다. 따라서 여기서 문맹이란 상징적인 개념으로, 한나 아렌트가 말한 '무사유'의 상태를 의미한다고 할 수 있다. 아렌트는 악행은 악인에 의해 저질러지는 것이 아니라 사유하지 않는 상태에서 이루어진다고 지적한다. 이 소설에서는 바로 한나라는 인물을 통해 이러한 무사유의 상태가 어떻게 끔찍한 범죄로 이어질 수 있는지를 보여준다.

종신형을 받고 수감된 한나는 미하엘이 보내준 낭독테이프를 통해 비

재판정에 선 아이히만

로소 글을 배우게 된다. 이에 대해 서술자는 "한나는 읽고 쓰기를 배우겠다는 용기를 발휘함으로써 미성년에서 성년으로 가는 첫걸음을 (……) 내디딘 것이었다"라고 표현한다. 글을 배우게 된 한나는 나치 범죄에 관한 책들을 읽으면서 비로소 자신의 행동이 죄라는 것을 인식하고 반성을 하게 된다. 결국 그녀가 석방을 앞두고 자살을 택하는 것은 법률적 처벌을 넘어서서 자신의 죄에 대한 속죄를 하고자 한 것이라고 해석할 수 있다.

그녀가 죽음으로 자신의 죄를 속죄하고 떠난 후 그 죽음을 이어받아 진정한 과거 극복을 이루어내야 하는 일은 전후 세대인 미하엘의 몫으로 남겨진다. 미하엘은 한나의 유언에 따라 희생자를 만나기도 하지만, 한나가 죽은 지 10여 년이 지난 후 이 글쓰기 작업을 통해서 비로소 과거와의 화해가 시도된다. 그러나 그것 역시 완결된 것이 아니라 하나의 시도이며, 슬그머니 확산되어가는 '마비상태'에 맞서 끊임없이 새롭게 이루어지지 않으면 안 된다.

3. 더 읽을거리

독일 출신의 유대인으로 나치를 피해 미국에 정착한 철학자 한나 아렌트는 유대인 대량학살의 주범 중의 하나인 아돌프 아이히만이 도피중에 이스라엘의 비밀경찰에 잡혀와 예루살렘에서 재판이 열리자 이를 참관하고 『예루살렘의 아이히만. 악의 평범성에 관한 보고서』(1964)란 책을 썼다. 아렌트는 이 책에서 아이히만이 광기에 사로잡힌 악마가 아니라 오히려 평범한 남자이며, 단지 아무런 반성도 없이 상부의 명령에만 따르는 사유의 무능력의 문제점을 지적했다. 악인이 따로 있는 것이 아니라 지극히 평범한 개인들도 사유가 따르지 않을 때 얼마든지 악행을 저지를 수 있음을 고발한 것이라고 할 수 있다.

또한 독일의 극작가 페터 바이스는 1963년부터 1966년까지 프랑크푸르트에서 열린 아우슈비츠 재판을 소재로 다큐멘터리 형식의 희곡인 『수사』(1965)를 집필했다.

한편 이 소설에 등장하는 나치 전범 재판 장면은 1975년부터 1981년까지 뒤셀도르프에서 열린 마이다네크 수용소 간수들에 대한 재판을 모델로 하고 있다고 한다. 특히 유대인을 잔인하게 학살한 책임자로서 종신형을 선고받았던 수용소 부소장 헤르미네 뤼안이 '한나'의 모델이 된 것으로 알려져 있다.

⁜ 작품의 이해를 위해 생각해볼 문제들 ⁜

1. 화자가 글을 쓰는 시점은 언제이며 당시의 직업은 무엇인가?

2. 주인공이 한나를 처음 만나게 되는 것은 어떤 계기로 이루어지는가?

3. 화자가 한나를 만날 당시 각자의 나이와 직업은 어떻게 되는가?

4. 미하엘과 한나의 관계가 건강한 것이었다고 보기 힘들다면, 그 성격을 어떻게 규정할 수 있을까?

5. "어째서 아름다운 기억이 지나고 보니 추한 진실을 감추고 있었다는 사실로 인해 깨지게 되는 것일까?"라는 말에 대해 이야기해보자.

6. 한나가 어느 날 갑자기 사라진 이유는 무엇인가?

7. 한나를 다시 보게 되는 것은 어디에서 어떻게 이루어지는가?

8. 재판을 참관한 동료들, 즉 전후 세대들의 태도를 바라보는 '나'의 평가는 어떠한가?

9. 재판에서 드러난 한나의 기소내용은 구체적으로 어떤 것들인지 열거해보자.

10. 한나는 자신이 문맹이라는 사실이 드러나는 것을 두려워하여 나치 경비대에 들어간 것으로 추측된다. 이러한 사실이 그녀의 죄를 도덕적으로 경감시킬 수 있는가?

11. 미하엘의 아버지는 어떤 사람이며, 아들과의 관계는 어떠한가?

12. 재판은 공정하게 이루어지는가? 재판의 한계 내지 문제점은 무엇이라고 생각하는가? 변호사나 판사의 태도는 어떠한가?

13. 한나와 같이 재판을 받은 다른 피고들의 태도는 어떠한가? 그들이 자신의 책임을 회피하기 위해 내세우는 핑계는 무엇인가?

14. "나는 이해와 유죄판결 (……) 그 두 가지를 동시에 할 수는 없었다"는 말에 대해 생각해보자.

15. 한나는 감옥에서 어떻게 글을 배우게 되며, 그녀가 관심있게 읽은 책은 어떤 것인가?

16. 한나의 자살은 어떻게 해석할 수 있을까?

17. 이 소설은 가해자인 주인공에 대해 공감할 수 있게끔 서술함으로써 끔찍한 범죄를 상대화했다는 비판이 있다. 이러한 비판에 대해 어떻게 생각하는가?

18. 전후에 과거 청산을 위해 독일은 어떤 노력을 기울였는지 알아보자.

Süskind

『향수』

파트리크 쥐스킨트
(1949-   )

1. 작가 소개

쥐스킨트(Patrick Süskind)는 1949년 뮌헨 근처 암바흐에서 태어났다. 뮌헨대학과 엑상프로방스 대학에서 역사학을 공부하였으며, 첫 작품인 1인단막극 『콘트라베이스』(1981)로 이미 세계적인 명성을 얻었다. 이 작품은 독일, 스위스, 영국 에딘버러 페스티벌, 미국의 브루클린에서도 공연되었다. 첫 소설인 『향수(*Das Parfum*)』는 46개국 언어로 번역되어 국제적인 베스트셀러가 되었다. 이 작품은 베스트셀러일 뿐만 아니라 스테디셀러이기도 하다. 이 소설은 〈슈피겔〉지의 베스트셀러 목록에 9년 동안이나 올랐었다.

톰 티크베어 감독은 이 작품을 2006년 영상으로 옮겼다. 이 밖에도 『비둘기』(1987), 『좀머씨 이야기』(1991), 『세 가지 이야기』(2005), 『사랑과 죽음에 관하여』(2005) 등의 작품과, 감독인 헬무트 디틀과 공동집필한 시나리오가 여러 편 있다.

2. 작품 해설

2.1. 작품의 구조

이 작품의 구조를 시기, 배경, 주변인물 등을 기준으로 나눠보면 다음과 같다.

시기구분	1부: 탄생과 수업 시대(1-22장), 1738-1756, 1-18세	2부: 편력시대 (23-34장), 1756-1763, 18-25세	3부: 장인시대 (35-50장), 1764-1766, 25-28세	4부: 죽음 (51장), 1767 28, 29세
배경	파리	오베르뉴 산맥의 캉달 화산봉우리	그라스	파리 이노셍 묘지
주변인물	테리에 신부, 잔느 뷔시, 가이아르 부인, 무두장이 그리말, 발디니	에스피나스 후작	아르뉠피와 드리오, 리쉬와 로르	
향수	증류법 학습	〈인간의 냄새〉 향수 발명, 사람의 마음을 조종하는 향수 실험	침지법, 냉침법, 여러 체취의 향수, 감정을 조종하는 향수 개발. 무생물체에서 향을 추출하는 방법. 동물과 인간 실험. 연쇄살인	향수의 힘으로 자기 파괴

2.2. 포스트모더니즘 소설

이 작품은 소설의 하위 장르로 볼 때 외견상 교양소설, 범죄소설, 전기소설, 역사소설, 여행소설, 환상소설 등의 범주에 속한다고 볼 수 있다. 교양소설은 환경과 외적인 사건들이 주인공의 내면적인 발전으로 이어지고, 이러한 발전과정을 거쳐 궁극적으로는 개인적인 성숙이 시대의 이상과 조화를 이룬다. 그러나 삶의 단계마다 주변인물들의 도움을 얻어 향수 제조기법을 습득하기는 하나 이 인물들은 주인공의 내면적 발전에 영향을 주지 못할뿐더러, 무엇보다도 살인자가 된 그르누이가 완전성에 다가가는 내적인 성숙을 이루었다고 볼 수는 없다.

독어판 『향수』 표지

'어느 살인자의 이야기' 라는 부제를 달고 있는 이 소설은 범죄소설의 요소를 많이 지니고 있긴 하지만, 일반적으로 범죄소설은 범죄자의 출생 환경이나 문화사적인 측면에 많은 비중을 할애하지 않는다. 또한 이 작품은 범죄 자체가 아니라 주인공이 가장 위대한 향수제조인이 되는 것에 초점을 맞추고 있다. 이렇듯 이 작품은 엄격하게 말하자면 이러한 하위 장르의 어떤 것과도 완전히 부합되지는 않는다. 또한 작가는 주인공 중심의 집중된 구성, 연대기적 서술, 단선적인 사건 구조, 전지적 화자, 현대적 서술기법(내적독백이나 체험화법 등) 경시, 조탁된 문장 등 전통적인 서사기법을 사용하고 있다.

쥐스킨트는 여러 서사 장르의 특징과 전통적인 서사기법, 그리고 동화, 역사적 사실, 성서, 드라마, 고전작품의 인용 등을 이용한 갖가지 세련된 언어와 문체수단, 심지어는 매력적인 소재, 긴장을 유발하는 흥미진진한 줄거리 등 통속소설적인 요소까지도 탁월하게 결합시키고 있다. 호라츠 이래 오락과 교훈은 문학의 중요한 두 가지 기능으로 간주되어 왔으나, 기존의 전통적인 작가들은 오락적 요소에 그다지 비중을 두지 않았다. 그러나 쥐스킨트는 독자로 하여금 18세기의 역사적, 문화사적, 정신사적 요소들과 지적으로 유희하게 하면서, 오락적 요소에도 문학적 가치를 부여하고 있다. 사건은 오늘날의 현실과는 시간적으로 공간적으로 동떨어진 곳에서 전개되고, 주인공의 복잡한 심리나 내면세계로 들어가지 않기 때문에, 독자는 주인공과 거리를 두고 감정이입을 할 필요도 없이 느긋하게 줄거리를 좇아가기만 하면 된다.(물론 상호텍스트성을 고려한다면 읽기가 쉽지만은 않다.) 사건과 반어적 거리를 취하고 있는 화자는 중립적인 성격을 띠고 있으므로 이러한 무색무취의 화자를 통해 텍스트에서 작가의 의도를 파악하기란 불가능하다. 화자는 독자에게 어떠한 교육적, 도덕적 메시지도 강요하지 않는다. 대중성과 문학성을 아우르는 이러한 점들이 이 작품을 포스트모더니즘 소설로 간주할 수 있는 이유이다.(포스트모더니즘 소설의 전형이라고 할 수 있는 움베르토 에코의 『장미의 이름』과 비교해 보라.)

2.3. 계몽의 양면성

이 작품은 계몽주의 사상이 한 시대를 풍미하였던 18세기의 프랑스를 배경으로 하여 그르누이라는 인물이 역사상 가장 위대한 향수제조인이 되겠다는 목표를 향하여 발전해 가는 과정을 그리고 있다. 주인공은 자기실현을 인생 최고의 목표로 설정하고 매진하며, 이 목표의 실현을 위하여 자율성을 극한까지 추구한다. 이러한 태도는 시대적인 배경인 계몽주의 사고방식과 잘 부합된다. 작품은 여기에 머무는 것이 아니라, 그가 생애 최고의 목표 이외의 것에는 전혀 가치를 두지 않기 때문에 결국은 연쇄살인범이 되는 과정을 보여줌으로써 자율성을 극대화한 인격형성과 결여된 사회화 과정이 어떤 결과를 초래하는지도 보여주고 있다.

계몽주의 사상은 이성에 기반을 두고 절대주의 대신 자유, 신분적 질서 대신 평등, 편견과 미신 대신 경험과 과학적 인식, 종교적 독단 대신 관용을 추구하였으며, 산업구소의 변화를 동해 부를 축석한 시빈계급은 사의식을 획득하게 되었고, 무한한 진보에 대하여 확신하였다. 종교적으로는 이성에 근거한 신앙, 즉 신이 세상을 창조하였지만 세상의 운행에는 직접 개입하지 않으며, 세상은 인간의 이성으로 발전해 나간다는 이신론(Deismus)도 계몽주의의 산물이다.

이러한 이신론적 사고에서 '천재'라는 창조적 개인이 긍정적으로 중요하게 평가되었다. 인간의 행위와 판단에 대한 유일한 척도로서 이성이 강조되고, 이성이 미덕이었던 시대에 신에 비견될만한 전지전능한 개인인 천재는 범속한 인간들의 전범이었다. 소설의 첫머리에 화자는 그르누이를 "가장 천재적이면서 가장 혐오스러운 인물"이라고 규정하고 있으며, 천재의 부정적인 측면을 제시한다. 그르누이는 자신의 능력을 지고한 것으로 간주하고, "전지전능한 냄새의 신"이 되길 갈망했고, 또한 "인간을 지배해야겠다는 계획"을 세웠으며, 한걸음 더 나아가 신을 비하하기에 이른다.("신의 냄새는 얼마나 초라한가!", 26장의 동굴 은둔시절. 상상 속에서의 창조행위는 성서의 창세기와 내용상 유사점이 많다.)

그는 자신의 이상을 실현하기 위하여 25명의 소녀를 살해하게 되고, 결국은 체포되어 사형장에 서게 된다. 그러나 "혐오스러운 살인마에 대한 사형집행은 BC 2세기 이래로 이 세상에서 벌어진 가장 대규모의 환락의 향연으로 변했다." 인간의 감정을 의지대로 조종할 수 있는 향수를 만든 행위는 "프로메테우스와 같은 위대한 행위"에 비견할 만하지만, 프로메테우스는 인간을 위하여 천상의 불을 훔쳐오고 그 때문에 고통을 당하였다. 그르누이는 부모나 하느님은 물론 그 누구에게도 감사하지 않으며 오직 "자기 자신"에 대해서만 감사할 뿐이다. "하느님보다 더 위대한 신"인 양 자처하는 그르누이의 이러한 오만하고 불경스러운 태도는 나르시시즘적이고, 이기적이며, 개인주의의 극단을 보여주고 있다. 한편 처형을 구경하러 온 사람들("그라스 사람들은 대부분 계몽주의자나 반가톨릭주의자였다.")은 향수의 영향으로 디오니소스 축제를 재현하는 듯한 망아적 축제를 벌인다. 자신과 개인을 상실하고 집단과 전체와 합일하려는 이러한 축제는 계몽주의적 정신과 정면으로 상충되는 극단 현상이라고 볼 수 있다.

무소불위의 이성에 근거하여 이렇게 인간의 신분으로서 신이나 창조주의 위치에 올라서려는, 즉 인간 위에 군림하고 인간을 지배하기 위하여 절대적인 권력을 추구하려는 그르누이는 "오만, 인간에 대한 혐오, 비도덕성 등"의 "사악함"을 표출하게 되고 결국은 살인마로 전락하고 만다. 그르누이는 악마적인 것과 파괴적인 것 등 이성중심시대의 부정적인 측면을 대표하는 인물이라고 볼 수 있다.

2.4. 『향수』의 영화화

많은 감독들이 이 작품을 영화화할 생각을 지속적으로 하였으나, 스탠리 큐브릭 감독이나 마틴 스코시스 감독은 이 작품을 영화로 만들기는 불가능하다고 생각하였다. 쥐스킨트는 2001년 판권을 제작자인 베른트 아이힝어에게 팔았고, 2006년 톰 티크베어 감독이 이 작품을 같은 제목의 영화로 만들어 2006년 9월 7일 뮌헨에서 처음 스크린에 신보였다. 우리나라에서는 2007년 3월에 개봉되었다.

영화 〈향수〉 포스터

✣ 작품의 이해를 위해 생각해볼 문제들 ✣

1. 계몽주의 사상의 발생 배경과 정치, 역사, 철학, 문화 분야에서의 발현 형태는 어떠했는지 조사해보자.

2. 주인공인 장 바티스트 그르누이는 '세례자 요한 두꺼비' 라는 뜻이다. 이 이름이 내포하고 있는 상징은 무엇인가?

3. 화자가 그르누이를 '진드기' (정확히는 흡혈진드기)에 비유한 까닭은 무엇인가?

4. "그는 머리끝에서 발끝까지 그녀의 주름살 사이에 있는 마지막 한 방울의 향기까지 다 들이마셨다." 이것은 첫 번째 살인을 한 다음 보여준 그르누이의 행동이다. 이 첫 번째 살인이 그의 발전에 끼친 영향은 무엇인가?

5. 그르누이와 주변인물들의 관계는 서로 어떠한가? 어떠한 목적으로 서로 관계를 맺게 되었으며 그 끝은 어떠한가?

6. 그르누이와 연관된 주변인물들(특히 발디니, 에스피나스, 리쉬)에게서 계몽주의의 부정적인 측면이 어떠한 방식으로 그려지고 있는지 살펴보자. 이와 연관하여 '이성에 근거한 인간사회의 무한한 발전' 이라는 계몽의 프로젝트의 허와 실에 관해서도 생각해 보자.

7. 플롱 뒤 캉달 화산 지역의 동굴에서 그르누이는 7년간 머물게 된다. "고독의 극점"에서 생활한 이 기간 동안 그르누이가 획득한 인식은 무엇이며 앞으로 그의 발전에 어떠한 영향을 끼치게 되는가?

8. 처형장 장면(49장)은 그르누이의 개인적인 발전 과정에서 어떤 의미를 지니는가?

9. 그르누이는 소설 속의 허구적인 인물에 불과한가? 역사 속에서 그리고 오늘날 그르누이와 비교할 만한 인물이 있는가?

10. 사형집행장의 집단광기(49장)와 히틀러 지배하의 제3제국의 광기를 비교해 보자.

11. 다음은 집단광기에서 깨어난 그라스 사람들의 행동이다.

> 많은 사람들에게 있어 이 일은 끔찍스런 체험이었다. 자신들의 도덕관념과 전혀 일치하지 않는 그런 일이 어떻게 일어나게 되었는지 도저히 설명할 길이 없었다. 그래서 그들은 사건이 일어난 그 자리에서 그 일을 곧 자신들의 기억 속에서 지워버렸다. 그 결과 나중에는 정말로 그 일을 더 이상 기억해 낼 수 없었다. 한편 자신들의 인식 기관을 그 정도로 자유자재로 통제하지 못하는 사람들은 보지도 듣지도 생각하지도 않으려 애썼다. 물론 그것은 쉬운 일이 아니었다. 왜냐하면 그 치욕스러운 사건은 너무나 명백했고 공개적이었기 때문이다. 자기 물건이나 친지를 찾은 사람들은 가능한 한 빨리, 가능한 한 사람들의 눈에 띄지 않게 그곳에서 도망쳤다. 정오가 되자 광장은 마치 깨끗이 청소라도 한 것처럼 모두 사라졌다.(50장)

11-1. 이 대목에서 작가는 무엇을 의도했다고 생각하는가?

11-2. 이러한 행동에 대해 개인적으로 생각하는 바를 이야기해보자.

11-3. 이러한 행동을 현대사의 한 장면과 결부시킬 수 있는가? 있다면 어떤 경우인가?

12. 무엇 때문에 그르누이는 자기파괴적인 종말을 자처하였는가?(51장) 궁극적으로 그르누이는 자신이 설정한 삶의 목표에 도달하였는가?

13. 사랑은 그르누이에게 어떤 의미를 지니는가?

14. 첫장면과 끝장면에 등장하는 이노생 묘지는 어떤 의미를 지니는가? '이노생' 은 어떤 뜻이며, 작가는 왜 이러한 의미를 가진 표지를 등장시켰을까?

15. 천재와 광기는 어떤 관계가 있을까?

16. 포스트모더니즘 소설을 대할 때 독자의 태도는 어떠해야 할까?

17. 이 작품이 왜 세계적인 베스트셀러가 되었다고 생각하는가? 이러한 성공에 대해서 어떻게 생각하는가?

발 간 사

오늘의 대학은 문명사적 대전환의 와중에서 진리탐구와 인력양성이라는 두 가지 과제를 수행해야 한다. 급변하는 현대사회에서 진리의 본질을 찾기 위한 연구와 사회의 개선을 위한 교육은 서로 밀접히 연관되어 있다. 이를 통해 대학은 지역, 국가, 인류 사회의 발전에 봉사하고 공헌한다.

서울대학교는 세계화 시대에 다양한 문화와 가치를 이해하고, 더불어 사는 공동체를 위한 덕목과 윤리를 갖추고, 세계 수준의 전문가로서 전공지식을 배우고, 그리고 현실사회의 문제 해결을 위한 비판적 사고와 분석 능력을 길러 주는 것을 주요한 교육목표로 설정하고 있다.

이를 위해 현대사회의 다양한 주제와 쟁점들에 대한 교양교재의 개발은 필수적이다. 서울대학교는 '학문의 기초', '핵심교양', '일반교양'을 기초교육의 중심 분야로 설정하고 있다. 이 세 분야에 걸친 교양교재의 발간이 비단 서울대학교 학생들뿐만 아니라 우리 사회 젊은이들의 지적 양식의 보고(寶庫)로서 학문적 · 실천적 안목과 지평을 높일 수 있는 계기가 되기를 기대한다.

서울대학교 기초교육원장

Abstract

Understanding German Masterpieces

This book is designed to help readers to understand better the classics of German literature, by offering current perspectives on them. From Goethe and Schiller of the eighteenth-century to Süskind, author of the worldwide bestseller *Das Parfum*, this book covers twenty of the best works in German literature.

Each chapter addresses a different author: it offers a short introductory comment on the author, their culture and historical period, followed by an in-depth analysis of their work. A listing of suggested reading and study guides is also attached. Readers will be able to understand further the classics of German literature in the context of German history and culture.

This book is informed by years of teaching experience and the research of various scholars, making it appropriate for use in classrooms. Nevertheless, it would also serve as a helpful guideline for a reader at any level who is interested in German literature.